BÖHLAU–STUDIEN–BÜCHER
GRUNDLAGEN DES STUDIUMS

GRUNDZÜGE DER POLITISCHEN GESCHICHTE
DES ALTERTUMS

Ingomar Weiler (Hg.)

Grundzüge der politischen Geschichte des Altertums

Mit Beiträgen von

Heribert Aigner
Georg Doblhofer
Hannes D. Galter
Manfred Hainzmann
Peter Panitschek
Sabine Schmidt
Bernhard Scholz
Klaus Tausend
Ingomar Weiler

zweite, verbesserte Auflage

BÖHLAU VERLAG WIEN · KÖLN

Die Deutsche Bibliothek - CIP-Einheitsaufnahme
Grundzüge der politischen Geschichte des Altertums / Ingomar Weiler (Hg.).
Mit Beitr. von Heribert Aigner ... - 2., verb. Aufl. -
Wien ; Köln : Böhlau, 1995
(Böhlau-Studien-Bücher : Grundlagen des Studiums)

ISBN 3-205-98357-2
NE: Weiler, Ingomar [Hrsg.]; Aigner, Heribert

ISBN 3-205-98357-2

Das Werk ist urheberrechtlich geschützt.
Die dadurch begründeten Rechte, insbesondere die der Übersetzung,
des Nachdruckes, der Entnahme von Abbildungen,
der Funksendung, der Wiedergabe auf photomechanischem
oder ähnlichem Wege und der Speicherung in Datenverarbeitungsanlagen,
bleiben, auch bei nur auszugsweiser Verwertung, vorbehalten.

© 1995 by Böhlau Verlag Gesellschaft m.b.H. und Co.KG.,
Wien · Köln

Druck: Tiskarna Ljudske pravice, Slovenia

Francisco Hampl octogenario

Inhalt

Herausgebervorwort xi
Literatur zur Geschichte des Altertums xv

Hannes D. Galter – Bernhard Scholz:
1. Frühe Hochkulturen
1.1   Geschichte Vorderasiens 1
1.1.1   Quellen 1
1.1.2   Natürliche Voraussetzungen 2
1.1.3   Das 10.–3. Jahrtausend 3
1.1.3.1 Vorgeschichte 10.–4. Jt. 3
1.1.3.2 Sozialökonomische Verhältnisse 3
1.1.3.3 Die erste Hochkultur (ca. 3500–2800) 4
1.1.3.4 Epoche der frühen Stadtstaaten (ca. 2800–2350) 5
1.1.3.5 Die Dynastie von Akkad (2350–2100) 6
1.1.3.6 Die III. Dynastie von Ur (2100–1950) 7
1.1.4   Das 2. Jahrtausend 8
1.1.4.1 Sozialökonomische Verhältnisse 8
1.1.4.2 Isin-Larsa-Zeit (1950–1700) 9
1.1.4.3 Die Altbabylonische Zeit (1700–1500) 10
1.1.4.4 Hethiter und Kassiten (1800–1100) 10
1.1.4.5 Mitannireich und Amarna-Zeit (1500–1300) 11
1.1.4.6 Die Zeit der assyrischen Expansion (1300–1000) 12
1.1.5   Das 1. Jahrtausend 13
1.1.5.1 Sozialökonomische Verhältnisse 13
1.1.5.2 Das Neuassyrische Reich (1000–750) 14
1.1.5.3 Die Sargonidenzeit (750–627) 15
1.1.5.4 Die Chaldäerzeit (627–539) 17
1.1.5.5 Meder und Perser 18
1.1.6   Zusammenfassung 18
1.2   Geschichte Ägyptens bis Kambyses 20
1.2.1   Quellen 20
1.2.2   Geographie und sozialökonomische Verhältnisse 20
1.2.3   Frühzeit, Altes Reich und erste Zwischenzeit
        (ca. 3000–2000) 21
1.2.4   Mittleres Reich (2000–1700) 23
1.2.5   Zweite Zwischenzeit (1700–1550) 23
1.2.6   Neues Reich (1550–1000) 24
1.2.7   Die Spätzeit (1000–525) 25
1.3   Geschichte Indiens 26
1.4   Ausgewählte Literatur 28

Klaus Tausend:
2. Geschichte Griechenlands von den Anfängen bis zu den Perserkriegen

2.1 Quellen 31
2.2 Sozialökonomische Verhältnisse 31
2.3 Ägäische Frühzeit 32
2.3.1 Neolithikum 32
2.3.2 Bronzezeit 32
2.3.2.1 Troja 32
2.3.2.2 Kykladen 33
2.3.2.3 Kreta 33
2.3.2.4 Griechenland 33
2.3.2.5 Die Einwanderungsfrage 34
2.4 ‚Dunkle Jahrhunderte' (1100–800) 35
2.4.1 Die erste Kolonisation 35
2.4.2 Die Schrift 36
2.5 Archaische Zeit (ca. 800–500) 36
2.5.1 Polis und Stammstaat 36
2.5.2 Die Zweite oder Große Kolonisation 37
2.6 Gesellschaft und Verfassung 38
2.6.1 Krise des Adelsstaates – Soziale und politische Veränderungen 38
2.6.2 Soziale Spannungen und das Aufkommen der Tyrannis .. 39
2.7 Sonderformen: Sparta und Athen 41
2.7.1 Sparta 41
2.7.2 Athen 42
2.7.2.1 Solon 44
2.7.2.2 Die Tyrannis in Athen 45
2.7.2.3 Die Reformen des Kleisthenes 46
2.8 Außenpolitische Verhältnisse 47
2.8.1 Mittelgriechenland 47
2.8.2 Peloponnes 48
2.8.3 Ionien 49
2.8.4 Großgriechenland 49
2.9 Ausgewählte Literatur 50

Sabine Schmidt:
3. Von den Perserkriegen bis zum Tod Alexanders

3.1 Das 5. Jahrhundert: Perserkriege – Pentekontaëtie – Peloponnesischer Krieg 53
3.1.1 Quellen 53
3.1.2 Sozialökonomische Verhältnisse 53
3.1.3 Innenpolitik und Verfassung 54

3.1.4	Außenpolitik (5. Jh.)	58
3.1.4.1	Die Perserkriege	58
3.1.4.2	Die Pentekontaëtie	59
3.1.4.3	Der Peloponnesische Krieg (431–404)	61
3.1.4.4	Die Westgriechen	63
3.2	Das 4. Jahrhundert: Vom Ende des Peloponnesischen Krieges bis zum Tod Alexanders	64
3.2.1	Quellen	64
3.2.2	Sozialökonomische Verhältnisse	65
3.2.3	Innenpolitik	66
3.2.4	Außenpolitik	66
3.2.4.1	Makedonien	68
3.2.4.2	Alexander III. (der Große) 336–323	70
3.2.4.3	Die Westgriechen	72
3.3	Ausgewählte Literatur	73

Peter Panitschek:
4. Die hellenistischen Reiche

4.1	Quellen	77
4.2	Sozialökonomische Verhältnisse	78
4.2.1	Makedonien	78
4.2.2	Das Seleukidenreich	78
4.2.3	Das Ptolemaierreich	79
4.3	Politische Geschichte	79
4.3.1	Von Alexanders Tod (323) bis zur Schlacht von Kurupedion (281 v.Chr.)	79
4.3.2	Das hellenistische Königtum	81
4.3.3	Das Konzert der Mächte	82
4.3.3.1	Griechenland zwischen den Großmächten	82
4.3.3.2	Ptolemaier und Seleukiden; Syrische Kriege	86
4.3.3.3	Die kleinen Staaten	88
4.3.4	Die hellenistischen Reiche und ihre Nachbarn	90
4.3.4.1	Der Aufstieg des Partherreiches	90
4.3.4.2	Das Auftreten Roms in der hellenistischen Welt	91
4.4	Zusammenfassung	93
4.5	Ausgewählte Literatur	93

Georg Doblhofer:
5. Römische und italische Geschichte von den Anfängen bis zum Ende der Punischen Kriege

5.1	Ur- und Frühgeschichte Italiens	97
5.1.1	Quellen	97
5.1.2	Italien bis zum Ende des 2. Jahrtausends	97

5.1.3	Die indoeuropäischen Italiker	98
5.1.4	Die griechischen Kolonien in Unteritalien und Sizilien	99
5.1.5	Die Etrusker	99
5.1.6	Außenpolitik der Etrusker	100
5.2	Römische Geschichte bis 146 v.Chr	101
5.2.1	Quellen	101
5.2.2	Sozialökonomische Verhältnisse	102
5.2.3	Das frühe Rom	103
5.2.4	Die römische Republik bis 146 v.Chr.	104
5.2.4.1	Roms innere Entwicklung bis 146 v.Chr.	104
5.2.4.2	Roms Außenpolitik von den Anfängen der Republik bis 146 v.Chr.	109
5.3	Zusammenfassung	115
5.4	Ausgewählte Literatur	115

Heribert Aigner:
6. Von den Gracchen bis Kaiser Domitian

6.1	Die Zeit der Bürgerkriege bis zum Prinzipat	119
6.1.1	Quellen	119
6.1.2	Sozialökonomische Verhältnisse	119
6.1.3	Von den Gracchen bis Sulla	120
6.1.3.1	Innenpolitik	120
6.1.3.2	Außenpolitik	122
6.1.4	Marius contra Sulla	124
6.1.4.1	Innenpolitik	124
6.1.4.2	Außenpolitik	125
6.1.5	Vom Tode Sullas bis zu Caesars Konsulat	127
6.1.5.1	Innenpolitik	127
6.1.5.2	Außenpolitik	128
6.1.6	Vom Konsulat Caesars bis zur Schlacht von Actium	129
6.1.7	Zusammenfassung	131
6.2	Die frühe Prinzipatszeit	132
6.2.1	Quellen	132
6.2.2	Augustus	132
6.2.2.1	Innenpolitik	132
6.2.2.2	Außenpolitik	135
6.2.3	Die Iulisch-Claudische Dynastie	135
6.2.4	Das Vier-Kaiserjahr (68/69) und die Flavische Dynastie	138
6.2.5	Zusammenfassung	139
6.3	Ausgewählte Literatur	140

Inhaltsverzeichnis ix

Ingomar Weiler:
7. Von den Adoptivkaisern bis zum Ende des Weströmischen Reichs
7.1 Die Adoptiv- und die Soldatenkaiser: Von Nerva bis zum Regierungsantritt Diocletians (96–284 n.Chr.) 145
7.1.1 Quellen 145
7.1.2 Sozialökonomische Verhältnisse 145
7.1.3 Die Adoptivkaiser und Commodus. Die Severer-Dynastie und die Soldatenkaiser 147
7.1.3.1 Die innenpolitische Entwicklung. Die Verfassungsgeschichte 147
7.1.3.2 Die außenpolitische Entwicklung von Nerva bis Diocletian (96–284) 152
7.2 Die Spätantike bis zum Ende des Weströmischen Reichs (284–476) 155
7.2.1 Quellen 155
7.2.2 Sozialökonomische Verhältnisse 156
7.2.3 Die Spätantike: Von Diocletian bis zum Ende des Weströmischen Reichs (284–476) 157
7.2.3.1 Die innenpolitische Entwicklung. Die Verfassungsgeschichte 158
7.2.3.2 Die außenpolitische Entwicklung in der Spätantike bis zum Ende des Weströmischen Reichs (284–476) ...162
7.3 Zusammenfassung 164
7.4 Ausgewählte Literatur 165

Manfred Hainzmann:
8. Geschichte der Austria Romana
8.1 Quellen 169
8.2 Sozialökonomische Verhältnisse 169
8.3 Der Ostalpenraum in der Latènezeit 171
8.4 Die römische Landnahme 172
8.5 Die Einrichtung der neuen Provinzen 173
8.6 Die Ereignisse bis zu den Markomannenkriegen 176
8.7 Der Markomannensturm 178
8.8 Die Neuordnung der Provinzen Rätien und Norikum 178
8.9 Die Blütezeit unter den Severern (193–235 n.Chr.) 180
8.10 Die Lage unter den Soldatenkaisern (235–284 n.Chr.) 181
8.11 Die Spätantike im römischen Österreich 182
8.11.1 Diocletian und seine Reformen 182
8.11.2 Der Niedergang der römischen Herrschaft im Ostalpenraum 183
8.12 Ausgewählte Literatur 185

9. Anhang
9.1 Herrscherlisten 189
9.2 Liste der römischen Provinzen 197
9.3 Genealogische Stammtafeln und Tabellen 198

10. Register
10.1 Personenregister 205
10.2 Sach- und Ortsregister 212
10.3 Kartenverzeichnis 229

Herausgebervorwort

> Der Glaube an einen festen Kern historischer
> Fakten, die objektiv und unabhängig von der
> Interpretation des Historikers bestehen, ist ein
> lächerlicher, aber nur schwer zu beseitigender
> Trugschluß (*E. H. Carr*)

Das vorangestellte Motto ist der Studie *What is History?* (London 1961) entnommen und sollte daran erinnern, daß ein wesentlicher Teil der Arbeit des Historikers auf die interpretatorische Analyse des Quellenmaterials ausgerichtet ist. Erst mit dieser Interpretation werden historische Erkenntnisse gewonnen, die sich als ‚historische Fakten', Hypothesen und Theorien formulieren lassen. Aus ihnen kann aufgrund von Auswahlkriterien – im vorliegenden Arbeitsbuch erfolgt die Auswahl unter dem Aspekt der politischen Geschichte und Verfassungsentwicklung – ein Basiswissen zusammengestellt werden, das als Leitfaden für das Studium der Geschichte des Altertums dienen möchte. Diese interpretatorische Historikerarbeit verleiht somit den ‚historischen Fakten' den Charakter des Vorläufigen. Wer sich einen ‚Kern historischer Fakten' anzueignen beabsichtigt, sollte sich also dieses Umstandes bewußt bleiben. Ohne Faktenkenntnisse kommt der Historiker freilich nicht aus. Sie bilden ein unverzichtbares Fundament, auf dem jede historische Forschung, natürlich auch das Studium der Geschichte von Anfang an aufbaut.

Damit ist freilich nicht gesagt, daß die Arbeit des angehenden Historikers sich im Auswendiglernen und Memorieren quellenmäßig mehr oder weniger gut verbürgter Daten erschöpfen soll. Wie in jeder an der Universität gelehrten Disziplin, so gilt auch in der Geschichtswissenschaft die Fülle des Faktenmaterials als unüberschaubar. Man bedenke beispielsweise, daß in der *Realencyclopädie der classischen Altertumswissenschaft* (kurz: RE) nach nahezu hundertjähriger Sammler- und Forschertätigkeit das altertumskundliche Wissen in 34 (= 68 Halb-) Bänden und 15 Supplementbänden zusammengefaßt ist. Mehr als tausend Mitarbeiter verfaßten Lexikonartikel, die 108.746 Spalten füllen. Und dieser Realienbestand wächst weiter. Oder um ein zweites für die Materialfülle repräsentatives Beispiel anzuführen: Eduard Meyers berühmte *Geschichte des Altertums* (1. Auflage 1884–1902; von H.E. Stier in 5. Auflage 1969 herausgegeben) umfaßt acht Bände mit insgesamt 5.064 Seiten und bricht mit der Darstellung der Ereignisse um die Mitte des 4. vorchristlichen Jahrhunderts ab. Die Fülle bedarf also der Strukturierung und der Auswahlkriterien.

Für das vorliegende Arbeitsbuch, das sich vor allem an die Studierenden der Alten Geschichte und ihr nahestehender Disziplinen der Altertumswissenschaft sowie der allgemeinen Geschichte und an die Geschichtslehrer in den Allgemeinbildenden und Berufsbildenden Höheren Schulen wenden möchte, werden bei allem nötigen Respekt vor den Interessen und Präferenzen der Verfasser der einzelnen Abschnitte einige gemeinsame Perspektiven zur Grundlage genommen: Angesichts der nach Auffassung des Unterzeichneten wünschenswerten Lehrpraxis, in den althistorischen Lehrveranstaltungen in der Regel nicht ein Kontinuum der politischen Geschichte des Alten Orients sowie der Griechen und Römer zu bieten (und der Tatsache, daß Johannes Gutenberg die Buchdruckerkunst erfunden hat), wird hier der Versuch unternommen, diese Entwicklung in ihren Grundzügen faktographisch nachzuzeichnen. Dabei sollen, wo sich dies von der historischen Situation her anbietet, ‚außen- und innenpolitische' Aspekte aus didaktischen Gründen getrennt behandelt werden (obwohl die Verwendung dieser modernen Kategorien die Gefahr in sich birgt, den Politikern der antiken Welt hier etwas zu unterstellen, was ihnen weitgehend fremd war). Gründe der Übersichtlichkeit und damit der leichteren Erlernbarkeit des Stoffes sind für diese Disposition ausschlaggebend.

Kurze Hinweise zur jeweiligen Quellensituation, der die partikulären Daten ebenso wie die großen Zusammenhänge entnommen sind, führen in die einzelnen Kapitel ein und wollen zumindest andeuten, auf welcher Basis die historische Forschung ihre (zuweilen hypothetischen) Geschichtsbilder vom Altertum rekonstruiert. Ferner müssen aus Platzgründen einige wenige, zuweilen schlagwortartige Bemerkungen zu den sozialökonomischen Verhältnissen ausreichen, um den notwendigen Bezugsrahmen abzustecken, innerhalb dessen die im vorliegenden Buch in das Zentrum gerückten politischen Ereignisse und Prozesse ablaufen. Daß damit nicht einer einseitigen Abhängigkeit der Politik von Wirtschaft und Gesellschaft das Wort geredet wird, bedarf hier wohl keiner Begründung. Auf diese Weise möchte der Herausgeber ebenso wie aufgrund der Quellenhinweise dem Studienanfänger den Zugang zu den Teilabschnitten der altorientalischen und griechisch-römischen Geschichte erleichtern.

Daß die hier vertretenen Proportionen zwischen der relativ ausführlich dargestellten politischen Geschichte und der vergleichsweise minimalen Berücksichtigung der Wirtschafts- und Gesellschaftsgeschichte sowie das bewußte Ausklammern kulturhistorischer Aspekte nicht die persönliche Einstellung und Prioritätensetzung der Mitarbeiter ausdrücken, sei mit Nachdruck festgehalten. Für diesen eindeutigen Schwerpunkt im vorliegenden Konzept gibt es nach Auffassung des Herausgebers neben dem bereits Gesagten auch ein wissenschaftsgeschichtliches Argument: Das 19. Jahrhundert mit seinem geradezu ‚fetischistischen Glauben' (K. Acham / E.H. Carr) an die Fakten und seinem personenorientierten Interesse an der Geschichte hat vor allem dem politischen Aspekt im Altertum besondere Beachtung geschenkt. Dadurch wurde eine Forschungstradition in der politischen Historie begründet, die heute trotz vieler kontroversieller Standpunkte im Vergleich zur Geschichte der Wirtschaft, Gesellschaft und Kultur auf einigermaßen solider Grundlage steht.

Das Studium der politischen Geschichte und der Verfassungsentwicklung als Selbstzweck und zugleich als Voraussetzung für eine intensive Beschäftigung mit dem Altertum wird im Fachschrifttum mit verschiedenen, auch einander widersprechenden Gründen empfohlen. Unwidersprochen dürfte freilich dabei die historische Einsicht bleiben, daß die Kenntnisse von der erstmaligen Entstehung und Entwicklung autoritärer und pluralistischer Staatsformen im Alten Orient, der teilweisen Demokratisierung der griechischen Polisgesellschaft und von der unterschiedlichen Ausformung politischer Strukturen in der römischen Republik und der Kaiserzeit modellhaften Charakter für jedes Geschichtestudium besitzen. Seit der Renaissance sehen viele Forscher in der griechisch-römischen Antike, seit der Romantik manche auch im Alten Orient (*ex oriente lux*) das Fundament der gesamten europäischen Geschichte und Kultur. Deshalb gelte es, sie zu studieren. Neuere Gelehrte wie Christian Meier (München) oder der französische Althistoriker Paul Veyne postulieren die Auseinandersetzung mit der Alten Welt, weil man damit einen Kontrast, eine Alternative zur Neuzeit markieren möchte. In der Begründung dieser zweiten Position heißt es etwas provokant: „Es gibt gute Gründe für die Ansicht, daß es nicht Aufgabe des Historikers ist, den Parvenue in seinen genealogischen Illusionen zu bestärken. Die Beschäftigung mit der Geschichte ist eine Reise in das Andere". Hier ist nicht der Ort, diese Legitimationsversuche zu analysieren. Ganz abgesehen von dem nach wie vor großen Interesse, das viele zur Beschäftigung mit dem Altertum motiviert, sind es schlicht die ‚Sachzwänge' der Studien- und Lehrpläne, die den Universitätsstudenten ebenso wie den Geschichtslehrer veranlassen, sich mit der Althistorie auseinanderzusetzen.

* * *

In Anbetracht des zur Verfügung stehenden Platzes bleibt vieles, was der Kenner des Altertums hier erwarten wird, unberücksichtigt. Auch können geographische Gegebenheiten nicht näher erläutert werden, weshalb der Leser gebeten wird, die einschlägigen altertumswissenschaftlichen Lexika (vgl. unten xviiif.) und die historischen Atlanten beim Studium dieses Arbeitsbuches zu konsultieren. Bei der Schreibung von Eigennamen und Fachausdrücken sind die Verfasser Konventionen gefolgt, die sich von denen der fremdsprachigen Literatur gelegentlich unterscheiden; dies sollte bei der Benutzung der ‚Nachschlagewerke' berücksichtigt werden. Eine kleine bibliographische Auswahl im Anschluß an das Vorwort und am Ende jedes Kapitels mögen für den, der darüberhinaus sein Wissen über die frühen Hochkulturen und die Antike zu erweitern und zu vertiefen beabsichtigt, angesichts der nicht mehr überschaubaren altertumswissenschaftlichen Literatur ein hilfreicher Wegweiser sein.

Der Unterzeichnete dankt den Verfassern der einzelnen Kapitel für ihre Mitarbeit, Herrn Peter Mauritsch für die EDV-gerechte Manuskriptgestaltung und den Damen des Sekretariats am Institut für Alte Geschichte und Altertumskunde der Karl-Franzens Universität in Graz, Helga Hofmann und Ute Oechs, für die Herstellung der druckreifen Vorlage. Dank gebührt auch Frau Gertraud Biheller für ihre wertvolle Korrekturarbeit.

* * *

Der achtzigste Geburtstag des Althistorikers Franz Hampl ist ein willkommener Anlaß, ihm diesen Band zu widmen, auch wenn die *Grundzüge der politischen Geschichte des Altertums* für seine Konzeption von Geschichte nur ‚Zulieferungsmaterial' darstellen. Franz Hampls universalhistorisches und methodisches Verständnis von der *Geschichte als kritische(r) Wissenschaft* (Darmstadt 1975, 1978; drei Bände) ist aus der Altertumswissenschaft heute nicht mehr wegzudenken.

Graz, im Mai 1990   Ingomar Weiler

* * *

Herausgebervorwort zur zweiten Auflage

Der Unterzeichnete dankt jenen Autoren, die ihre Beiträge einer Revision unterzogen haben. Für die Hilfe bei den Korrekturarbeiten, für die ich als Herausgeber die Verantwortung übernehme, bin ich vor allem den Herren G. Doblhofer, P. Mauritsch und W. Petermandl sowie Frau H. Hofmann sehr dankbar.

Graz, im April 1995   Ingomar Weiler

Literatur zur Geschichte des Altertums

Neben den universalhistorisch konzipierten Reihenwerken wie *Propyläen Weltgeschichte, Historia Mundi, Fischer Weltgeschichte, Histoire Générale* und *Cambridge Ancient History* sei auf folgende Darstellungen zu größeren Abschnitten des Altertums verwiesen. Weitere Literatur findet sich im Anschluß an die einzelnen Kapitel sowie bibliographische Angaben insbesondere zu Neuerscheinungen in den unten angeführten Titeln von Clauss Nr. 103, De Blois Nr. 104, Schuller Nr. 125 und Vollmer Nr. 131. Verzeichnisse der in den Altertumswissenschaften üblichen Abkürzungen bieten *Der kleine Pauly* Nr. 74 und das *Lexikon der Alten Welt* Nr. 55.

1. Frühe Hochkulturen

1.1 Allgemeines

1. A. SHERRATT (Hg.), *Die Cambridge Enzyklopädie der Archäologie* (engl. 1980. Übersetzung C. Bruder, E. und A. Eggebrecht, J. Rehork, G. Steinborn, M. Würmli) München 1980
2. K. GUTBROD, *DuMont's Geschichte der frühen Kulturen der Welt.* Schauberg – Köln 1975 (DuMont Dokumente: Archäologie)

1.2 Quellensammlungen

3. A.K. GRAYSON, *Assyrian and Babylonian Chronicles.* Locust Valley 1975 (Texts from Cuneiform Sources 5)
4. A.K. GRAYSON (Hg.) *The Royal Inscriptions of Mesopotamia.* Toronto 1987ff.
5. O. KAISER (Hg.), *Texte aus der Umwelt des Alten Testaments.* Gütersloh 1981ff.
6. S. PARPOLA (Hg.), *State Archives of Assyria.* Helsinki 1987ff.
7. J.B. PRITCHARD (Hg.), *Ancient Near Eastern Texts Relating to the Old Testament.* Princeton ³1969

1.3 Alter Orient und Ägypten

8. B. BRENTJES, *Völker an Euphrat und Tigris.* Wien – München 1981
9. E. BRUNNER-TRAUT, *Kleine Ägyptenkunde. Von den Pharaonen bis heute.* Stuttgart ²1988
10. R.N. FRYE, *The History of Ancient Iran.* München 1984 (Hb der Altertumswissenschaft III. 7)
11. A. GOETZE, *Kleinasien.* München ²1957 (Hb der Altertumswissenschaft III. 1)
12. S. N. KRAMER, *Mesopotamien. Frühe Staaten an Euphrat und Tigris* (engl. 1967. Übersetzung H. Kuschel). Reinbek ³1975 (rororo Time-Life 22)
13. S. MOSCATI, *Geschichte und Kultur der semitischen Völker* (ital. 1958. Übersetzung E. Kümmerer/B. Steinkühler) Einsiedeln – Zürich – Köln 1961
14. W. WOLF, *Das alte Ägypten.* München 1971 (dtv 3201)

15. J. WIESEHÖFER, *Das antike Persien. Von 550 v.Chr. bis 650 n.Chr.* München 1993
16. M. SALVINI, *Geschichte und Kultur der Urartäer.* Darmstadt (in Vorbereitung)

1.4 Lexika und Handbücher

17. W. HELCK/E. OTTO (Hg.), *Lexikon der Ägyptologie.* Wiesbaden 1972ff.
18. E. EBELING, B. MEISSNER, E. WEIDNER, W. v. SODEN, D.O. EDZARD (Hgg.), *Reallexikon der Assyriologie.* Berlin 1928ff.
19. B. SPULER (Hg.), *Handbuch der Orientalistik.* Leiden 1952ff.

1.5 Einführende Literatur

20. H. BECHERT/G. v. SIMSON (Hgg.), *Einführung in die Indologie. Stand, Methoden, Aufgaben.* Darmstadt 1979
21. E. HORNUNG, *Einführung in die Ägyptologie.* Darmstadt ⁴1993
22. W. v. SODEN, *Einführung in die Altorientalistik.* Darmstadt 1985

1.6 Bibliographien, Rezensionszeitschriften

23. Bibliotheca Orientalis, Leiden 1943ff.
24. Keilschriftbibliographie, in: Orientalia NS 9ff., Rom 1940ff.

2. Griechisch – römische Antike

Geschichte der Antike. Taschenbuchreihe in 6 Bänden (dtv):

25. O. MURRAY, *Das frühe Griechenland* (engl. 1980. Übersetzung K. Brodersen) München 1982 (Nr. 4400)
26. J.K. DAVIES, *Das Klassische Griechenland und die Demokratie* (engl. 1978. Übersetzung A. Wörle) München 1983 (Nr. 4401)
27. F.W. WALBANK, *Die hellenistische Welt* (engl. 1981. Übersetzung Chr.M. Barth) München 1983 (Nr. 4402)
28. R.M. OGILVIE, *Das frühe Rom und die Etrusker* (engl. 1976. Übersetzung I. Götz) München 1983 (Nr. 4403)
29. M. CRAWFORD, *Die römische Republik* (engl. 1978. Übersetzung B. u. S. Evers) München 1984 (Nr. 4404)
30. C. WELLS, *Das römische Reich* (engl. 1984. Übersetzung K. Brodersen) München ³1988 (Nr. 4405)
31. W. DAHLHEIM, *Die griechisch-römische Antike.* Bd. 1: Griechenland, Bd. 2: Rom, Paderborn 1992 (UTB)
32. W. DAHLHEIM, *Die Antike. Griechenland und Rom von den Anfängen bis zur Expansion des Islam.* Paderborn – München – Wien – Zürich 1994
33. M.I. FINLEY, *Das politische Leben in der antiken Welt* (engl. 1983. Übersetzung W. Nippel) München 1986
34. S. LAUFFER, *Kurze Geschichte der antiken Welt.* München 1981 (dtv 980/1724)
35. E. MEYER, *Einführung in die antike Staatskunde.* Darmstadt. ⁵1990

36. M. ROSTOVTZEFF, *Geschichte der Alten Welt*. Band 1: *Der Orient und Griechenland*. Band 2: *Rom* (russisch 1924, engl. 1926/27. Übersetzung H. Schaeder) Leipzig 1941/42
37. J.-P. VERNANT (Hg.), *Der Mensch in der Antike*. Frankfurt/Main 1993

2.1 Griechische Geschichte

38. H. BENGTSON, *Griechische Geschichte*. München ⁵1977 (Hb der Altertumswissenschaft)
39. R. BICHLER, *Von der Insel der Seligen zu Platons Staat. Geschichte der antiken Utopie*. Wien – Köln – Weimar 1994 (Alltag und Kultur im Altertum Bd. 3)
40. J. BLEICKEN, *Die athenische Demokratie. 2., völlig überarbeitete und wesentlich erweiterte Auflage*. Paderborn – München – Wien – Zürich 1994
41. R. CARTLEDGE, *The Greeks. A Portrait of Self and Others*. Oxford – New York 1993
42. M.I. FINLEY, *Die Griechen* (engl. 1963. Übersetzung K.-E. u. G. Felten) München ²1983
43. H.-J. GEHRKE, *Jenseits von Athen und Sparta. Das Dritte Griechenland und seine Staatenwelt*. München 1986
44. Ch. MEIER, *Die Entstehung des Politischen bei den Griechen*. Frankfurt/Main 1983
45. Ch. MEIER, *Athen. Ein Neubeginn der Weltgeschichte*. Berlin 1993
46. W. SCHULLER, *Griechische Geschichte*. München – Wien 1980, ²1982 (Oldenbourg Grundriß der Geschichte. 1). Die Neuauflage in zwei Bänden: W. SCHULLER, *Griechische Geschichte*, ³1991 und
47. H.-J. GEHRKE, *Geschichte des Hellenismus*. München 1990 (Oldenbourg Grundriß der Geschichte. 1A)
48. K. TAUSEND, *Amphiktyonie und Symmachie. Formen zwischenstaatlicher Beziehungen im archaischen Griechenland*. Stuttgart 1992 (Historische Einzelschriften Bd. 73)
49. Ch. ULF, *Die homerische Gesellschaft. Materialien zur analytischen Beschreibung und historischen Lokalisierung*. München 1990 (Vestigia Bd. 43)
50. I. WEILER, *Griechische Geschichte. Einführung, Quellenkunde, Bibliographie*. Darmstadt ²1988
51. K.-W. WELWEI, *Athen. Vom neolithischen Siedlungsplatz zur archaischen Großpolis*. Darmstadt 1992
52. A. ZAICEV, *Das griechische Wunder. Die Entstehung der griechischen Zivilisation*. Konstanz 1993 (Xenia Bd. 30).

2.2 Römische Geschichte

53. H. BELLEN, *Grundzüge der Römischen Geschichte von der Königszeit bis zum Übergang der Republik in den Prinzipat*. Darmstadt 1994
54. H. BENGTSON, *Grundriß der Römischen Geschichte mit Quellenkunde. Republik und Kaiserzeit bis 284 n. Chr.* München ³1982 (Hb der Altertumswissenschaft)
55. A. BETZ und E. WEBER, *Aus Österreichs römischer Vergangenheit*. Wien 1990

56. J. BLEICKEN, *Geschichte der Römischen Republik.* München – Wien ⁴1992 (Oldenbourg Grundriß der Geschichte. 2)

57. K. BRINGMANN, *Römische Geschichte. Von den Anfängen bis zur Spätantike.* München 1995 (Beck'sche Reihe 2012)

58. K. CHRIST, *Römische Geschichte. Einführung, Quellenkunde, Bibliographie.* Darmstadt ⁴1990

59. K. CHRIST, *Geschichte der römischen Kaiserzeit. Von Augustus bis Konstantin.* München ²1992

60. K. CHRIST, *Die Römer. Eine Einführung in die Zivilisation und Geschichte.* München ²1984

61. W. DAHLHEIM, *Geschichte der römischen Kaiserzeit.* München – Wien ²1989 (Oldenbourg Grundriß der Geschichte. 3)

62. A. DEMANDT, *Die Spätantike. Römische Geschichte von Diocletian bis Justinian. 284–565 n.Chr.* München 1989 (Hb der Altertumswissenschaft)

63. M. FUHRMANN, *Rom in der Spätantike. Porträt einer Epoche.* München – Zürich 1994

64. P. GARNSEY/R. SALLER, *Das römische Kaiserreich. Wirtschaft, Gesellschaft, Kultur* (engl. 1987. Übersetzung H.-J. Maas) Reinbek 1989 (rowohlts enzyklopädie 501)

65. A. HEUSS, *Römische Geschichte.* Braunschweig ⁵1983

66. W. HUSS, *Geschichte der Karthager.* München 1985 (Hb der Altertumswissenschaft)

67. D. KIENAST, *Römische Kaisertabelle. Grundzüge einer römischen Kaiserchronologie.* Darmstadt 1990

68. J. MARTIN, *Spätantike und Völkerwanderung.* München – Wien ²1990 (Oldenbourg Grundriß der Geschichte. 4)

69. Th. MOMMSEN, *Römische Kaisergeschichte. Nach den Vorlesungs-Mitschriften von Sebastian und Paul Hensel 1882/86,* (Hg. B. und A. Demandt) München 1992

70. M. PALLOTTINO, *Italien vor der Römerzeit* (ital. 1984. Übersetzung S. Steingräber) München 1987

71. E. WEBER, *Österreichs römische Vergangenheit. Textband, Kommentar, Lehrerbegleitband.* Wien 1989, 1991 (Orbis Romanus)

2.3 Lexika und Handbücher zum Altertum

72. *Einleitung in die Altertumswissenschaft* (Hg. A. Gercke – E. Norden) Leipzig Berlin 1910ff. (z.T. in dritter und vierter Auflage) 3 Bde.

73. *Paulys Real-Encyclopädie der classischen Altertumswissenschaft* (RE). Hg. G. Wissowa, fortgeführt von W. Kroll, K. Mittelhaus und K. Ziegler. Bd. I 1, 1894 – Bd. XXIV, 1963 (Aal–Quosenus); Bd. I A 1, 1914 – Bd. X A, 1972 (Ra–Zythos). Dazu Supplementbände I–XV (1903–1978). [Siehe oben XI].

74. *Der Kleine Pauly. Lexikon der Antike* (Hg. K. Ziegler, W. Sontheimer und H. Gärtner) Stuttgart 1964–1975, 5 Bde. (als dtv-Taschenbuch 5963 erhältlich)

Literatur zur Geschichte des Altertums xix

75. *Lexikon der Alten Welt* (Hg. C. Andresen u.a.) Zürich – München 1965 (nach Sachgebieten Literatur, Religion, Kunst, Geschichte, Kulturgeschichte auch bei dtv als *Lexikon der Antike* [Nr. 3071–3083, München 1969–1971] erschienen)
76. *Lexikon der Antike* (Hg. J. Irmscher) Leipzig ^{9}1987
77. *Lexikon der Frühen Hochkulturen* (Hg. J. Herrmann) Leipzig 1984, 2 Bde.
78. *Wörterbuch der Antike mit Berücksichtigung ihres Fortwirkens* (Hg. H. Lamer u.a.) Stuttgart ^{8}1976
79. *The Oxford Classical Dictionary* (Hgg. N.G.L. Hammond/H.H. Scullard) Oxford ^{2}1973
80. P. KROH, *Lexikon der antiken Autoren*. Stuttgart 1972
81. *Lexikon griechischer und lateinischer Autoren des Altertums und des Mittelalters* (Hgg. W. Buchwald, A. Hohlweg, O. Prinz) München ^{3}1982
82. *Handbuch der Altertumswissenschaft* (begründet von I. von Müller, erweitert von W. Otto, fortgeführt von H. Bengtson) München 1886ff.

2.4 Atlanten

83. H. BENGTSON/V. MILOJČIĆ (Hgg.), *Großer Historischer Weltatlas*.1. Teil: *Vorgeschichte und Altertum*. München ^{6}1978
84. N.G.L. HAMMOND u.a. (Hg.), *Atlas of the Greek and Roman World in Antiquity*. Park Ridge N.J.1981
85. H. KINDER/W. HILGEMANN, *dtv-Atlas zur Weltgeschichte. Karten und chronologischer Abriß*. 2 Bände, München ^{19}1984 (dtv 3001/3002)
86. H.E. STIER/E. KIRSTEN (Hgg.), *Großer Atlas zur Weltgeschichte*. Braunschweig ^{9}1976
87. R.J.A. TALBERT (Hg.), *Atlas of the Classical History*. London – New York 1984
88. F.W. PUTZGER, *Historischer Weltatlas zur allgemeinen und österreichischen Geschichte*. Bearbeitet von E. Lendl und W. Wagner. Wien ^{51}1977
89. Union Académique Internationale (Hg.), *Tabula Imperii Romani*. 1976ff.

2.5 Studium, Didaktik und Theorie der Alten Geschichte

90. K. ACHAM, *Grundlagenprobleme der Geschichtswissenschaft*, in: Enzyklopädie der geisteswissenschaftlichen Arbeitsmethoden. 10. Lieferung: Methoden der Geschichtswissenschaft und der Archäologie. München 1974, 3ff.
91. G. ALFÖLDY, *Der Sinn der Alten Geschichte*, in: G. Alföldy u.a. (Hgg.), Probleme der Geschichtswissenschaft. Düsseldorf 1973
92. *Austria Latina*. Texte, Kommentar, Lehrerbegleitheft. Texte ausgewählt und erläutert von W. Müller. Wien 1989
93. P.A. BARCELÓ/C.F. KONRAD, *Unterrichtsmodelle zur römischen Geschichte*. Regensburg 1983 (Eichstätter Materialien 3)
94. H. BENGTSON, *Einführung in die Alte Geschichte*. München ^{8}1979
95. R. BICHLER, *Wissenschaftstheoretische Probleme der Geschichtswissenschaft*, in: J. Speck (Hg.), Handbuch wissenschaftstheoretischer Begriffe. Göttingen 1980, 254ff.

96. R. BICHLER, *Über Klischee, Moral und weltanschauliche Tendenzen im Bild der Alten Welt in den Geschichtslehrbüchern der BRD*, in: Intern. Jahrbuch für Geschichts- und Geographie-Unterricht 15 (1974) 97ff.

97. R. BICHLER, *Neuorientierung in der Alten Geschichte?*, in: E. Schulin (Hg.), Deutsche Geschichtswissenschaft nach dem Zweiten Weltkrieg. München 1989, 63ff.

98. B. von BORRIES, *Problemorientierter Geschichtsunterricht? Schulbuchkritik und Schulbuchrevision, dargestellt am Beispiel der römischen Republik.* Stuttgart 1980

99. B. von BORRIES, *Römische Republik: Weltstaat ohne Frieden und Freiheit? Ein problemorientiertes Unterrichtsmodell für die Sekundarstufen.* Stuttgart ²1985

100. N. BROCKMEYER/E.F. SCHULTHEISS, *Studienbibliographie Alte Geschichte.* Wiesbaden 1973 (Wissenschaftliche Paperbacks)

101. K. CHRIST, *Neue Profile der Alten Geschichte.* Darmstadt 1990

102. K. CHRIST, *Von Gibbon zu Rostovtzeff. Leben und Werk führender Althistoriker der Neuzeit.* Darmstadt ³1989

103. M. CLAUSS, *Einführung in die Alte Geschichte.* München 1993

104. L. DE BLOIS und R.J. VAN DER SPEK, *Einführung in die Alte Welt.* Stuttgart 1994

105. M.I. FINLEY, *Quellen und Modelle in der Alten Geschichte* (engl. 1985. Übersetzung W. Nippel/A. Wittenburg) Frankfurt/Main 1987

106. D. FLACH, *Einführung in die römische Geschichtsschreibung.* Darmstadt ²1992

107. R. GÜNTHER, *Alte Geschichte in Studium und Unterricht.* Stuttgart 1978 (Urban TB 287)

108. F. HAMPL, *Geschichte als kritische Wissenschaft.* Darmstadt 1975, 1978. 3 Bde. (Hg. I. Weiler)

109. J. IRMSCHER (Leiter eines Autorenkollektivs), *Einleitung in die klassischen Altertumswissenschaften.* Berlin 1986

110. H. KLOFT, *Die Wirtschaft der griechisch-römischen Welt. Eine Einführung.* Darmstadt 1992

111. H. KLOFT (zusammen mit E. BOSHOF und K. DÜWELL, *Geschichte. Grundlagen des Studium der Geschichte. Eine Einführung.* Köln – Weimar – Wien ⁴1994

112. A. KNEPPE, *Das Imperium Romanum.* Materialheft, Lehrerheft, Arbeitsheft. Paderborn 1985/86 (Geschichte. Politik. Unterrichtseinheiten für ein Curriculum)

113. H.P. KOHNS/K.H. SCHWARTE, *Anleitung für die Teilnehmer althistorischer Proseminare.* Paderborn 1977

114. O. LENDLE, *Einführung in die griechische Geschichtsschreibung. Von Hekataios bis Zosimos.* Darmstadt 1992

115. Ch. MEIER, *Was soll uns heute noch die Alte Geschichte*, in: Ch. Meier, *Die Entstehung des Begriffs ‚Demokratie'.* Frankfurt ³1977, 151ff.

116. Ch. MEIER, *Die Welt der Geschichte und die Provinz des Historikers.* Berlin 1989

117. K. MEISTER, *Die griechische Geschichtsschreibung. Von den Anfängen bis zum Ende des Hellenismus.* Stuttgart – Berlin – Köln 1990
118. W. NIPPEL, *Griechen, Barbaren und „Wilde". Alte Geschichte und Sozialanthropologie.* Frankfurt/Main 1990 (Fischer Taschenbuch 4429)
119. W. NIPPEL, *›Geschichte‹ und ›Altertümer‹. Zur Periodisierung in der Althistorie,* in: W. Küttler, J. Rüsen und E. Schulin (Hg.), Geschichtsdiskurs in 4 Bänden. Bd. 1: Grundlagen und Methoden der Historiographiegeschichte. Frankfurt/Main 1993, 307ff.
120. W. NIPPEL (Hg.), *Über das Studium der Alten Geschichte.* München 1993 (dtv 2690/4583)
121. E. OLSHAUSEN, *Einführung in die historische Geographie der Alten Welt.* Darmstadt 1991
122. H.-A. RUPPRECHT, *Kleine Einführung in die Papyruskunde.* Darmstadt 1994
123. H. SCHNEIDER, *Einführung in die antike Technikgeschichte.* Darmstadt 1992
124. W. SCHULLER/H. POPP/G. HAMMER, *Die attische Demokratie.* München 1990 (Arbeitsmaterialien für den Geschichtsunterricht in der Oberstufe)
125. W. SCHULLER, *Einführung in die Geschichte des Altertums.* Stuttgart 1994 (UTB 1794)
126. H. STRASBURGER, *Umblick im Trümmerfeld der griechischen Geschichtsschreibung,* in: Ders., Studien zur Alten Geschichte. Hildesheim – New York 1990 Bd. 3, 169ff.
127. P. VEYNE, *Geschichtsschreibung – Und was sie nicht ist* (franz. 1971. Übersetzung G. Roßler) Frankfurt/Main 1990 (edition suhrkamp 1472)
128. P. VEYNE, *Die Originalität des Unbekannten. Für eine andere Geschichtsschreibung* (franz. 1961/1976. Übersetzung F. Weinert) Frankfurt/Main 1988
129. P. VEYNE, *Der Eisberg der Geschichte* (franz. 1979. Übersetzung K. Tholen-Struthoff) Berlin 1981
130. P. VEYNE, *Aus der Geschichte* (franz. 1980–84. Übersetzung G. Roßler) Berlin 1986
131. D. VOLLMER, *Alte Geschichte in Studium und Unterricht. Eine Einführung mit kommentiertem Literaturverzeichnis.* Stuttgart 1994
132. I. WEILER, *Von ‚Wesen', ‚Geist' und ‚Eigenart' der Völker der Alten Welt,* in: Innsbrucker Beiträge zur Kulturwissenschaft 18 (1974) 243ff.
133. J. WIESEHÖFER, *Athen und Rom: Polis und Metropole.* Materialheft, Arbeitsheft, Lehrerheft. Paderborn 1985/86 (Geschichte. Politik. Unterrichtseinheiten für ein Curriculum)

2.6 Quellensammlungen und Übersetzungen

134. W. AREND, *Altertum. Alter Orient-Hellas-Rom.* München ^{2}1975 (Geschichte in Quellen. Band 1)
135. M. AUSTIN, *The Hellenistic World from Alexander to the Roman Conquest. A Selection of Ancient Sources in Translation.* Cambridge 1981
136. M. AUSTIN/P. VIDAL-NAQUET, *Gesellschaft und Wirtschaft im alten Griechenland* (franz. ^{2}1973. Übersetzung A. Wittenburg) München 1984

137. E. BADIAN/R.K. SHERK (Hgg.), *Translated Documents of Greece and Rome.* Cambridge 1983ff.

138. P. BARCELÓ *Altertum. Grundkurs Geschichte 1.* Königstein/Ts. 1982

139. E. BARKER, *From Alexander to Constantine. Passages and Documents Illustrating the History of Social and Political Ideas 336 B.C. to 337 A.D..* Oxford 1956

140. K. BRODERSEN/W. GÜNTHER/H.H. SCHMITT, *Historische Griechische Inschriften in Übersetzung.* Darmstadt 1992, Bd.I: Die archaische und klassische Zeit (Texte zur Forschung Bd.59)

141. D.C. BRAUND, *Augustus to Nero. A Sourcebook on Roman History 31 BC – AD 68.* London 1985

142. M. CRAWFORD – D. WHITEHEAD, *Archaic and Classical Greece. A Selection of Ancient Sources in Translation.* Cambridge 1983

143. W. ECK und J. HEINRICHS, *Sklaven und Freigelassene in der Gesellschaft der römischen Kaiserzeit. Textauswahl und Übersetzung.* Darmstadt 1993 (Texte zur Forschung Bd. 61).

144. V. EHRENBERG - A.H.M. JONES, *Documents Illustrating the Reigns of Augustus and Tiberius.* Oxford ²1955

145. H. FLASHAR, *Griechisches Lesebuch.* Frankfurt/Main 1987 (insel taschenbuch 995)

146. Ch.W. FORNARA, *Archaic Times to the End of the Peloponnesian War.* Cambridge 1977 (Translated Documents of Greece & Rome. 1)

147. H. FREIS, *Historische Inschriften zur römischen Kaiserzeit. Von Augustus bis Konstantin.* Darmstadt 1984 (Texte zur Forschung. 49)

148. M. FUHRMANN (Hg.), *Römisches Lesebuch.* Frankfurt/Main 1987 (insel taschenbuch 996)

149. A.H.J. GREENIDGE/A.M. CLAY, *Sources of the Roman History 133-70 B.C.* Oxford 1903/1961

150. G. GUGGENBÜHL/H.C. HUBER, *Quellen zur Geschichte des Altertums.* Zürich ⁴1980

151. P. GUYOT/R. KLEIN, *Das frühe Christentum bis zum Ende der Verfolgungen. Eine Dokumentation. Bd.1: Die Christen im heidnischen Staat.* Übersetzung der Texte von Peter Guyot, Auswahl und Kommentar von Richard Klein. Darmstadt 1993 (Texte zur Forschung Bd.40)

152. Ph. HARDING, *From the Peloponnesian War to the Battle of Ipsus.* Cambridge 1985 (Translated Documents of Greece & Rome. 2)

153. J. HERRMANN (Hg.), *Griechische und lateinische Quellen zur Frühgeschichte Mitteleuropas bis zur Mitte des 1. Jahrtausends u.Z.* Berlin 1988–1992, 4 Bde (Schriften und Quellen der Alten Welt, Bd. 37, 1–4)

154. B. LEVICK, *The Government of the Roman Empire. A Source-Book.* London 1985

155. M. MCCRUM/A.G. WOODHEAD, *Select Documents of the Principates of the Flavian Emperors A.D. 68-96.* Cambridge 1966

156. F. MEIJER – O. van NIJF, *Trade, Transport and Society in the Ancient World. A Sourcebook.* London 1992

157. B.J. RHODES, *The Greek City States: A Source Book.* London 1986

158. R.K. SHERK, *Rome and the Greek East to the Death of Augustus*. Cambridge 1984 (Translated Documents of Greece & Rome. 4)
159. R.K. SHERK, *Roman Documents from the Greek East*. Baltimore 1969
160. R.K. SHERK, *The Roman Empire: Augustus to Hadrian*. Cambridge 1988 (Translated Documents of Greece & Rome. 6)
161. E.M. SMALLWOOD, *Documents Illustrating the Principates of Gaius, Claudius and Nero*. Cambridge 1967
162. E.M. SMALLWOOD, *Documents Illustrating the Principates of Nerva, Trajan and Hadrian*. Cambridge 1966
163. R. TILL, *Res publica. Texte zur Krise der frührömischen Tradition*. Lateinisch/Griechisch und Deutsch. Zürich 1976

Ausgewählte Quellensammlungen zur *Austria Romana* bietet Hainzmann unten 185f. Vgl. auch die Titel von Weber Nr.71 und *Austria Latina* Nr.92.

2.7 Bibliographien und Rezensionszeitschriften

164. Anzeiger für die Altertumswissenschaft, Innsbruck 1947ff.
165. K. CHRIST, *Römische Geschichte. Eine Bibliographie*. Darmstadt 1976
166. Gnomon. Kritische Zeitschrift für die gesamte klassische Altertumswissenschaft, München 1925–1943, 1949ff.
167. L'Année philologique (Hg. J. Marouzeau – J. Ernst) Paris 1928ff.

1 Frühe Hochkulturen

Hannes D. Galter – Bernhard Scholz

1.1 Geschichte Vorderasiens

1.1.1 Quellen

Als schriftliche Quellen für die Geschichte Vorderasiens vom 3. bis zum 1. Jt. stehen in erster Linie Keilschrifttexte zur Verfügung (vgl. unten 4). Sie sind in verschiedenen Sprachen (Sumerisch, Akkadisch, Hethitisch, Hurritisch usw.) abgefaßt. Für das 1. Jt. kommen auch noch aramäische, phoinikische und bildluwische Inschriften sowie die Bücher des Alten Testaments hinzu. Spätere Schriftwerke, wie die Werke klassisch antiker, jüdischer oder arabischer Historiographen sind aufgrund der Fülle des zeitgenössischen Materials seltener von Bedeutung.

Die Keilschriftquellen dokumentieren in der Regel eine Geschichte der Eliten. Die ‚Stimme der Besiegten' bzw. Materialien für eine ‚Geschichte von unten' sucht man in ihnen meist vergebens.

Die Schriftstücke fallen grob in zwei Kategorien. Zum einen Texte des täglichen Gebrauchs und zum anderen Texte, die für die Nachwelt aufbewahrt werden sollten. Zur ersten Gruppe gehören Briefe sowie Dokumente des wirtschaftlichen, administrativen, juristischen und religiösen Lebens, die neben ihrer sozialökonomischen bzw. kulturhistorischen Relevanz auch, im Text oder in Datenformeln eingebettet, Aussagen zur politischen Geschichte enthalten können. Die aus unterschiedlichen Gründen zusammengestellten Rechtssammlungen (*Codex Urnammu, Codex Eschnunna, Codex Hammurabi* etc.) geben einen guten Einblick in die Rechtstheorie. Von größter Bedeutung sind dabei naturgemäß die Dokumente der politischen Praxis, wie zwischenstaatliche Verträge, Schenkungsurkunden, Erlässe oder die diplomatische Korrespondenz. Zu den bedeutendsten Archivfunden zählen die Palastbibliothek ASSURBANIPALs in Ninive, die Tempelbibliothek von Nippur und die Palastarchive von Ebla, Mari, Tell el-Amarna, Boghazköy (Hattuscha) und Ugarit.

Die zweite Gruppe umfaßt einerseits literarische und wissenschaftliche Texte, andererseits Monumentalinschriften von Herrschern und Privatpersonen. In ihr finden sich weit häufiger historische Inhalte, die allerdings im Spiegel dichterischer Subjektivität bzw. politischer Meinungsbildung verfremdet erscheinen.

Fast alle literarischen Genres (Hymnen, Epen, Klagen, Erzählungen, Prophetien usw.) enthalten historisch relevante Texte (z.B. *Gilgamesch-Epos, Ur-Klage, Sargon-Legende*). Innerhalb des wissenschaftlichen Schrifttums sind solche hauptsächlich unter den Listen (Königs-, Daten-, Eponymenlisten) und den Materialsammlungen (Chroniken, astronomische Tagebücher, historische Omina usw.) anzutreffen.

Das umfangreichste Quellenmaterial für die Geschichte Vorderasiens stellen jedoch die königlichen Monumentalinschriften dar. Sie reichen von kurzen Eigentumsvermerken über Votiv- und Bauinschriften bis hin zu langen, teilweise annalistisch gehaltenen kommemorativen Texten auf Stelen, Orthostaten, Tonzylindern oder -prismen. Viele der Texte besitzen wir allerdings nur in Form von Archivkopien auf Tontafeln.

Zu dieser Fülle an schriftlichen Quellen kommt das archäologische Material hinzu. Die Grabungs- und Surveytätigkeit in den Ländern Vorderasiens, die in den letzten zwanzig Jahren auf Grund mehrerer Staudammprojekte eine Intensivierung erfahren hat, bringt laufend neue Erkenntnisse und bildet eine wertvolle Kontrollinstanz für historische Rekonstruktionen. Für die erste Hälfte des 1. Jt. stellen die narrativen Orthostatenreliefs der assyrischen Paläste ein weiteres Quellencorpus dar.

Die Chronologie Vorderasiens nach 1500 ist astronomisch fixiert. Für die Zeit davor stehen drei chronologische Systeme zur Verfügung, die um jeweils eine Venusperiode (ca.64 Jahre) divergieren. Hier wird die ‚Kurze Chronologie' (HAMMURABI: 1729–1686) verwendet.

1.1.2 Natürliche Voraussetzungen

‚Orient' ist kein geographischer Begriff und seine Definition bleibt immer willkürlich. Hier umfaßt er die Gebiete vom Kaukasus bis Ägypten und vom Mittelmeer bis Nordindien: Anatolien mit der von Gebirgen umgebenen Hochebene; das Bergland Syrien-Palästinas mit dem großen, von Orontes und Jordan durchflossenen Grabenbruch bis zum Sinai im Süden; Ägypten mit der schmalen, tief in die Hochfläche der Sahara eingegrabenen Niltaloase; die syrisch-arabische Steppe, die im Osten in das Zweistromland zwischen Euphrat und Tigris übergeht, das vom Rand Anatoliens bis zum Persischen Golf und im Osten bis zum Zagros reicht; das von Gebirgszügen umgebene Iranische Hochland und Indien, durch den Himalaya vom restlichen Asien getrennt, mit den beiden vom Himalaya gespeisten Flußgebieten des Indus sowie des Ganges und des Yamuna im Osten; südlich davon das Hochland von Dekkan.

Die Klimate dieser Regionen sind gemäßigt sommerfeucht (Anatolien), subtropisch winterfeucht (Mesopotamien, Nordsyrien, Palästina: ‚Fruchtbarer Halbmond'), subtropisch trocken (Ägypten, Iran) bzw. subtropisch bis – u.a. wegen des Monsuns – tropisch feucht (Indien).

Mit dem Ausklingen der letzten Eiszeit stiegen Temperatur und Feuchtigkeit seit etwa 12.000 in Vorderasien stetig an. Kleinere Klimastörungen waren Trockenphasen im 5. und 4. Jt. Durch den Klimawechsel änderten sich auch Fauna und Flora.

Die Wildformen vieler Nutzpflanzen und Haustiere sind hier heimisch: Gerste und Weizen sowie diverse Hülsenfrüchte (Fruchtbarer Halbmond), Reis und Sesam (Indien), Hirse (Ostafrika, Südostasien), Wein (Anatolien), Ölbaum (Mittelmeergebiet) und Dattelpalme (Nordafrika), Ziege (Ägäis bis Nordindien), Schaf (Vorder- und Zentralasien), Esel (Nordafrika), Dromedar (Arabien) und Kamel (Zentralasien).

Besonders erzreich sind Sinai (Kupfer), Levante (Eisen), Anatolien (Kupfer, Blei, Silber, Gold, Eisen), Kaukasus (Kupfer, Zinn, Eisen), Oman (Kupfer) und nördlicher Iran (Zinn, Eisen).

1.1 Geschichte Vorderasiens

1.1.3 Das 10.–3. Jahrtausend

1.1.3.1 Vorgeschichte 10.–4. Jt.

Nach frühesten menschlichen Spuren im Pandschab (Soan) und Palästina (Ubeidija, um 600.000) treten uns die Zeugen der folgenden Epochen gehäuft in der Ost-Sahara, Palästina, im nördlichen Zagros, im Pandschab und im Hochland von Dekkan entgegen.

Schon gegen Ende der letzten Eiszeit geht der Mensch allmählich im Fruchtbaren Halbmond vom reinen Sammeln zur Kultivierung von Pflanzen über, deren Früchte sich zur Vorratshaltung eignen (Werkzeuge: Mahlsteine, Sichelklingen entlang der Nilterrassen, 13. Jt.). Die meisten Pflanzen sind bis zum 9. Jt. kultiviert (z.B. Mureybit; Reis: Indien 6. Jt.). Die Kulturformen der Getreidesorten brachten in der Folge erstaunlich hohen Ertrag (bis 100-fach und mehr).

Man erkannte die Nützlichkeit in Herden lebender Kleintiere, die für Menschen ungenießbare Vegetation in Fleisch umwandelten und sich leicht in Gefangenschaft halten ließen: Gazelle, Ziege und Schaf (9. Jt.; Zagros), Rind (8. Jt.) und Schwein (7. Jt.); auch der Hund (Fleischtier! 10.–7. Jt.).

Die steigende Sicherheit der Ernährung durch Ackerbau hat größere Ortsgebundenheit, Steigerung von Bevölkerungswachstum und -dichte zur Folge, es kommt zu festen dörflichen Siedlungen, schließlich auch zur Änderung der Architektur vom runden zum rechteckigen Haustyp. Die Gesellschaftsstruktur wandelt sich und wird arbeitsteilig. Künstliche Bewässerung (seit 6. Jt.) ermöglicht gesteigerte Erträge und damit den Übergang von der Subsistenz- zur Überschußwirtschaft, deren Mehrprodukt im Wege des Tauschhandels zum Erwerb nicht lokal verfügbarer Güter (Rohstoffe, Fertigprodukte) von entfernten Ethnien dient. So kommt es zu weiträumigen Verbindungen.

1.1.3.2 Sozialökonomische Verhältnisse

Die ‚Urbane Revolution' steht am Ende der ‚Neolithischen Revolution', die die wirtschaftlichen Voraussetzungen geschaffen und an bevorzugt gelegenen Stellen schon Jahrtausende vor der Zeit der Stadtkulturen Städte entstehen hat lassen: Jericho, Çatal Hüyük, Mureybit, Tell es-Sawan.

Grundlage für das Entstehen der Stadt ist die Versorgung der Bevölkerung durch die Landwirtschaft, die nur durch Wasserreichtum gewährleistet wird. Dies trifft insbesondere auf die großen Flußebenen – Ägypten, Mesopotamien und Indusgebiet – zu. Besonders gut zu beobachten ist diese Erscheinung an den Städten des südmesopotamischen Schwemmlandes, das erst nach dem klimatisch bedingten Rückgang des Wassers im 4. Jt. dicht besiedelt werden kann und die

Entwicklungsphasen der Stadtentstehung später und rascher durchmacht.

Das Ergebnis sind die frühsumerischen Zentren mit vielfältiger Wirtschaft, die insgesamt durch die zentrale Verwaltung geregelt wird (Monopol). Die Produkte werden nach Bedarf an die Bevölkerung verteilt (redistributive Wirtschaft). Der sumerische Stadtstaat mit einer Vielfalt von Tempel- und zivilen Ämtern, deren Macht sich wie jede Autorität von den Göttern herleitet, lebt aus dem Mehrprodukt des hierarchisch in Kleinbezirke (ökologische Einheiten) gegliederten ‚Hinterlandes' und der Staatswirtschaft.

Dazu zählt der Fernhandel mit Lapislazuli aus Badachschan, der u.a. nach Ägypten weitergeht, Karneol aus Shahr i-Sokhta, Türkis aus Iblis, Gold vom Paktolos und Kupfer aus Oman; exportiert werden Produkte der Landwirtschaft, Muscheln und Trockenfisch. Der Transport geschieht zu Wasser, da Esel erst im Lauf des 3. Jt. als Lasttiere verfügbar sind: über Flüsse nach Norden und Nordwesten – über den Persischen Golf nach Süden und weiter nach Osten.

Noch in der Akkad-Zeit ankern nach Aussage SARGONs Schiffe aus Dilmun (Bahrain), Makan (Oman) und Meluhha (vermutlich das Gebiet der Induskultur) am Kai der Hauptstadt Akkad.

Ein geeignetes Instrument der angesichts der wachsenden Verwaltungsaufgaben unerläßlichen Buchhaltung findet man in der Keilschrift, die wahrscheinlich aus einem System von Zählsteinen hervorgegangen ist und sich über eine bildhafte Phase zu einer genormten, abstrakten Wort- und Silbenschrift entwickelt.

In Mesopotamien besteht eine ethnolinguistische Heterogenität, in der Sumerer mit verschiedenen semitischen Gruppen zusammenleben, die im Norden vorherrschen.

Das System der überschaubaren Stadtstaaten scheint sich zu bewähren, denn es kommt erst im 24. Jh. zu Großreichsbestrebungen.

Die Religion orientiert sich im 3. Jt. vorerst am Stadtgott und seiner Familie; erst mit dem Entstehen politischer Vormachtstellung einzelner Zentren werden Gottheiten hierarchisch in ein Pantheon eingebaut.

1.1.3.3 Die erste Hochkultur (ca. 3500–2800)

Mit der Austrocknung und Besiedelbarkeit des südmesopotamischen Schwemmlandes (Mitte 4. Jt.) erlebt Mesopotamien einen Entwicklungssprung. Günstige klimatische Bedingungen ermöglichen eine hohe Produktivität und enormen Bevölkerungszuwachs. Der Bevölkerungsschwerpunkt verlagert sich deutlich nach Süden. Neue Bevölkerungsgruppen (Sumerer) tauchen auf. Besiedlungsdichte und -komplexität nehmen drastisch zu. Den Mittelpunkt bildet Uruk mit einer Größe von ca. 5,5 km² an der Spitze eines mehrschichtigen hierarchischen Siedlungssystems.

Hier bilden sich Arbeitsteilung und zentrale Verwaltung heraus. Genormte Massenkeramik (‚Glockentöpfe', wahrscheinlich Rationseinheiten), Rollsiegel als Identifikationsinstrumente und die Keilschrift als Verwaltungshilfe legen dafür ein beredtes Zeugnis ab. Einen weiteren Impetus zur kulturellen Entwicklung bildet die zunehmende Abhängigkeit der Landwirtschaft von künstlicher Bewässerung, die durch die fortschreitende Austrocknung des Landes zwischen den Strömen bedingt wird.

Obwohl die Herrschaftsform während der Späten Uruk-Zeit und der beginnenden Frühdynastischen Zeit noch weitgehend unklar ist, lassen sich die Sorge um Bewässerungswirtschaft und – vornehmlich religiöse – Repräsentationsbauten als wichtige Herrscherfunktionen erkennen. Es ist nicht verwunderlich, daß der wohl bekannteste König dieser Epoche, GILGAMESCH (28. Jh.), mit dem Bau der Stadtmauern von Uruk in Zusammenhang gebracht wird.

In der Späten Uruk-Zeit (Anfang 3. Jt.) kommt es zu einer kurzen Phase intensiver Handelskontakte Mesopotamiens mit den umliegenden Gebieten, die von einer starken kulturellen Expansion begleitet sind. In Syrien und Nordmesopotamien werden eigene Siedlungen gegründet (Habuba Kabira, Ninive) – in den Bergregionen des Zagros und Taurus liegen die Handelskolonien innerhalb lokaler Siedlungen (Arslantepe bei Malatya, Godin Tepe). Im Osten reicht der Kultureinfluß weit in iranisches Gebiet hinein (Tepe Sialk, Tall i-Malyan, Tepe Yahya), und er ist durch Grabfunde auch in Abu Dhabi und Oman ausgewiesen.

Die meisten der Handelsniederlassungen werden bereits zu Beginn der Frühdynastischen Zeit wieder aufgegeben, doch hält sich die Erinnerung daran in den Epen um die frühen Könige von Uruk (GILGAMESCH, ENMERKAR, LUGALBANDA).

1.1.3.4 Epoche der frühen Stadtstaaten (ca. 2800–2350)

Der fortschreitende Wasserrückgang im alluvialen Schwemmland Mesopotamiens und das Austrocknen der zahllosen kleinen Wasserläufe führen zur Errichtung eines weitverzweigten künstlichen Kanalsystems, das von den beiden großen Flüssen Euphrat und Tigris ausgeht und eine geregelte Bewässerung der Felder garantieren soll. Dadurch kommt es zu einem deutlichen Machtzuwachs jener urbanen Zentren (z.B.: Uruk, Umma, Girsu, Kisch), die Teile dieses Systems kontrollieren. Um die nun ummauerten Städte herum bilden sich Einflußzonen von unterschiedlicher Ausdehnung. Die Lebensinteressen der Stadtstaaten liegen in erster Linie in der Erhaltung und dem Ausbau der zugehörigen Bewässerungsoasen. Dies führt zu dem für Babylonien typischen Partikularismus, der sich zentralistischen Bestrebungen widersetzt und im religiösen Bereich in der Vorstellung vom Stadtgott als eigentlichem Herrscher und Eigentümer des Stadtstaates seinen Ausdruck findet. Vereinzelte Versuche zu politischen Zusammenschlüssen, wie unter MESALIM von Kisch (um 2550), EANNATUM von Lagasch (um 2420) oder LUGALZAGESI von Umma (um 2300), sind nicht von Dauer und sterben durchwegs gemeinsam mit ihrem Initiator.

Konfliktsituationen zwischen einzelnen Stadtstaaten bilden sich dort heraus, wo deren Landwirtschaftszonen einander berühren. Eine derartige Auseinandersetzung entsteht zwischen den Stadtstaaten von Umma und Lagasch, deren Umland von demselben östlichen Euphratarm bewässert wird. Die Kämpfe um die Kontrolle über das kultivierbare Land beiderseits des Grenzkanals und dessen Wasserrechte ziehen sich über mehrere Generationen hin, ohne daß der Konflikt dauerhaft gelöst werden kann. Nach einer schweren Niederlage Lagaschs gegen ein Bündnis von Umma und Uruk versucht URUINIMGINA (um 2300), den Stadtstaat sozialpolitisch zu reformieren und (erneut?) eine Theokratie einzuführen. Die Eingliederung von Lagasch in das Reich SARGONs von Akkad bereitet diesem Versuch allerdings ein jähes Ende.

In den außerbabylonischen Gebieten vollziehen sich trotz anhaltender wirtschaftlicher Kontakte zu Südmesopotamien größtenteils eigenständige Entwicklungen. Die syrischen Städte Ebla und Mari konkurrieren um die Kontrolle der Handelsrouten zwischen Ägypten, Anatolien und dem Zweistromland, und in den urbanen Zentren Nordmesopotamiens setzen sich – wie in Susa – lokale Kulturtraditionen durch.

1.1.3.5 Die Dynastie von Akkad (2350–2100)

Tendenzen zu hegemonistischen Zusammenschlüssen sumerischer Stadtstaaten werden durch die Herausbildung staatlich organisierter Gesellschaften an der Peripherie Mesopotamiens gefördert. In Elam entsteht eine Konföderation von Stadtstaaten mit offenbar wechselnden Residenzen (Susa, Anschan, Awan, Barachschi), in Syrien intensivieren sich die Kontakte zwischen den Wirtschaftszentren Ebla und Mari und in Nordmesopotamien entstehen um 2500, vermutlich in Zusammenhang mit dem Auftauchen der Hurriter, urbane Zentren.

SARGON von Akkad (ca.2330–2274), aus der Oberschicht der semitischen Sprachgruppe stammend, unterwirft, nachdem er in Kisch die Macht an sich gerissen hat, in mehreren Feldzügen Ebla, Mari und Elam und bringt Nordmesopotamien unter seine Kontrolle, bevor er sich Sumer zuwendet und durch einen Sieg über eine Koalition unter der Führung LUGALZAGESIs von Umma erstmals ganz Mesopotamien unter einer Herrschaft vereint.

Zentrum dieses Reiches wird das von SARGON zur Hauptstadt erkorene Akkad, das bis heute nicht gefunden wurde. Die streng zentralistische Verwaltung stützt sich auf über 5.000 Beamte in der Hauptstadt, akkadische Statthalter und Garnisonen in den unterworfenen Gebieten sowie auf Akkader an der Spitze der religiösen Eliten Sumers. Dazu kommt das Monopol Akkads über den Fernhandel, vor allem mit den Zinn und Lapislazuli produzierenden Ländern des Ostens. Zu einer effektiven Herrschaftsausübung mangelt es aber an ausreichenden militärischen Kräften, um die weiterhin bestehenden Partikularisationsbestrebungen zu bekämpfen. So sehen sich SARGONs Nachfolger immer wieder mit größeren Aufständen konfrontiert.

Seinem Enkel NARAMSIN (ca. 2250–2213) gelingt es zwar, Ebla zu zerstören, Elam durch einen Vertrag und eine dynastische Heirat eng an Akkad zu binden und einen Aufstand fast aller mesopotamischen Reichsteile niederzuschlagen, trotzdem scheint seine Regierung den Grundstein zum Untergang Akkads zu legen. Die Tatsache, daß er sich bereits zu Lebzeiten vergöttlichen läßt und als Stadtgott Anspruch auf den gesamten Landbesitz erhebt, wird allgemein als Frevel betrachtet und bringt ihm in der historischen Tradition den Ruf eines Unheilsherrschers ein. Das Staatsmonopol auf Grundbesitz stellt außerdem in Verbindung mit den ständigen Kriegsausgaben eine starke wirtschaftliche Belastung dar. Die Gutäer, ein Bergvolk aus dem Zagros, bedrohen durch Razzien zuerst die Handelswege und Siedlungen östlich des Tigris, dehnen in der Folge aber ihre Plünderzüge auf die Städte Nordmesopotamiens und sogar auf Akkad selbst aus.

Unter SCHARKALISCHARRI (ca.2212–2188) bricht das Reich auseinander. Seine Herrschaft ist vermutlich auf die Stadt Akkad und ihr Hinterland beschränkt, und seine Nachfolger stammen bereits aus einer anderen Dynastie.

Die Gutäer kontrollieren mehrere Generationen lang Gebiete in Ost- und Zentralmesopotamien. Im Süden entstehen autonome politische Gebilde, so z.B. in Uruk und in Lagasch, wo man unter der Herrschaft GUDEAs (um 2100) eine Rückkehr zur Ideologie der Tempelstadt im Sinne URUINIMGINAs (vgl. oben 6) versucht. Weitreichende Handelsbeziehungen bringen Lagasch eine wirtschaftliche Blüte, die auch in der Kunst ihren Niederschlag findet (*Sumerische Renaissance*).

In Elam wird Awan erneut politisches Zentrum, und auch die hurritischen Städte Nordmesopotamiens sowie Mari und Assur erleben eine kurze Phase der Unabhängigkeit.

1.1.3.6 Die III. Dynastie von Ur (2100–1950)
UTUHENGAL von Uruk, dem der Sieg über die Gutäer gelungen ist, wird von seinem eigenen Statthalter URNAMMU (2064–2046), dem

Begründer der III. Dynastie von Ur, gestürzt. Unter ihr lebt die sumerische Kultur wieder auf und dokumentiert sich in großen kulturellen Leistungen wie Großbauten (Zikkurats von Ur, Uruk, Nippur, Umma). Wirtschaftliche Grundlage dafür sind die durch Ausbau der Bewässerungsanlagen geförderte Landwirtschaft und der florierende Handel.

Eine Gesetzessammlung entsteht (*Codex Urnammu*; Prinzip der Wiedergutmachung); das Reich wird als Beamtenstaat nach akkadischem Muster durchorganisiert und umfaßt seit SCHULGI (2046–1998) das gesamte Mesopotamien von Elam bis Nordsyrien. SCHULGI führt auch in einer Verwaltungsreform die Protokollierung amtlicher Vorgänge und die feste Ämterfolge hoher Staatsbeamter ein. IBBISIN (1980–1955), der letzte Herrscher der Dynastie, versucht, die aus Westen vorstoßenden Amoriter, westsemitische Nomaden, aufzuhalten, kann aber das Reich nicht mehr retten, das unter den Folgen mehrerer Mißernten und der Unterbrechung der Handelswege leidet; ISCHBIERRA, der Gouverneur von Isin, kollaboriert mit den Elamiern, die sich am Beginn der Regierung IBBISINs gegen IRNANNA, den Statthalter der Ostprovinzen, erheben. Sie überrennen das Reich und zerstören Ur.

1.1.4 Das 2. Jahrtausend

1.1.4.1 Sozialökonomische Verhältnisse

Nachdem NARAMSIN das akkadische Reich durch übertrieben zentralistische Staatswirtschaft in eine anhaltende Wirtschaftskrise gestürzt und auch das Ur-III-Reich zentralistisch gewirtschaftet hat, geht seit dem beginnenden 2. Jt. die Staats- zugunsten der Privatwirtschaft zurück (Handel, Grundbesitz). Es entstehen private Großfirmen.

Innerhalb der Handelstätigkeit besonders gut dokumentiert ist der seit der Verwendung des Esels möglich gewordene Karawanenhandel zwischen dem traditionellen Handelszentrum Assur und Kappadokien (Kanesch) im 19. Jh. (vgl. unten 10), in dessen Rahmen private Handelsfirmen gemeinsam mit dem Staat Zinn aus dem Nordwestiran und Textilien aus Südmesopotamien in Anatolien für Silber und Gold und große Mengen Kupfer eintauschen.

Die blühenden Geschäfte finden gegen Ende des 18. Jh. ein jähes Ende, als Bergstämme im Osttigrisland die Handelsverbindungen zum iranischen Hochplateau und zum Persischen Golf blockieren. Daher verlagert sich das wirtschaftliche Zentrum in die Levante, wo Kupfer aus Zypern sowie Wein, Waffen und gefärbte Textilien aus eigener Erzeugung umgeschlagen werden.

Mit dem ägyptischen Engagement in Vorderasien im 14. Jh. setzt eine rege diplomatische und ökonomische Aktivität auf höchster Ebene

1.1 Geschichte Vorderasiens 9

ein (‚Geschenke' unter Königen), deren Zeugnisse im ägyptischen Staatsarchiv von Tell el-Amarna erhalten geblieben sind und der Epoche ihren Namen gaben: *Amarna-Zeit* (vgl. unter 12 und 24).

Ist im sumerischen Recht (*Codex Urnammu*) wie im hethitischen das Ersatzprinzip festgeschrieben, so zeigen semitische Rechtssetzungen (*Codex Hammurabi*, Altes Testament) das Talionsprinzip (Vergeltung; die angedrohten Strafen sind Maximalstrafen!).

Die Bevölkerung mesopotamischer Städte teilt sich grob gesprochen in vier Gruppen: neben der sozialen Elite, der in der Regel der Herrscher entstammt, gibt es die breiten Schichten der selbständig tätigen Bürger (Händler, Handwerker, Bauern) und der unselbständigen Palast- und Tempelbediensteten. Die unterste Stufe nehmen die Unfreien (Kriegsgefangene, Schuldsklaven, hörige Arbeiter) ein. Der Anteil der Sklaven an der Bevölkerung ist aber zu allen Zeiten unbedeutend.

Seit der Mitte des 2. Jt. werden mit dem Anwachsen politischer Macht Hauptgottheiten von (Haupt-)Städten zu Reichs- bzw. Nationalgöttern (Assur: Assyrien, Marduk: Babylonien, Haldi: Urartu, Jahwe: Israel).

1.1.4.2 Isin-Larsa-Zeit (1950–1700)

Nach dem Untergang des Reiches von Ur weitet ISCHBI-ERRA von Isin (ca. 1969–1937) seinen Machtbereich entlang der Kanäle, der Kommunikationslinien Südmesopotamiens, aus und erlangt die Oberhoheit über Ur, von wo er die elamischen Garnisonstruppen vertreibt. Larsa, das – wie Isin – unter einer amoritischen Dynastie selbständig geworden ist, bringt das östliche Kanalsystem unter seine Kontrolle und löst Isin in der Herrschaft über Ur und Uruk ab. Die heftigen Auseinandersetzungen der beiden Staaten um die Vorherrschaft im Süden, bei denen das religiöse Zentrum Nippur eine wichtige Rolle spielt, da die Anerkennung durch die Priesterschaft in Nippur die Rechtmäßigkeit der Hegemonie über das ganze Land bedeutet, begünstigen die Entstehung unabhängiger amoritischer Herrschaftsbereiche im Norden Babyloniens. Unter ihnen nimmt das Königreich Babylon schon bald die Vormachtstellung ein.

Mit RIMSIN von Larsa (1761–1700) beginnt das letzte große Kräftemessen im Süden. Er dehnt sein Staatsgebiet entlang des Euphrat aus und erobert Uruk und Nippur. Isin wird auf einen Rumpfstaat zwischen den expandierenden Machtblöcken Babylon und Larsa reduziert und schließlich von RIMSIN unterworfen. Damit bestehen im Süden Mesopotamiens nur mehr zwei Königreiche, die für 30 Jahre einen Waffenstillstand halten.

In Nordmesopotamien und in Syrien sind ebenfalls wieder autonome Staatsgebilde entstanden. Mari kontrolliert erneut den Euphrathandel. Ebla unterhält Wirtschaftsbeziehungen zu Ägypten, doch erwächst ihm in Halap (Aleppo) ein ernstzunehmender Konkurrent. Assur knüpft unter Umgehung dieser Zentren direkte Handelskontakte mit Anatolien (vgl. oben 8), die mehrere Generationen lang die Außenpolitik des Stadtstaates bestimmen, bevor sie durch die Eroberung und kurzzeitige Kontrolle der Stadt durch Eschnunna unterbrochen werden.

Elam zieht sich politisch aus Südmesopotamien zurück, hält jedoch Handelsbeziehungen zu den babylonischen Städten aufrecht.

1.1.4.3 Die Altbabylonische Zeit (1700–1500)

Die Eroberung durch NARAMSIN von Eschnunna (1. Hälfte 18. Jh.) reißt Assur jäh aus seiner jahrzehntelangen Isolation. Der Amoriterfürst SCHAMSCHI-ADAD (1750–1717) gliedert es anschließend in sein Reich ein, das ganz Obermesopotamien vom Zagros bis nach Mari umfaßt. Der Staat wird nach akkadischem Vorbild straff organisiert, die Wirtschaft forciert und religiöse Reformen werden versucht, die aber den Unwillen der Bevölkerung erregen. Von Kriegen ausgelaugt, verfällt der Staat nach SCHAMSCHI-ADADs Tod rasch.

Nach seinem Untergang siedeln sich verstärkt hurritisch sprechende Bevölkerungsteile aus Ostanatolien in Nordmesopotamien an. Mit ihnen kommen auch kleine Gruppen von Indogermanen, die sich vom indoarischen Hauptstrom abgespalten haben und rasch in der hurritischen Bevölkerung aufgehen.

HAMMURABI von Babylon (1729–1686) kommt ebenfalls aus einer amoritischen Dynastie. Sein Staat ragt ursprünglich nicht unter den benachbarten (Eschnunna, Larsa, Mari, Elam, Assur) hervor. Er verbündet sich unter anderem mit ZIMRILIM von Mari (1716–1695), taktiert mit wechselnden Bündnissen und versteht es, nach und nach Larsa, Eschnunna, Assyrien und zuletzt auch Mari seinem Herrschaftsbereich einzuverleiben, der vom Taurus bis zum Persischen Golf reicht. Unter seinen Nachfolgern schrumpft das Reich auf das Stammland zusammen und wird 1531 durch einen Hethiter-Einfall vernichtet.

1.1.4.4 Hethiter und Kassiten (1800–1100)

Zu Beginn des 2. Jt. breiten sich die indogermanischen Hethiter in Anatolien aus und gewinnen die politische Macht. Als Staatsgründer gilt ANITTA von Kuschara (Anfang 18. Jh.), der in Nescha (= Kanesch) residiert.

Nachdem die Hethiter sich im anatolischen Hochland politisch etabliert haben (‚Altes Reich'), versuchen sie unter HATTUSCHIL I.

(1. Hälfte 16. Jh.), der auch Hattuscha zur Hauptstadt macht, aus agrar- und handelspolitischen Gründen, ihre Einflußsphäre nach Osten und Südosten auszudehnen, was zu anhaltenden Auseinandersetzungen mit den Hurritern führt. Alalach und Aleppo fallen an das Hethiterreich, und 1531 gelingt es MURSCHILI I. sogar, bis Babylon vorzustoßen und es zu plündern. Eine dauerhafte politische Kontrolle wird aber durch die Hurriter sowie durch blutige Thronstreitigkeiten in Hattuscha während der folgenden Jahrzehnte verhindert.

Nach dem Abzug der Hethiter 1531 aus Babylon übernehmen die Kassiten, ein Volk unbekannter Herkunft und seit längerem u.a. am Mittleren Euphrat seßhaft, unter AGUM II. die Herrschaft. Wiewohl unter BURNABURIASCH II. und KURIGALZU II. (1332–1308) gleichberechtigt neben Hethiterreich, Ägypten, Mitannistaat und Assyrien stehend, verkümmert der Kassitenstaat allmählich wirtschaftlich und politisch.

Im 13. und 12. Jh. wird Elam wieder politisch aktiv. UNTASCH-NAPIRISCHA führt ein groß angelegtes Bauprogramm durch und beginnt eine militärische Expansion nach Westen, die ihren Höhepunkt in der Eroberung und Zerstörung Babylons durch KUTIRNACHUNTE findet. Damit wird der durch Auseinandersetzungen mit Assyrien geschwächten Kassitendynastie ein Ende bereitet.

Das militärische Engagement Elams im iranischen Hochland ermöglicht es knapp fünfzig Jahre später dem aus Isin stammenden NEBUKADNEZAR I. (1120–1098), dem bedeutendsten babylonischen Herrscher seit HAMMURABI, bis nach Susa vorzustoßen und die Stadt zu zerstören. Für die nächsten dreihundert Jahre schweigen die Quellen über Elam.

Im Hethiterreich regelt TELIPINU (15. Jh.) in einem Verfassungsgesetz (*Telipinu-Erlaß*) Thronfolge und Staatsführung und beruhigt dadurch die innenpolitische Lage.

1.1.4.5 Mitannireich und Amarna-Zeit (1500–1300)

Um die Mitte des 2. Jt. ist das Mitannireich die dominierende politische Macht Vorderasiens. Die Anfänge dieses Staates liegen im dunkeln. Er dürfte aus einem Abwehrbündnis hurritischer Kleinstaaten gegen die Expansion des Alten Reiches der Hethiter entstanden sein. In der Folge dehnt er seinen Einfluß nach Westen hin aus, was zu Auseinandersetzungen mit dem ebenfalls expandierenden Ägypten, vor allem unter TUTMOSIS III., führt (vgl. unten 24). In dieses Kräftemessen werden auch die syrischen Küstenstädte, allen voran Byblos und Ugarit, die vom Handel mit Ägypten, Zypern und der Ägäis leben, hineingezogen.

Unter SAUSCHTATAR (um 1420) erlebt der Mitannistaat seinen politischen Höhepunkt. Von seiner Hauptstadt Waschukanni im Balichgebiet aus kontrolliert er das gesamte Gebiet vom Mittelmeer zum Zagros einschließlich Assyriens und der Hafenstadt Ugarit. Zu dieser Zeit erfolgt auch eine schrittweise Annäherung an Ägypten, die schließlich zu einem Friedensvertrag und dynastischen Heiraten führt.

Die Thronbesteigung SCHUPPILULIUMAs I. (ca. 1355–1320) markiert den Beginn einer Phase militärischer Expansion des Hethiterreiches („Großreichszeit"), das sich von den Kaschkäereinfällen aus dem Norden erholt hat. SCHUPPILULIUMA nutzt Thronstreitigkeiten in Mitanni aus und dringt bis zum Euphrat vor, wobei er auch mit Ägypten in Konflikt gerät. Dabei kommt Ugarit unter hethitische Kontrolle. Im Osten macht sich Assyrien selbständig und greift unter ASSURUBALLIT I. (1354–1318) ebenfalls in die Auseinandersetzungen ein. Unter diesem doppelten Ansturm bricht der Mitannistaat zusammen, kann sich aber während der militärischen Schwächephase Assyriens unter ASSURUBALLITs Nachfolgern noch einmal politisch konsolidieren.

Das hethitische Engagement in Syrien hat zu einer Vernachlässigung der anatolischen Gebiete geführt, sodaß MURSCHILI II. (ca. 1319–1289) die Verhältnisse dort durch Feldzüge, Verträge und Verwaltungsreformen neu regeln muß.

1.1.4.6 Die Zeit der assyrischen Expansion (1300–1000)

Mit ADADNARARI I. (1296–1264) beginnt eine Phase assyrischer Expansionspolitik, die Reste des Mitannistaates werden unterworfen und als Kornkammer für Assyrien annektiert. Unter SALMANASSAR I. (1264–1234) und TUKULTININURTA I. (1234–1197) kommt es zur Umwandlung der eroberten Gebiete in Provinzen.

Die Verlegung der Militärgrenze an den Euphrat und das Vordringen der Assyrer in die rohstoffreichen Gebiete Ostanatoliens führen zu Spannungen mit dem Hethiterreich, das die Kämpfe mit Ägypten um die Vormacht in Syrien 1258 durch einen Friedensvertrag zwischen HATTUSCHIL III. und RAMSES II. beendet hat (vgl. unten 24). Die Folge sind bewaffnete Grenzkonflikte sowie eine Handelsblockade der Hethiter und ihrer Vasallen gegen Assyrien. Einem hethitischen Bündnis mit Babylon kommt TUKULTININURTA durch die Eroberung der Stadt zuvor.

Das Hethiterreich sieht sich seit der Usurpation HATTUSCHILs III. (ca. 1265–1236) inneren Spannungen und wirtschaftlichen Belastungen auf Grund von Kriegen im Westen und Osten des Reiches und eines großen Bauprogrammes TUDHALIJAs IV. (ca. 1236–1206) gegenüber. Dieses Zusammenspiel führt um 1200 zum Zusammenbruch

1.1 Geschichte Vorderasiens 13

des Staates. In das politische Vakuum der Küstengebiete Anatoliens stoßen indogermanische Gruppen vom Balkan vor. Sie lösen im östlichen Mittelmeerraum größere Völkerbewegungen aus, die sich bis nach Ägypten fortsetzen (*Seevölker*, vgl. unten 24 und Tausend unten 35) und zum Untergang von Ugarit sowie zur Ansiedlung der Philister in der Küstenebene Palästinas führen. Zur gleichen Zeit dringen arische Gruppen (Meder und Perser; vgl. unten 16–18) von Norden her auf das iranische Hochplateau vor.

Assyrien, das durch Thronstreitigkeiten geschwächt ist, und Babylonien verstricken sich in viele kleine Auseinandersetzungen. Erst TIGLATPILESAR I. (1116–1077) gelingt es, die Kontrolle erneut über Ostanatolien und seine Erzvorkommen auszudehnen und als erster assyrischer Herrscher bis zur Mittelmeerküste vorzustoßen. Mit seinem Tod endet aber auch diese neuerliche Phase assyrischer Vorherrschaft in Vorderasien.

1.1.5 Das 1. Jahrtausend

1.1.5.1 Sozialökonomische Verhältnisse

Die Privatisierung der Wirtschaft bzw. die Vergabe bebaubaren Landes an Würdenträger läßt seit der Mitte des 2. Jt. private Großkonzerne bzw. einen Feudaladel entstehen. Im 1. Jt. werden insbesondere die Tempelbetriebe im Süden zu umfangreichen Wirtschaftskörpern, die auch noch in der Achaimeniden- und Seleukidenzeit weiterbestehen (vgl. Panitschek unten 78). Auch der internationale Handel funktioniert weitgehend auf privater Basis. Müssen die Handelsrouten der Eselkarawanen entlang der Flüsse (Euphrat, Orontes, Habur) verlaufen, kann man mit dem jetzt domestizierten Kamel direkt durch wasserloses Gebiet gehen; damit werden die Wege kürzer und es beginnt der Aufstieg der Oasenstädte (Palmyra) bzw. der Siedlungen an den Endpunkten der Routen (Gaza, Gerrha).

Um die staatlichen Agenden (Verwaltung, Heer, öffentliche Bauten) zu finanzieren, müssen mit zunehmender Privatisierung neue Einnahmequellen erschlossen werden. So werden vom 3. Jt. an von allen Einkünften vermehrt Anteile an die Finanzverwaltung abgeliefert; dazu kommen Wegsteuer, Umsatzsteuer, Zoll nach einem ausgeklügelten System und die Einkünfte aus der Staatswirtschaft selbst: aus verbliebenen Monopolen, aus Grundbesitz (Pacht) und Krieg (Tribut, Beute). Hierzu zählen auch Arbeitsleistungen (Fron- und Militärdienst).

Nach 900 bilden die Aramäer auf Grund planmäßig durchgeführter Deportationen einen immer größer werdenden Teil der Bevölkerung im assyrischen Machtbereich; diese Umsiedlungen dienen vornehmlich der Bestellung fruchtbaren, aber brachliegenden Bodens und der Unterbindung von Aufständen.

Im 1. Jt. zeichnet sich eine Tendenz zum Henotheismus ab (in Ägypten unter ECHNATON bereits im 14. Jh.; vgl. unten 24), in dem die ‚kleinen' Götter zu Manifestationen des ‚großen' werden bzw. dieser Funktionen der ‚kleinen' Götter übernimmt (in letzter Konsequenz: Jahwe, seit dem babylonischen Exil; vgl. unten 17).

1.1.5.2 Das Neuassyrische Reich (1000–750)

Der Untergang des Hethiterreiches um 1200 und die militärischen Schwächephasen Assyriens schaffen in Syrien ein politisches Vakuum, in das nach extremen Dürreperioden im 11. und 10. Jh. aramäische Stämme aus der syrisch-arabischen Steppe eindringen und eine Reihe von Stadtstaaten (Damaskus, Bit Adini) gründen.

Assyrien ist stark genug, ihren weiteren Vorstoß nach Babylonien hin abzulenken, wo sie politisches Chaos, Hunger und Seuchen hervorrufen. In den Marschen Südmesopotamiens siedeln sich chaldäische Stämme an.

Ebenfalls im 10. Jh. schließen sich in Palästina hebräische Stämme unter DAVID gegen die Expansion der Philister zum israelitischen Königtum zusammen, das jedoch schon bald, nach dem Tod SALOMONs, DAVIDs Sohn, in die Staaten Israel und Juda zerfällt.

Die Handelsstädte der syrischen Mittelmeerküste: Tyros, Sidon, Berytus, Arvad und Byblos, deren Bewohner später von den Griechen Phoiniker genannt werden, halten im Gegensatz zu ihrer Umgebung am alten politischen Konzept des Stadtstaates fest.

Unter ASSURDAN II. (935–912) und seinen Nachfolgern beginnen erneut größere Militäraktionen Assyriens. Dabei kommt die Getreidezone des Haburgebietes wiederum unter assyrische Kontrolle, und auch im Osten werden Territorien zurückerobert und neu besiedelt.

Mit ASSURNASIRPAL II. (884–859) und SALMANASSAR III. (859–824) steht das Neuassyrische Reich auf dem Höhepunkt der Macht. Ein Bündnis mit Babylon sichert die Südgrenze. Assyrische Armeen dringen von der neuen Hauptstadt Kalach aus tief in die Hochländer des Nordens und Ostens ein und erreichen im Westen das Mittelmeer. Die Phöniker können sie jedoch durch Tributzahlungen von ihren Städten fernhalten. Die assyrische Bedrohung dürfte mit ausschlaggebend für die Gründung phoinikischer Handelskolonien in Zypern und an den Küsten des westlichen Mittelmeeres (um 814 Karthago) sein.

Die Aramäerstaaten Syriens versuchen, durch eine Reihe von Koalitionen der assyrischen Militärmacht zu begegnen. Ihnen schließen sich auch Phoniker, Israeliten und Araber, welche die ehemaligen Weidegebiete der Aramäer übernommen haben, an. SALMANASSAR III.

besiegt sie aber in mehreren Feldzügen und errichtet Verwaltungszentren im Euphratgebiet.

Auch die Fürstentümer des armenischen Hochlandes antworten mit Schutzbündnissen auf die assyrische Aggression. Eines davon festigt sich in der 2. Hälfte des 9. Jh. zum Staat Urartu.

Gegen Ende der Regierungszeit SALMANASSARs III. kommt es in Assyrien zu einer groß angelegten Revolte, die erst nach sieben Jahren von SCHAMSCHI-ADAD V. (824–811) niedergeschlagen werden kann. Er beendet auch die jahrzehntelange Freundschaft mit Babylon, erobert die Stadt und stürzt das Land in Anarchie. In das entstandene politische Vakuum stoßen chaldäische Stammesgruppen nach. Sie werden in den folgenden Jahrhunderten zu einem der bedeutendsten Widersacher Assyriens.

Unter ADADNARARI III. (810–782), der die Stadtstaaten am Euphrat militärisch wieder enger an das Reich zu binden sucht, beginnt der Niedergang der assyrischen Königsmacht, und die Zeit seiner Nachfolger markiert eine ausgeprägte Schwächeperiode Assyriens.

In den syro-palästinischen Stadtstaaten verstärken sich die Unruhen. Militäraktionen bringen kaum Erfolge, und häufig treten Vasallenverträge an die Stelle militärischer Präsenz. Urartu, das zunächst die fruchtbaren Ebenen um den Urmia-See und die Rohstoffgebiete des südlichen Kaukasus erobert hat, expandiert unter SARDUR II. (764–735) bis zum Oberlauf des Euphrat und bedroht die assyrischen Wirtschaftsinteressen im Taurus.

In Assyrien selbst regiert eine Handvoll hoher Staatsbeamter in ihren Verwaltungsbereichen praktisch autonom. Als nach 765 Seuchen und wirtschaftliche Not die Lage verschlimmern, brechen im ganzen Land Aufstände gegen die Zentralmacht aus.

1.1.5.3 Die Sargonidenzeit (750–627)

Um die Mitte des 8. Jh. gelingt es dem Usurpator TIGLATPILESAR III. (744–727), die Macht der Gouverneure zu brechen und dem Königtum in Assyrien neue Geltung zu verschaffen. Er schiebt die Grenzen des Reiches erneut bis zum Mittelmeer und zum iranischen Hochplateau vor und teilt das Land in kleinere Einheiten. Handelsrestriktionen für die Küstenstädte des Mittelmeeres führen zu Aufständen und zur Annexion Nordphoinikiens.

Nach einer Reihe von Staatsstreichen in Babylonien marschiert TIGLATPILESAR in Babylon ein und herrscht für zwei Jahre in Personalunion über beide Staaten.

Die Eroberungen TIGLATPILESARs im Westen und Osten unterbrechen wichtige Handelsverbindungen der Staaten Ägypten und Elam, die in der Folge neben Urartu zu den Hauptgegnern Assyriens werden und laufend antiassyrische Revolten unterstützen. Die Regierungszeiten SARGONs II. (722–705) und SANHERIBs (705–681) sind von einem permanenten Kampf gegen solche Aufstände geprägt. Nach der Annexion Israels gelingt es SARGON II. 714, Urartu entscheidend zu schlagen. Zur gleichen Zeit überschreiten die Kimmerier (vgl. Tausend unten 49), ein Steppenvolk aus Südrußland, den Kaukasus und fügen den Urartäern ebenfalls eine schwere Niederlage zu.

Der Machtkampf mit den Chaldäern um die Herrschaft in Babylonien, der unter SARGON II. begonnen hat, endet unter SANHERIB mit Niederlagen babylonischer und elamischer Heere sowie der völligen Zerstörung Babylons.

Im eigenen Land führt SANHERIB ein gewaltiges Bauprogramm durch, verbessert durch eine Reihe hydraulischer Anlagen die Wasserversorgung seiner Hauptstadt Ninive und forciert neue Techniken in Handwerk und Landwirtschaft.

Nach SANHERIBs Ermordung muß sich sein Sohn ASARHADDON (681–669) den Thron Assyriens erst erkämpfen. Der von ihm durchgeführte Wiederaufbau Babylons sichert die Ruhe im Süden. Im Osten gelingt es ASARHADDON, den Einigungsprozeß medischer Stammesgruppen durch Militäraktionen zu stören und einen assyrerfreundlichen Monarchen auf den elamischen Thron zu setzen. Im Norden überquert ein weiteres Steppenvolk, die Skythen, den Kaukasus, unterwirft mit urartäischer Hilfe das phrygische Königreich in Anatolien und siedelt sich im Pontischen Gebirge an. Im Westen schließlich beginnt die große Auseinandersetzung mit Ägypten (vgl. unten 25). 671 erfolgt die Eroberung von Memphis und nach mehreren Aufständen 665 die Zerstörung Thebens durch ASSURBANIPAL sowie die Aufteilung des Landes unter lokale Vasallenfürsten.

Eingedenk seiner eigenen Schwierigkeiten schwört ASARHADDON bereits 672 Armee und Vasallen auf seinen Sohn ASSURBANIPAL (669–627) ein und bestimmt dessen Bruder SCHAMASCHSCHUMUKIN zum Vizekönig von Babylon.

Urartu erlebt unter RUSA II. (um 670) eine letzte Blüte, doch um die Mitte des 7. Jh. beginnt der unaufhaltsame Niedergang, der mit der Zerstörung der städtischen Zentren zwischen 640 und 625 durch die Kimmerer und Skythen endet.

In Elam führt die Machtübernahme des Usurpators TEMPTI-HUMBANINSCHUSCHINAK (= TEUMMAN, ca.668–653) zu einer aggressiveren Außenpolitik und zu neuerlichen Konflikten mit Assyrien. Dadurch wird die assyrische Armee im Osten gebunden, und Ägypten entgleitet durch die Revolte PSAMMETICHs von Saïs um 655 der assyrischen Kontrolle (vgl. unten 25).

1.1 Geschichte Vorderasiens 17

Elam unterstützt 652–648 einen Aufstand SCHAMASCHSCHUM-UKINs, den ASSURBANIPAL blutig niederschlägt, bevor er 646 die elamische Hauptstadt Susa verwüstet.

ASSURBANIPAL verstärkt auch die Kontrolle über die arabischen Stammesgruppen und die phoinikischen Küstenstädte, die ihr Handelsmonopol im Mittelmeer bereits an die Griechen verloren haben.

1.1.5.4 Die Chaldäerzeit (627–539)

Das Schlußjahrzehnt des assyrischen Reiches ist durch innere Unruhen, aber auch durch einen deutlichen Machtzuwachs der Stammesgruppen im Norden und Osten gekennzeichnet. Im Osten entsteht unter dem medischen Fürsten KYAXARES von Ekbatana eine neue Militärmacht, deren Vordringen nach Assyrien vorerst mit Hilfe der Skythen verhindert werden kann. Erst das Bündnis zwischen dem rebellierenden Gouverneur von Südmesopotamien, dem Chaldäer NABOPOLASSAR (626–605), und den Medern führt zum Untergang des assyrischen Staates. 614 fällt Assur, 612 Ninive den Armeen zum Opfer. Der assyrische Hof zieht nach Harran, das aber 610 ebenfalls erobert wird. Das ägyptische Heer, das den Assyrern zu Hilfe kommt, erleidet bei Karkemisch eine Niederlage. Damit ist der assyrische Staat ausgelöscht und der Widerstand Ägyptens gegen das expandierende Chaldäerreich gebrochen.

Dieses tritt unter NABOPOLASSAR und seinem Sohn NEBUKADNEZAR II. (605–562) das Erbe des assyrischen Imperiums an. Aufstände führen zur Zerstörung von Jerusalem und Tyros und zur Deportation ihrer Bewohner. NEBUKADNEZAR läßt währenddessen Babylon als prunkvolle Metropole des wirtschaftlich aufblühenden Reiches mit doppelter Stadtmauer neuer *Zikkurat* (Tempelturm, ‚Turm von Babel') und mehreren Palästen (mit ‚Hängenden Gärten') ausbauen.

Trotz allem währt die Macht des Reiches nach NEBUKADNEZARs Tod nicht lange. Nach zwei Regierungsjahren seines Sohnes kommt der Usurpator NERIGLISSAR, der einen Feldzug nach Anatolien durchführt, an die Macht. Dessen Sohn LABASCHIMARDUK wird ebenfalls das Opfer eines Usurpators: NABONID (556–539). Als Sohn einer Sin-Priesterin in Harran gelangt er mit Hilfe der Priesterschaft der Götter Sin und Schamasch an die Herrschaft, deren Kulte er in der Folge nach Kräften fördert, was sich in seinen Bauvorhaben äußert.

Vermutlich um eine Koalition mit Aramäerstaaten und Arabern gegen die drohende persische Gefahr zu bilden, residiert er zehn Jahre lang in Tema, einer Oasenstadt im nördlichen Hedschas, und vernachlässigt so das traditionelle babylonische Neujahrsfest. Währenddessen ist sein Sohn BELSCHARUSUR Statthalter in Babylon.

Unterdessen hat im Osten der Achaimenide KYROS II. (559–530) die Perser von der Herrschaft der Meder befreit und die ehemals medischen Gebiete erobert. Als NABONID 539 nach Babylon zurückkehrt, marschieren die Perser gegen die Stadt, wo sie die gegen NABONID erbitterte Marduk-Priesterschaft als Befreier willkommen heißt.

1.1.5.5 Meder und Perser

Ende des 2. Jt. wandern, vermutlich von Zentralasien kommend, indoiranische Volksgruppen in das iranische Hochland ein (vgl. oben 13). Medische Stämme siedeln im Nordwesten und schließen sich Ende 8. Jh. als Schutz gegen ihre Nachbarn Urartu und Assyrien unter DEIOKES zusammen. Eine vorübergehende Vorherrschaft der Skythen war Folge eines mißglückten Versuches unter PHRAORTES, das Gebiet auszudehnen. Unter KYAXARES (625–585) zerschlagen die Meder im Bündnis mit den Chaldäern das assyrische Reich und erobern weite Gebiete im Westen (vgl. oben 17).

Die den Medern verwandten Perser, die weiter nach Süden bis in elamisches Gebiet gewandert sind, schließen sich im ausgehenden 8. Jh. unter Führung des sagenhaften Dynastiegründers, des Achaimeniden ACHAIMENES, zu einem Stammesverband zusammen (vgl. die Achaimenidenliste 189).

Im 7. Jh. nacheinander von Elam, Assyrien und den Medern abhängig, gewinnen sie unter KYROS II. (559–530) die Oberherrschaft über den medischen Machtbereich. KYROS unterwirft Anatolien und erobert 546 durch seinen Sieg über KROISOS Lydien, dessen Hauptstadt Sardes er vor der Plünderung bewahrt (vgl. Tausend unten 49). In der Folge gewinnt er weite Gebiete im Osten des iranischen Hochlandes, zieht 539 schließlich kampflos in Babylon ein und übernimmt das Chaldäerreich.

Nach der Eroberung Ägyptens 525 durch KAMBYSES II. (530–522) erreicht das Land unter DAREIOS I. (522–486) seine größte Ausdehnung: von Libyen und Makedonien im Westen bis an Iaxartes und Indus im Osten. Im Rahmen einer groß angelegten Neuordnung des Reiches teilt er es in zweiundzwanzig *Satrapien* und vereinheitlicht die Verwaltung.

Kann XERXES I. (486–465) die Macht trotz Auseinandersetzungen mit Griechen (Salamis; vgl. Schmidt unten 59) und Aufständen in Ägypten und Babylonien noch behaupten, so beginnt unter seinen Nachfolgern der endgültige Verfall des Persischen Weltreiches, dem schließlich ALEXANDER III. ein Ende setzt (vgl. Schmidt unten 71).

1.1.6 Zusammenfassung

Die Geschichte des Alten Orients ist eine Geschichte der Gegensätze. Die Auseinandersetzung zwischen Partikularismus und Zentralismus

1.1 Geschichte Vorderasiens

führt im 3. Jt. zur Entstehung der sumerischen Stadtstaaten, aber auch zu Blüte und raschem Verfall der Reiche von Akkad und Ur.

Der stete Zustrom nomadisierender Gruppen – wie der Amoriter und Aramäer – während des 2. Jt. schafft eine neue Ebene der Konfrontation: zwischen Stadt- und Stammeskultur. Darüber hinaus verbinden sich die alten mesopotamischen Vorstellungen vom Stadtstaat mit nomadischen Konzepten von Stammesterritorien und werden in den Territorialstaaten Assyrien und Babylonien verwirklicht. Deren Auseinandersetzungen untereinander und mit außermesopotamischen Mächten wie den Hethitern, Mitanni oder Elam wecken in den Beteiligten Vorstellungen von nationaler Größe.

In der 2. Hälfte des 2. Jt. gelingt es den Assyrern mehrmals, das Gebiet zwischen Oberem Euphrat und Persischem Golf für kurze Zeit unter ihrer Kontrolle zu einen. Die zunehmende Abhängigkeit von außermesopotamischen Rohstoffvorkommen und Getreidezonen führt allerdings zu immer neuen Kriegen und Eroberungen, die eine ungeheure wirtschaftliche Belastung darstellen. Erst mit dem Entstehen nationaler Großreiche im 1. Jt., die sich hierarchisch in eine Reihe von Provinzen mit eigenen Verwaltungskompetenzen gliedern, kann dieser Teufelskreis vermieden und eine dauerhafte Kontrolle über ganz Vorderasien erzielt werden.

Die assyrischen Eroberungen im 9. und 8. Jh. bringen den Staat in Konflikt mit den anderen Großmächten: Urartu, Ägypten und Elam. Die bewaffneten Konflikte zwischen diesen Staaten führen zu ihrer aller wirtschaftlichem Ruin.

Nach dem Untergang Assyriens tritt Babylonien unter den Chaldäern für kurze Zeit dessen Erbe an, bevor es – wie ganz Vorderasien – Teil des Achaimenidenreiches wird.

1.2 Geschichte Ägyptens bis Kambyses

1.2.1 Quellen

Neben unzähligen archäologischen Überresten hat die ägyptische Kultur eine Fülle an Schriftdokumenten hinterlassen. Zu der um 3000 erfundenen Monumentalschrift mit Bildcharakter (*Hieroglyphen*) tritt schon früh eine kursive Buchschrift (*Hieratisch*), die im 1. Jt. immer mehr von der noch stärker kursiven Kanzleischrift (*Demotisch*) verdrängt wird. Als wichtigste Schriftträger dienen Stein, Papyrus und Ton.

Wie in Mesopotamien muß zwischen Alltagsdokumenten und bewußt gestalteter historischer Überlieferung unterschieden werden (vgl. oben 1). Briefe, Rechts-, Wirtschafts- und Verwaltungsurkunden bilden den Hauptbestandteil der großen Archivfunde (z.B. Tell el Amarna, Deir el-Medina). Zur Geschichtsschreibung sind Annalen, Königslisten (z.B. *Turiner Königspapyrus*) und Kriegstagebücher, aber auch Beamtenbiographien in Gräbern und politische Literatur (z.B. *Klagen des Ipuwer, Lehre des Amenemhat, Erzählung des Sinuhe*) zu zählen. Das Geschichtswerk des MANETHO (um 280) ist nur in Fragmenten bei EUSEBIUS und JOSEPHUS erhalten.

1.2.2 Geographie und sozialökonomische Verhältnisse

Der Nil mit seinen alljährlichen Überschwemmungen im Spätsommer bestimmt Leben und Kulturentwicklung in Ägypten. Er versorgt die Landwirtschaft der nur wenige Kilometer breiten Stromtaloase (Oberägypten) und des ausgedehnten Deltas (Unterägypten) mit Wasser und bildet gleichzeitig die Hauptverkehrsader des Landes. Seine Stromschnellensysteme im Süden – die Katarakte –, das Mittelmeer sowie die westliche und östliche Wüste stellen natürliche Grenzen dar.

Das Königtum nimmt eine zentrale Rolle innerhalb des staatlichen Denkens der Ägypter ein. Die wirtschaftliche und kultische Monopolstellung des Herrschers äußert sich einerseits in einer redistributiven Wirtschaft, die auf dem Prinzip der Staatsdomänen basiert, andererseits in der zentralen Rolle des Königs innerhalb der Religion als Personifikation des Falkengottes Horus. Die räumliche wie auch die genealogische Nähe zu ihm im Leben wie im Tod bestimmen ursprünglich die Position eines Menschen in der sozialen Hierarchie.

Kult und Verwaltung werden von einem komplexen Beamtenapparat in königlichem Auftrag geregelt, wobei Ämterlaufbahn und häufiger Ressortwechsel mit der Zeit einer weitgehenden Erblichkeit der Funktionen und ihrer Privilegien Platz machen. An der Spitze der Beamtenhierarchie steht der Wezir.

Mehrfach belegten Verwaltungsreformen gelingt es aber nicht, diesen Apparat zu straffen.

Ab der 3. Dynastie (Mitte 3. Jt.) ist eine Einteilung des Staatsgebietes in Gaue belegt, die zunächst als erbliche Fürstentümer, später direkt von der Residenz aus verwaltet werden. Dazu kommen die nubischen Provinzen unter ägyptischen Regenten und die syrisch-palästinischen unter lokalen Vasallenfürsten.

Das ursprünglich umfassende Wirtschaftsmonopol des Herrschers bleibt nur im Außenhandel und im Abbau der Bodenschätze bis in die Spätzeit erhalten. Durch Erlässe und Stiftungen entsteht geschütztes Privat- und Tempelvermögen – vor allem an Land und Vieh –, das zur Zeit der 20. Dynastie (1196–1080) bereits das staatliche übertrifft und Ägypten in eine schwere wirtschaftliche und politische Krise stürzt (vgl. unten 25).

Basis der ägyptischen Ökonomie ist die Landwirtschaft mit ihrem vom Nil und seinen Wasserstandsphasen bestimmten Rhythmus. Städtisches Handwerk wird erst im *Neuen Reich* wirklich greifbar. Die Entlohnung erfolgt in Naturalien und liegt auch bei einfachsten Arbeiten weit über dem Existenzminimum.

Da mit Ausnahme der Nomaden die gesamte Bevölkerung anfangs vom Herrscher abhängig ist, lassen sich für das *Alte Reich* nur wechselnde Grade der Abhängigkeit feststellen. Durch das Aufkommen von Privatbesitz und das Abbröckeln des staatlichen Wirtschaftsmonopols entsteht allmählich eine komplexere Gesellschaftsstruktur, die in ihren Einzelheiten aber noch nicht ausreichend untersucht ist. Sklaven spielen im *Alten Reich* keine, in der Folgezeit trotz zahlloser Kriegsgefangener nur eine untergeordnete wirtschaftliche Rolle.

1.2.3 Frühzeit, Altes Reich und erste Zwischenzeit (ca.3000–2000)

In Ägypten liegen die Wurzeln des Neolithikums nicht im Niltal, sondern in der östlichen Sahara (Oase Charga), wo sich wesentliche Merkmale ebenso früh finden wie im Alten Orient (z.B. Rind am Dschebel Nabta und bei Bir Kiseiba vor 7000). Wegen der fortschreitenden Austrocknung Nordafrikas ziehen sich die Bewohner im Neolithikum endgültig in das Niltal zurück, wo sich allerdings schon seßhafte Jäger und Sammler auch in der Nutzbarmachung von Pflanzen und der Tierhaltung versucht haben.

Im Laufe des 4. Jt. bilden sich in Ober- und Unterägypten unabhängige Stammesstaaten heraus, z.B. in Hierakonpolis, Naqada, Abydos und Buto, in denen das Mittlertum zwischen Irdischem und Überirdischem, das den Wohlstand der Gesellschaft herbeiführen und sichern soll, in der Person des Herrschers konzentriert ist. Die Auseinandersetzungen zwischen den neuen politischen Gebilden enden am Beginn des 3. Jt. (*Thinitenzeit*) mit der Einigung des Gebietes zwischen Mittelmeer und 1. Katarakt, die die ägyptische Geschichtsschreibung dem legendären König MENES zuschreibt. Der Sitz dieses zentralistischen Königreiches ist Memphis am Übergang zwischen Niltal und Delta, der Grenze zwischen Ober- und Unterägypten.

Unruhen am Ende der 2. Dynastie führen unter anderem offenbar dazu, daß man um die Mitte des 3. Jt. der Bewahrung der Leichname verstorbener Herrscher größere Beachtung schenkt und zu ihrem Schutz erst *Stufenmastabas* (rechteckige Grabhügel; DJOSER) und später *Pyramiden* (CHEOPS, CHEPHREN, MYKERINOS) als Grabmonumente inmitten ausgedehnter Totenstädte (Sakkara, Giza) errichtet. Die Durchführung dieser Monumentalbauten führt nicht nur zu einer Ausweitung und Verbesserung des Verwaltungsapparates, sondern auch zu einer tiefgreifenden Umgestaltung der sozialen Verhältnisse in Ägypten, da Heere von Fronarbeitern aus der Landwirtschaft abgezogen, umgesiedelt und kontinuierlich versorgt werden müssen. Die fehlenden Arbeitskräfte in der Landwirtschaft werden durch nubische Kriegsgefangene, die die Könige, wie z.B. SNOFRU (2575–2551), auf Feldzügen erbeuten, ersetzt. Daneben sorgen die militärische Kontrolle über die Kupfer- und Türkisminen des Sinai sowie intensive Handelsbeziehungen mit Ebla und Byblos dafür, daß wichtige Rohstoffe, wie Erze, Bauhölzer oder Harze und Öle für die Mumifizierung, regelmäßig nach Ägypten gelangen.

Gegen Ende des 3. Jt. kommt es zu einem drastischen Rückgang dieses Warenflusses, da die syrischen Städte sich ökonomisch zunehmend nach Mesopotamien hin ausrichten (Zinnimport aus dem Osten). Diese wirtschaftliche Rezession führt zusammen mit einem aus den übertragenen Aufgaben erwachsenen neuen Selbstverständnis des Beamtentums zu Zweifeln an dem universellen Machtanspruch des Königs. Diese manifestieren sich auch im aufblühenden Kult des Sonnengottes Re, der die gerechte universelle Ordnung (*ma'at*) zur Grundlage hatte. Versuche des CHEOPS (2551–2528) und seiner Nachfolger, dieser Entwicklung durch ein Verbot aller nicht an den Herrscher gerichteten Totenopfer entgegenzuwirken, schlagen fehl und führen letztendlich zur Militärrevolte des USERKAF (2465–2458) und zur Organisation regionaler Verwaltungs- und Wirtschaftssysteme. Das Aufkommen des Kultes des Unterweltgottes Osiris fördert die partikularistischen Tendenzen durch die Sanktionierung lokaler Totenstädte wie in Abydos und Assuan. Mit dem Zusammenbruch des zentralen Verwaltungssystems am Ende der Regierungszeit PEPIs II. (2254–2160) werden die Provinzen und Domänen autonom. Die Auseinandersetzungen zwischen ihnen stürzen das Land in das Chaos der *Ersten Zwischenzeit*.

1.2 Geschichte Ägyptens

1.2.4 Mittleres Reich (2000–1700)

Aus diesen Kämpfen geht eine Gaufürstenfamilie aus Theben als Sieger hervor. MENTUHOTEP II. (2061–2010) gelingt es, das Land wieder zu einem politisch und ökonomisch stabilen Staat zusammenzuschließen. Eine Revolte bereitet jedoch der von ihm begründeten 11. Dynastie ein Ende, und der neue Machthaber AMENEMHAT II. (1991–1962) verlegt nicht nur die Hauptstadt nach Norden (el-Lischt), sondern führt auch das System der Mitregentschaft ein, wodurch dem Nachfolger eines Königs noch zu dessen Lebzeiten Teile der Regierungsgewalt übertragen werden, um den Thronwechsel reibungslos ablaufen zu lassen. Theben bleibt durch den Aufstieg des Kultes der synkretistischen Gottheit Amun-Re, des Weltschöpfers und -lenkers, religiöses Zentrum.

Eine Reihe militärischer Expeditionen AMENEMHATs und seines Sohnes SESOSTRIS I. (1971–1926) dient der Sicherung der Grenzen gegen Streifzüge asiatischer und libyscher Beduinen sowie der militärischen Kolonisierung Nubiens. Der Handel mit Vorderasien blüht wieder auf, ägyptische Artefakte finden sich in Ebla, Byblos, Ugarit, Kleinasien und auf Kreta. Die große Leistung der Herrscher der 12. Dynastie ist jedoch die landwirtschaftliche Erschließung des Fajum durch ein System von Damm- und Kanalanlagen. Dieses Großprojekt kann aber nur nach einer durchgreifenden Verwaltungsreform, die den Zentralismus weiter verstärkt und die Macht der meisten Gaufürstenfamilien bricht, zu Ende geführt werden.

1.2.5 Zweite Zwischenzeit (1700–1550)

Eine Zeit rasch wechselnder Könige am Beginn des 18. Jh. bewirkt jedoch politische Instabilität und militärische Unsicherheit an den Grenzen. Nomadenstämme des Sinai gelangen bis in das östliche Delta und verstärken dort das vorderasiatische Bevölkerungselement, das sich aus Sklaven, Freigelassenen und angesiedelten Handwerkern und Händlern syro-palästinischer Städte zusammensetzt. Durch eine dynamische Politik und die Kooperation einflußreicher ägyptischer Familien gelingt es um 1700 einer vorderasiatischen Eliteschicht (*Hyksos*), zuerst das Delta unter ihre Kontrolle zu bringen, und in der Folge nach syropalästinischem Muster ein System von Vasallenstaaten unter abhängigen lokalen Machthabern im gesamten Land aufzubauen. Das Zentrum dieses Gebildes liegt in Avaris (Tell ed-Dhaba) im östlichen Delta. Die fast hundertjährige Herrschaft der Hyksoskönige (15. und 16. Dynastie) bringt nicht nur militärtechnische Neuerungen wie den Kompositbogen und den Streitwagen, sondern bereitet auch der geistigen Isolation Ägyptens ein Ende und öffnet das Land neuen Einflüssen, die mit zur Blütezeit des *Neuen Reiches* beitragen.

Um 1560 fühlen sich die Fürsten von Theben (17. Dynastie) stark genug, einen Aufstand gegen die als Fremdherrschaft empfundene Kontrolle durch die *Hyksos* zu inszenieren, und in fast zehnjährigen Kämpfen gelingt es ihnen, deren Herrschaft zu brechen und das Land unter AHMOSE (1540–1515) zum dritten Mal unter ägyptischer Führung zu einen.

1.2.6 Neues Reich (1550–1000)

Unter den Herrschern der 18. Dynastie bleibt die ägyptische Außen- und Militärpolitik auf Vorderasien ausgerichtet. Die für ihren minderjährigen Stiefsohn regierende HATSCHEPSUT (1479–1457) versucht zwar für kurze Zeit, zu einer traditionellen Herrschaftsform mit dem Schwergewicht auf Kultbauten und Handelsexpeditionen (Punt, Kreta) zurückzukehren, doch schon TUTMOSIS III. (1479–1425) wendet sich erneut Vorderasien zu (vgl. oben 11). In 17 Feldzügen unterwirft er Palästina und Syrien bis Karkemisch. Die zahlreichen Militäraktionen TUTMOSIS' und seiner Nachfolger bewirken neben einem deutlichen wirtschaftlichen Aufschwung einen Machtzuwachs der Militärs und bringen neue, junge Führungskräfte nach oben. Dies führt unweigerlich zu Spannungen mit der konservativen Priester- und Beamtenschaft Thebens. Sie kulminieren unter AMENOPHIS III. (1391–1353) und seinem Nachfolger AMENOPHIS IV. (1353–1336), der die Residenz in das neugegründete Achet-Aton (Tell el-Amarna) verlegt und auch seinen Namen in ECHNATON umwandelt. Die von ihm durchgeführten politischen und religiösen Reformen, allen voran der forcierte Kult der Sonnenscheibe Aton (vgl. oben 13), der nur über den König und seine Gattin NOFRETETE betrieben werden kann, überdauern ECHNATON aber nicht. Unter dem Einfluß seiner politischen Berater gibt der minderjährige TUTANCHAMUN (1336–1327) 1334 die neue Hauptstadt wieder auf und stellt mittels eines Restaurationsedikts die alten Zustände wieder her.

Mit der Machtübernahme des Frontgenerals RAMSES I. (1295–1293) beginnt die Ramessidenzeit (19. und 20. Dynastie). Diese ist vor allem durch den Versuch Ägyptens gekennzeichnet, die politische Machtposition in Vorderasien auszubauen. Die Schlacht von Qadesch (1274) zwischen RAMSES II. (1279–1213) und dem Hethiterkönig MUWATALLI beweist, daß keiner der beiden Staaten einen entscheidenden Sieg erringen kann, und bildet somit die Basis für den 1258 geschlossenen Friedensvertrag zwischen den beiden Staaten (vgl. oben 12). RAMSES verlegt seine Residenz in das östliche Delta, wo er die Stadt Piramesse gründet. Einer seiner Nachfolger, RAMSES III. (1184–1153), wehrt erfolgreich Angriffe der Libyer und der *Seevölker*, entwurzelter

1.2 Geschichte Ägyptens

Völkerschaften des ostmediterranen Raumes, ab (vgl. oben 13 und Tausend unten 35), kann aber der innenpolitischen Schwierigkeiten kaum Herr werden. Einerseits bewirkt die Ansiedlung von Libyern und *Seevölkern* als Söldner eine zunehmende Überfremdung des Landes, andererseits führen Kriege, Beamtenwillkür und Korruption zu Versorgungsengpässen und Preisexplosionen, die wiederum Arbeiterstreiks und soziale Unruhen hervorrufen (vgl. oben 21). Schließlich kommt es um 1090 in Theben anläßlich einer Hungersnot zu Revolte und Bürgerkrieg. Die mit Hilfe nubischer Söldner wiederhergestellte Ordnung hält nur kurze Zeit, bis HERIHOR das Hohepriesteramt des Amun an sich reißt, den Gott zum Herrscher ausruft und den thebanischen Gottesstaat begründet. Das weltliche Königtum überdauert noch einige Zeit in Tanis (21. Dynastie).

1.2.7 Die Spätzeit (1000–525)

Diese Phase ist durch eine Abfolge ausländischer Herrschaften gekennzeichnet. Libysche Söldner, die in Ägypten angesiedelt worden und vielfach in hohe militärische Positionen aufgestiegen sind, übernehmen 945 unter SCHESCHONK (945–924) die Führung des Staates. In der Folge regieren oft mehrere libysche Herrscher nebeneinander in Mittel- und Unterägypten (22.-24. Dynastie). In der Thebaïs besteht nach wie vor der Gottesstaat, den nun die Gottesgemahlin des Amun, meist eine Prinzessin des jeweiligen Königshauses, lenkt.

Nubien wird zu Beginn des 1. Jt. unter einheimischen Fürsten selbständig. Vom politischen Zentrum Napata südlich des 4. Katarakts ausgehend, entsteht im Sudan und im südlichen Ägypten eine nubisch-ägyptische Mischkultur, die unter den Herrschern KASCHTA (um 750) und PIANCHI (740–713) die Kontrolle über die Thebaïs erlangt (25. Dynastie) und auch den Expansionsbestrebungen des libyschen Herrschers TEFNACHT von Saïs (725–718) Einhalt gebietet. Auseinandersetzungen mit den Assyrern, die schließlich Memphis und Theben erobern (vgl. oben 16), beenden die nubische Kontrolle über Ägypten. Der von den Assyrern eingesetzte Stadtfürst von Saïs, PSAMMETICH I. (664–610), schüttelt die assyrische Oberhoheit ab, und zum letzen Mal herrschen Ägypter über das Land (26. Dynastie). Durch die Sicherung des innenpolitischen Friedens kommt es zu einem wirtschaftlichen Aufschwung Ägyptens, der sich auch auf das Kulturschaffen auswirkt.

Die Jahre der Fremdherrschaft in Ägypten führen zu einer Rückbesinnung auf die alten kulturellen und religiösen Werte. In Kunst, Sprache und Gesellschaftsformen orientiert man sich an Vorbildern vergangener Jahrtausende und bringt die ägyptische Kultur zu einer letzten Hochblüte.

Militärisch sind die Saïtenherrscher weder als Verbündete der Assyrer gegen die Chaldäer (vgl. oben 17) noch in ihrem Abwehrkampf gegen die Perser erfolgreich. Im Jahr 525 erobert KAMBYSES ganz Ägypten und macht es zu einer Satrapie des Achaimenidenreiches (vgl. oben 18).

1.3 Geschichte Indiens

Von den frühen Dorfsiedlungen am Ostrand des belutschischen Berglandes scheint eine Entwicklung auszugehen, die nach Osten und Norden über das Industal bis zum Golf von Khambhat und der Ganges-Kehre wirkt und schließlich im 4. Jt. zur *Frühen Induskultur* führt: mit auf Pflug basierendem Ackerbau, Spezialisierung im Handwerk (auch Metallbearbeitung), planmäßig angelegten ummauerten Siedlungen mit rechtwinkeligem Straßennetz. Schon für diese Zeit sind intensive Kontakte mit dem Nordosten nachweisbar (Lewan im Hindukusch: Zentrum der Steinbearbeitung für den Fernhandel, u.a. Türkis aus Nordostiran, Lapislazuli aus Badachschan).

Aus dieser *Frühen Induskultur* entwickelt sich bis zur Mitte des 3. Jt. in erstaunlichem Tempo die (eigentliche) *Induskultur*. Damit verlagern sich die Handelsverbindungen nach Südwesten (Überseehandel u.a. mit Mesopotamien; vgl. oben 4). Große Siedlungen (Mohendscho Daro, Harappa), wie auch kleinere, zeigen dieselbe perfektionierte Planung, vergleichbar vielleicht der des Milesiers HIPPODAMOS (rechtwinkeliges Netz gepflasterter Straßen, Abwasserkanäle, Wasserleitungen zu den meisten Häusern, Sicherung nach außen durch gewaltige Verteidigungswerke, erhöht angelegte öffentliche Bauten für Administration und Vorratshaltung). Lothal am Golf von Khambhat ist zusätzlich mit einer künstlichen Hafenanlage sowie mit Werft und Dock ausgestattet.

Außer Landwegen wie über den Khaiber-Paß nach Baktrien, über den auch einwandernde Völkerschaften im Laufe der Jahrtausende in den Subkontinent kommen, bilden Meer und Flüsse seit jeher die wichtigsten Verkehrsverbindungen, etwa für den Handel mit Mesopotamien (Mitte 3. Jt. bis ca. 1800), der namentlich zur Akkad- und in der Ur III-Zeit floriert (vgl. oben 7), was auch die in Mesopotamien gefundenen *Indussiegel* bestätigen. Indus-Niederlassungen bestehen in Schortugay (im westlichen Badachschan), vermutlich für den Handel mit Zinn und Lapislazuli. Weitere Niederlassungen gibt es im Persischen Golf und in Mesopotamien, wohin Lapislazuli, (chemisch gebleichter) Karneol, Beryll und Elfenbein exportiert werden.

Die Sprache der Indus-Leute ist noch unbekannt, ihre etwa 400 Zeichen umfassende Schrift – überliefert auf Stempelsiegeln (*Indussiegel*) – nicht entziffert.

1.3 Geschichte Indiens

Die Ursachen für das Ende der Indus-Kultur sind noch nicht geklärt. Seit der Mitte des 2. Jt. besiedeln von Nordwesten eingewanderte Arier nach und nach das nördliche Indien und erlangen die Herrschaft über die einheimische Bevölkerung, die im arischen, erblichen Kastensystem nach den *Brahmanen* (Religion, Wissenschaft; ‚Priester'), *Kschatriya* (politisch-militärische Aristokratie; ‚Krieger') und *Vaischya* (Bauern, Handwerker, Händler etc.) als *Schudra* den vierten Stand der Gesellschaft bildet, dem später auch Arbeiter und Diener zugezählt werden.

Um 800 entstehen die ersten Staaten im Gangestal. Das Königreich Magadha (Haryanka-Dynastie) ist schließlich überlegen und einigt unter der Nanda-Dynastie (2. Hälfte 4. Jh.) das gesamte Gangesgebiet.

TSCHANDRAGUPTA (ca.320–290), an dessen Hof MEGASTHENES als Botschafter des SELEUKOS I. tätig ist, begründet die Maurya-Dynastie, deren dritter König ASCHOKA (268–232) das von seinen Vorgängern bereits vergrößerte Reich durch grausamste Eroberungszüge fast über den gesamten Subkontinent ausdehnt. Er bereut die begangenen Kriegsgreuel (inklusive Massaker an der Zivilbevölkerung) und bekehrt sich zum Buddhismus, der im 6. Jh. aus einer Reihe von Reformbestrebungen gegen den als selbstgefällig geltenden Hinduismus der Brahmanen hervorgegangen ist. Er löst sein Heer auf und sorgt für das Wohlergehen des Landes in Frieden. Seine politische Grundsatzerklärung (‚Edikte') ist in etwa 30 Inschriften überliefert, den ältesten schriftlichen Dokumenten der indischen Geschichte. Er fördert den Buddhismus mit der Gründung zahlreicher *Stupas* (‚Reliquienschreine') und Klöster und bewirkt seine Verbreitung weit über Indiens Grenzen hinaus.

Nach ASCHOKAs Tode machen sich die Reichsprovinzen bald selbständig, und das Maurya-Reich löst sich in ein loses Staatengefüge auf. Schließlich werden nach einer Reihe von Fremdherrschaften Nord- und Mittelindien im 1./2. Jh. n.Chr. Teil des in Zentralasien/Baktrien entstandenen Kuschan-Reiches, das nach Gebietsverlusten an die Sasaniden hier noch bis ins 5. Jh. n.Chr. als ‚Kleine Kuschan' weiterbesteht.

1.4 Ausgewählte Literatur

1. J.A. BRINKMAN, *A Political History of Post-Kassite Babylonia 1156–722 B.C.* Rom 1968 (Analecta Orientalia 43)
2. J.A. BRINKMAN, *Materials and Studies for Kassite History.* Chicago 1976ff.
3. J.A. BRINKMAN, *Prelude to Empire. Babylonian Society and Politics, 747–626 B.C.* Philadelphia 1984
4. E. CARTER – M. W. STOLPER, *Elam. Surveys of political history and archaeology.* Berkeley/Los Angeles/London 1984. (= University of California Publications: Near Eastern Studies 25)
5. M. CLAUSS, *Geschichte Israels: von der Frühzeit bis zur Zerstörung Jerusalems (587 v.Chr.)* München 1986
6. M. DANDAMAEV, *Persien unter den ersten Achämeniden* (russ. o.J. Übersetzung H.D. Pohl) Wiesbaden 1976
7. D.O. EDZARD, *Die „Zweite Zwischenzeit" Babyloniens.* Wiesbaden 1957
8. P. GARELLI, *Le Proche-Orient asiatique, des origines aux invasions des peuples de la mer.* Paris 1969 (Nouvelle Clio 3)
9. P. GARELLI – V. NIKIPROVETZKY, *Le Proche-Orient asiatique, les empires mésopotamiens. Israel.* Paris 1974 (Nouvelle Clio 2 bis)
10. V. HAAS (Hg.), *Das Reich Urartu. Ein altorientalischer Staat im 1. Jahrtausend v.Chr.* Konstanz 1986 (= Xenia 17)
11. W. HINZ, *Darius und die Perser.* Baden-Baden 1976 (Holle Vergangene Kulturen)
12. E. HORNUNG, *Grundzüge der ägyptischen Geschichte.* Darmstadt ³1988 (Grundzüge 3)
13. E. und H. KLENGEL, *Die Hethiter. Geschichte und Umwelt*, Wien-München 1970
14. H. KLENGEL, *Geschichte Syriens im 2. Jahrtausend v.u.Z.* Berlin 1965–1969, 2 Bände
15. K. KOHLMEYER – E. STROMMENGER (Hg.), *Land des Baal. Syrien – Forum der Völker und Kulturen.* Mainz 1982.
16. M. LIVERANI, *Antico Oriente. Storia società economica.* Rom 1988
17. S. MOSCATI (Hg.), *L'alba della civiltà. Società, economia e pensiero nel vicino Oriente antico.* Torino 1976, 3 Bände
18. S. MOSCATI (Hg.), *The Phoenicians.* Mailand 1988
19. H. J. NISSEN, *Grundzüge einer Geschichte der Frühzeit des Vorderen Orients.* Darmstadt 1983 (= Grundzüge 52)
20. D. ROTHERMUND, *Indische Geschichte in Grundzügen.* Darmstadt ²1989
21. G. ROUX, *Ancient Iraq*, London ²1980
22. H.W.F. SAGGS, *Mesopotamien. Assyrer, Babylonier, Sumerer* (engl. 1962. Übersetzung W. Wagmuth) Essen 1975
23. H.W.F. SAGGS, *The might that was Assyria*, London 1984
24. G. URBAN – M. JANSEN u.a., *Vergessene Städte am Indus. Frühe Kulturen in Pakistan vom 8.-2. Jahrtausend v.Chr.* Mainz 1987
25. G. WILHELM, *Grundzüge der Geschichte und Kultur der Hurriter.* Darmstadt 1982 (= Grundzüge 45)

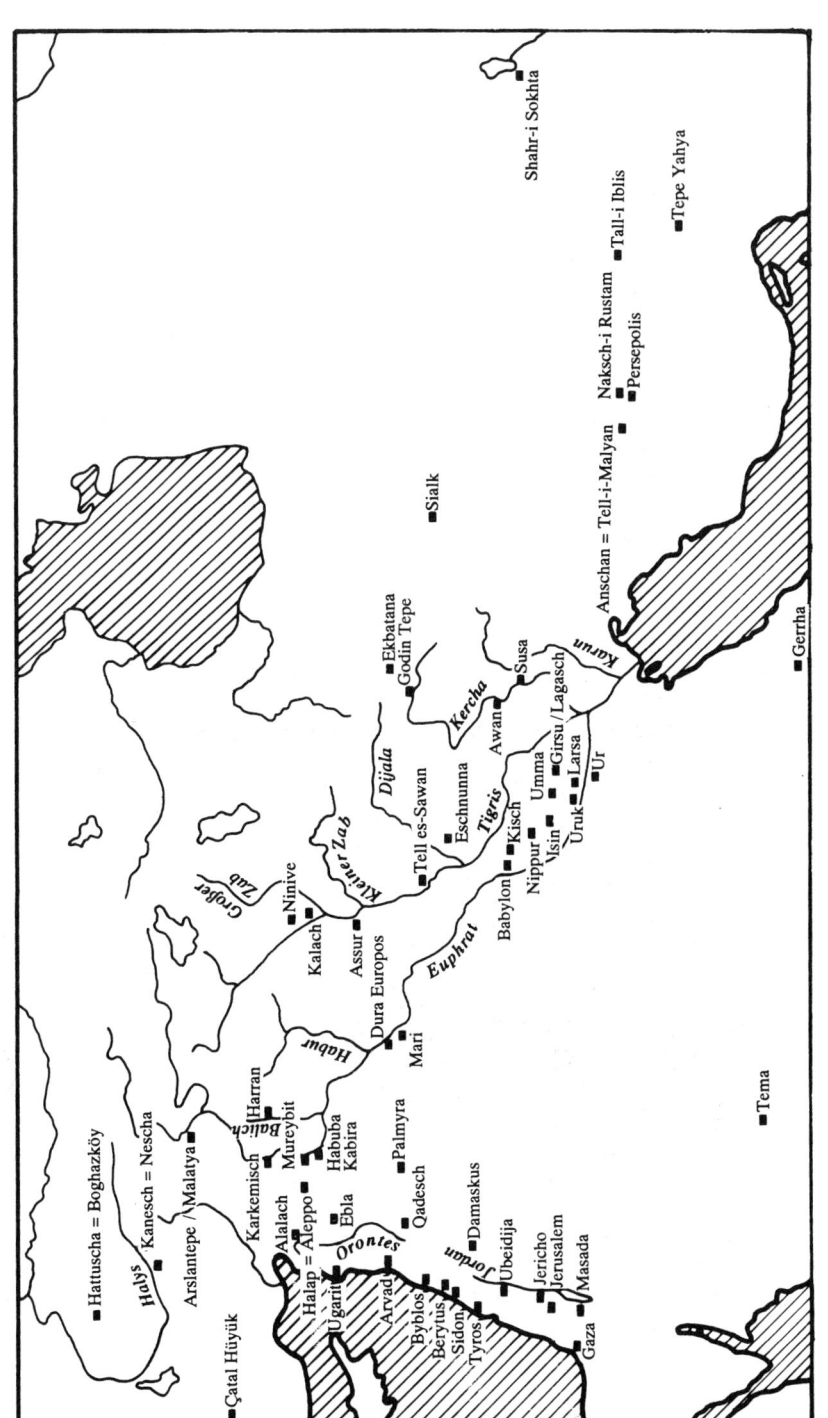

Vorderasien

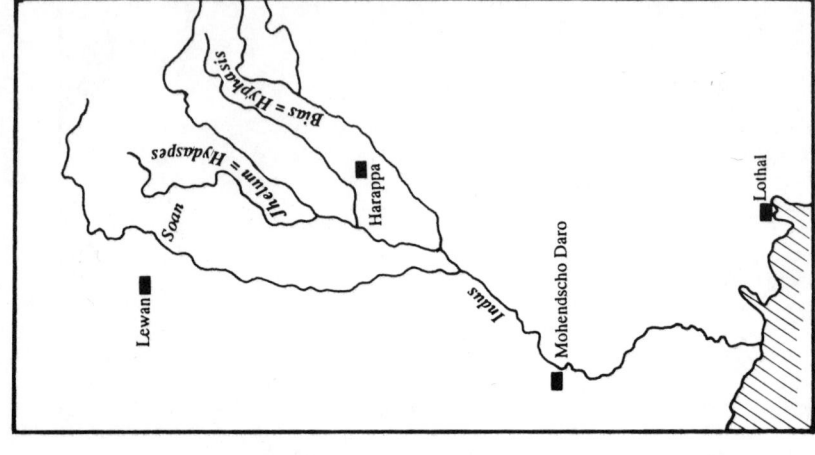

Indusgebiet

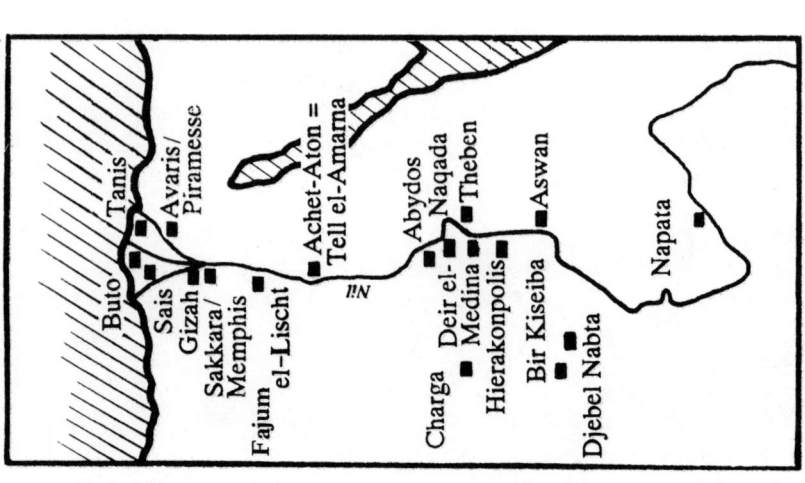

Ägypten

2 Geschichte Griechenlands von den Anfängen bis zu den Perserkriegen

Klaus Tausend

2.1 Quellen

Historiographen
HEKATAIOS von Milet (6./5.Jh.) und HELLANIKOS von Mytilene (5. Jh.) nur in Fragmenten; HERODOT (5. Jh.), Geschichte der Perserkriege mit Abrissen über die archaische Zeit; THUKYDIDES (5. Jh.), Geschichte des Peloponnesischen Krieges mit Rückblick auf die archaische Zeit (*archaiologia*); ARISTOTELES (4. Jh.), *Athenaion politeia*; STRABON (1. Jh.), Geographie (vor allem Griechenlands); PLUTARCH (2. Jh.n.Chr.) *Viten* (Solon, Lykourgos, Theseus); PAUSANIAS (2. Jh.n.Chr.), Beschreibung Griechenlands; EUSEBIOS von Caesarea (3./4. Jh.n.Chr.).
Dichtung
HOMER (8./7. Jh.), *Ilias* und *Odyssee* (spiegeln Verhältnisse der Entstehungszeit wider); HESIOD (7. Jh.), Werke und Tage; KALLINOS von Ephesos, TYRTAIOS von Sparta, TERPANDER von Lesbos, ALKMAN von Sardes, ARCHILOCHOS von Paros (alle 7. Jh.), SAPPHO und ALKAIOS von Lesbos, SOLON von Athen, THEOGNIS von Megara (alle 6. Jh).
Weitere Quellen
Hinzu kommen Inschriften und Münzen, die jedoch nicht so zahlreich sind wie im 5. Jh. Große Bedeutung haben die archäologischen Quellen, vor allem die Keramik.

2.2 Sozialökonomische Verhältnisse

In mykenischer Zeit existiert in den meisten Gebieten Griechenlands eine feudale Gesellschaftsstruktur mit Burgen als Verwaltungs- und Wirtschaftszentren des Landes (*Palastwirtschaft*). Mit dem Ende dieser Zentren in der Zeit der ägäischen Wanderung ändern sich auch die sozialökonomischen Verhältnisse dahingehend, daß Stammesstrukturen allgemein vorherrschend werden und die Wirtschaft von autarken Grundeinheiten, den einzelnen bäuerlichen Betrieben, gekennzeichnet ist (*Oikenwirtschaft*). Als bedeutendste Entwicklungen auf sozialem Sektor in archaischer Zeit sind die Entstehung der *Polis* und der Übergang vom Königtum zur Aristokratie sowie die Herausbildung der *Hoplitenpoliteia* (vgl. unten 39) in vielen Gebieten der griechischen Welt anzusehen. Der *Oikos* wird im Laufe dieser Zeit von der Polis als wirtschaftlich bestimmender Faktor abgelöst, bleibt jedoch, wo auch stammstaatliche Strukturen fortdauern, als Wirtschaftseinheit vorherrschend. Die Sklaverei spielt in dieser Zeit noch eine untergeordnete Rolle, da (abgesehen von *Heloten* und *Penesten*) lediglich Hausklaven Verwendung finden. Einen wichtigen Schritt in der ökonomischen Entwicklung stellt auch die ab etwa 600 belegbare Übernahme der Münzprägung nach lydischem Vorbild dar, wobei jedoch nicht geklärt ist, ob dafür ursprünglich wirtschaftliche oder andere (z.B. religiöse) Motive ausschlaggebend sind.

2.3 Ägäische Frühzeit

2.3.1 Neolithikum

Aus lokalen mesolithischen Vorstufen entwickelt sich im 5. und 4. Jt. die erste keramische Kultur. Benannt nach dem bedeutendsten Siedlungsplatz, Argissa, umfaßt diese Kultur, deren Siedlungsüberreste Hügel (*Magoulen*) bilden, große Teile der thessalischen Ebene. Im 5. Jt. folgt die *Sesklokultur* und von 3000 bis 2500 die *Diminikultur*, benannt nach den beiden wichtigsten Fundstätten in der Nähe von Volos. In beiden Kulturen existieren bereits mit Ringwällen versehene befestigte Siedlungen mit Rundhütten sowie Gebäuden im *Megaron*typus. Diese Kulturen stehen in enger Verbindung mit kleinasiatischen Gruppen, zeigen aber auch Einflüsse aus dem Donaugebiet (*Bandkeramische Kultur*).

2.3.2 Bronzezeit

Bronzezeit: frühe (2500–2000), mittlere (2000–1600), späte (1600–1200). Die bronzezeitlichen Kulturen in Kreta werden als minoisch, auf dem griechischen Festland als helladisch und auf den Inseln als kykladisch bezeichnet.

2.3.2.1 Troja

Auf dem Hügel Hissarlik wurden neun aufeinanderfolgende Besiedelungsschichten festgestellt, die der Stadt Troja angehören. Von Bedeutung ist die Stadt in der frühen Bronzezeit, als Troja II enge Beziehungen zu Zentralanatolien unterhält; nach der Zerstörung erfolgt die nächste Blüte in der späten Bronzezeit mit Troja VI, das in enger Verbindung mit Kreta und dem griechischen Festland steht und durch ein Erdbeben zerstört wird; dieser Siedlung folgt Troja VIIa, welches ein gewaltsames Ende findet. Sowohl Troja VI als auch VIIa werden von einigen Forschern als das ‚homerische' Troja angesehen.

2.3 Ägäische Frühzeit

2.3.2.2 Kykladen
Auf den kykladischen Inseln existiert eine bronzezeitliche Kultur, die Beziehungen zum westanatolischen Bereich aufweist und deren archäologische Leitfossilen in der ersten Phase die sogenannten *Kykladenidole* sind. In der mittleren Bronzezeit gerät die Kykladenkultur zunehmend unter den Einfluß des ‚minoischen' Kreta.

2.3.2.3 Kreta
Eine erste Blüte erlebt Kreta zur Zeit der frühminoischen Kultur, die vor allem in der Mesara und in Ost-Kreta nachweisbar ist und Beziehungen zu Troja II pflegt. In der mittelminoischen Phase erreicht die Entwicklung einen Höhepunkt zur Zeit der älteren Paläste in Knossos, Phaistos und Mallia, die enge Kontakte zu Syrien und Ägypten unterhalten. Nach deren Zerstörung durch Erdbeben (um 1700) erfolgt mit dem Beginn der spätminoischen Phase eine neue Blüte: Zeit der jüngeren Paläste. Zu den wieder aufgebauten Zentren treten die Paläste von Kato Zakros und Hagia Triada sowie Siedlungen (Gournia) und sogenannte Herrenhäuser (Amnissos, Tylissos, Vathypetro). Es existieren weitreichende Handelsbeziehungen zum Orient und zu Ägypten, und man kann von einer Seeherrschaft (*Thalassokratie*) des minoischen Kreta sprechen; Verwaltung und Wirtschaft Kretas werden zentral von den Palästen aus geführt. Nach einer neuerlichen Zerstörung (um 1450), die mit dem Vulkanausbruch auf Thera in Zusammenhang stehen könnte, gerät Kreta unter den Einfluß und wohl auch die Herrschaft mykenischer Griechen, die das Erbe der Kreter antreten. Neben den Leistungen der Minoer auf dem Sektor der Architektur (mehrgeschoßige Paläste) und der Glyptik ist vor allem die Entwicklung einer Schrift hervorzuheben. Aus einer Bilderschrift entsteht in der mittelminoischen Phase eine Linear-Schrift (*Linear A*). Welche Sprache ihr zugrundeliegt, ist ungeklärt. Sie wird von den ‚griechisch' sprechenden Mykenern zur *Linear B-Schrift* umgebildet (vgl. unten 34).

2.3.2.4 Griechenland
Auf dem griechischen Festland entwickelt sich aus den neolithischen Vorgängern eine einheitliche bronzezeitliche Kultur, die frühhelladische. Es entstehen städtische Zentren (bedeutendstes ist Lerna in der Argolis), die Beziehungen zu Troja II und dem frühminoischen Kreta aufweisen. Am Ende der mittleren Phase des Frühhelladikums, die auch den kulturellen Höhepunkt darstellt, kommt es in fast allen Zentren zu massiven Zerstörungen durch Feindeinwirkung (zwischen 2200 und 2000); dennoch bedeutet dies keinen Bruch in der kulturellen Entwicklung. Erst um 1900 kommt es zu einem Verfall in vielen zivilisatorischen Belangen, die städtischen Zentren verschwinden und die Ke-

ramik (minyische Ware) weist einen einfacheren Formenbestand auf; in dieser Zeit (Mittelhelladikum) reißen auch die Kontakte zu anderen Zentren der Ägäis ab. Am Ende dieser Epoche findet unter starkem minoischen Einfluß ein kultureller Aufstieg statt, der bruchlos in die späthelladische (= mykenische) Zeit übergeht.

Die ersten Zeugnisse dieser Blüte sind die Schachtgräber von Mykene (um 1580). Von Kreta wird auch das System der Palastwirtschaft übernommen; mykenische Herrscher residieren auf stark befestigten Burgen und regieren, verglichen mit den späteren Polisterritorien, über relativ große Gebiete. Mykenische Zentren (Burgen) existieren in Messenien (Pylos), Lakonien (Amyklai), Argolis (Mykene, Tiryns, Midea), Attika (Athen), Boiotien (Theben, Gla, Orchomenos) und Thessalien (Iolkos); mit kleineren Anlagen sind die Mykener jedoch in ganz Griechenland vertreten. Zur Aufrechterhaltung der Verwaltung dient die ebenfalls aus Kreta übernommene Linear-B-Schrift. Ihre Blütezeit erlebt die mykenische Kultur vom 15. bis zum 13. Jh., als sie auf Kreta und die Kykladen übergreift und Außenposten in Kleinasien, an der Libanonküste und in Süditalien besitzt; aufgrund der Einheitlichkeit dieser Kultur in allen Gebieten spricht man von einer ‚mykenischen *koine*'. Als ‚Handelsmacht' treten die Mykener die Nachfolge Kretas an, was sich auch im Reichtum der Paläste und Gräber (Kuppelgräber) niederschlägt. Während des 13. Jh. beginnt in allen Zentren eine Verstärkung der Verteidigungsanlagen (militärische Bedrohung), und im frühen 12. Jh. gehen die meisten mykenischen Burgen gewaltsam unter, was gleichzeitig ein Ende der Palastkultur und der Verwendung der Schrift mit sich bringt. Die politisch, militärisch und kulturell führende Schicht in den mykenischen Staaten existiert nicht mehr.

2.3.2.5 Die Einwanderungsfrage

Einer Auffassung zufolge sind die ersten Griechen (die Ionier) um 1900, die Achaier um 1700 und die Dorer um 1200 in Griechenland eingewandert. Gegen diese Annahme stehen jedoch archäologische und sprachliche Argumente, da um 1900 zwar ein kultureller Rückgang, jedoch keine Zerstörung festzustellen ist (dies geschah vielmehr 200 Jahre zuvor); auch stehen die klassischen griechischen Dialekte einander sprachlich so nahe, daß eine Trennung von fast 1000 Jahren (zwischen ionischer und dorischer Einwanderung) nicht wahrscheinlich ist. Man wird eher annehmen dürfen, daß zwar um 2100 eine Umwälzung, die vielleicht mit einer Einwanderung in Verbindung zu bringen ist, in Griechenland stattgefunden hat, daß diese jedoch nicht unbedingt mit den ‚Griechen' in Zusammenhang steht. Die erste ein indogermanisches Idiom sprechende Bevölkerung dürfte erst zu Beginn der mykenischen Zeit in Griechenland eingewandert sein – wobei man wohl eher an ein friedliches Einsickern kleinerer Gruppen zu denken hat, die mit der Zeit eine dünne militärische Oberschicht bilden; die mykenische Kultur dürfte demnach vorindogermanisch und nur von späteren ‚griechischen' Ankömmlingen übernommen sein. Die Sprache dieser Oberschicht ist in den Linear B-Tafeln faßbar: ein griechischer Dialekt, der jedoch mit keinem der späteren Dialekte (Ionisch, Aiolisch, Dorisch) identisch ist. Größere Gruppen, die Vorfahren der Ionier, Achaier und Aioler, sind wohl erst im 14. oder 13. Jh. gekommen, denen bald (am Ende des 12. Jh.) die Dorer folgen. Es sei aber angemerkt, daß auch diese Rekonstruktion stark hypothetisch ist. Festzuhalten ist, daß ‚die Griechen' als solche nicht eingewandert sind, sondern aus der Verschmelzung indogermanischer Einwanderer mit der Vorbevölkerung (*ägäisches Substrat*) erst in Griechenland entstanden sind.

2.4 ‚Dunkle Jahrhunderte' (1100–800)

Das Ende der mykenischen Burgen wird wohl nicht von den Dorern herbeigeführt, sondern kommt schon etwa 100 Jahre vorher. Die Zerstörer selbst haben jedoch keine archäologischen Spuren hinterlassen und können daher nicht mit Sicherheit identifiziert werden. Möglicherweise gehören sie zu den sogenannten ‚Seevölkern', die für Zerstörungen an den Küsten Kleinasiens und der Levante verantwortlich gemacht werden. Die Ägypter können sie im Nildelta abwehren (vgl. Galter – Scholz oben 13 und 24f.). Diese Ereignisse bewirken zwar ein Ende der Verwaltungszentren, die mykenische Kultur existiert jedoch fort, bis um 1000, wohl durch die Dorer herbeigeführt, eine Änderung eintritt (Entwicklung des *Protogeometrischen Stils*); von einem vollkommenen Bruch kann somit keine Rede sein. Mit der Ankunft der Dorer und der nordwestgriechischen Stämme entsteht die für die folgenden Zeiten gültige Stammes- bzw. Dialektverteilung in Griechenland: Ionier in Attika, Euboia und auf den Kykladen; Aioler in Thessalien und Boiotien (mit Nordwestgriechen vermischt); Dorer in der Korinthia, Megaris, Argolis und in Lakonien; Nordwestgriechen in Aitolien, Phokis, Lokris, Elis und Achaia sowie Arkader, deren Dialekt in einem Rückzugsgebiet und auf Zypern gesprochen wird.

2.4.1 Die erste Kolonisation

Ebenfalls während dieser Zeit, die aufgrund ihrer Schriftlosigkeit die ‚Dunklen Jahrhunderte' (*Dark Ages*) genannt wird, setzt auch eine Bewegung von Stammesteilen aus dem griechischen Mutterland nach

Kleinasien ein, wo sie sich in geschlossenen Wohngebieten niederlassen. Im Zuge dieser Ersten Kolonisation besiedeln die Aioler Lesbos und die Troas, die Ionier den mittleren Teil der Küste (Milet, Ephesos, Kolophon u.a.) und die Dorer neben Kreta, Rhodos und Kos den Südwesten (z.B. Halikarnassos).

2.4.2 Die Schrift

In diese Zeit fällt die Übernahme einer nordwestsemitischen Konsonantenschrift durch die Griechen, die durch zusätzliche Vokalzeichen den Erfordernissen der griechischen Sprache angepaßt wird. Als Kontaktzone für die Vermittlung dieser Schrift kommen wohl die griechischen Niederlassungen an der phoinikischen Küste sowie Zypern in Frage. Um 700 entstehen dann bereits die beiden mit dem Namen ‚Homer' verbundenen Großepen *Ilias* und *Odyssee*.

2.5 Archaische Zeit (ca. 800–500)

2.5.1 Polis und Stammstaat

Während in den ‚Dunklen Jahrhunderten' Griechenland noch ausschließlich von Stämmen besiedelt ist, entwickelt sich in der Folge die für große Teile des Landes gültige Staatsform, die *polis*. Meist um eine befestigte Anhöhe (*akropolis*) bilden sich städtische Siedlungen, in denen ein Großteil der Bevölkerung der jeweiligen Landschaft wohnt. Einige Poleis entstehen auch durch die Zusammenlegung mehrerer kleiner Gemeinden zu einer großen bzw. die ‚Eingemeindung' mehrerer Dörfer in ein schon bestehendes größeres Zentrum (*synoikismos*); landschaftlich bedingt sind die Territorien der meisten Poleis relativ klein (Ausnahmen: Sparta und Athen). Die *polis*, die man als Stadtstaat mit agrarisch genutztem Umland bezeichnen kann, wird durch die Begriffe *eleutheria* (Freiheit in der Außenpolitik), *autarkeia* (wirtschaftliche Unabhängigkeit) und *autonomia* (eigene Gesetz- und Verfassungsgebung) gekennzeichnet. Während also in großen Teilen Griechenlands, vor allem im Osten, auf der Peloponnes und in Ionien (wo wahrscheinlich die ersten Poleis entstehen) dies die bestimmende Staatsform wird, bleibt in den Randgebieten im Norden und Westen (Thessalien, Makedonien, Epeiros, Aitolien) der Stammstaat bestehen. Möglicherweise sind auch die *Amphiktyonien* im griechischen Raum, die eine Vereinigung mehrerer Staaten mit einem gemeinsamen Heiligtum darstellen, die kultischen ‚Überreste' ehemaliger Stämme, die in einzelne Poleis zerfallen sind; solche *Amphiktyonien* gibt es in Kalaureia, Anthela, Onchestos und, als bedeutendste, in Delphi.

2.5.2 Die Zweite oder Große Kolonisation

Im 8. Jh. beginnt in Griechenland die ‚Große Kolonisation', deren Folge einerseits eine Verbreitung griechischer Ansiedlungen und Kultur an allen Küsten des Mittelmeeres ist; andererseits gelangen dadurch vermehrt fremde Einflüsse (vor allem aus dem Nahen Osten und Ägypten) in die griechische Welt und schlagen sich in Kunst, Wissenschaft und Religion nieder. Diese Kolonisationsbewegung, deren Träger hauptsächlich Poleis mit relativ beschränktem Fruchtland (die großen fruchtbaren Landschaften Thessalien, Boiotien und Elis beteiligen sich nicht daran) und einer maritimen Komponente (Häfen, Flotte) sind, hat mehrere Ursachen. So legen Staaten, bei denen der Handel eine besondere Rolle spielt (Phokaia, Aigina, Korinth, Chalkis und Eretria) auf der Suche nach Rohstoffen und zur Sicherung der Seewege Handelskolonien (*Emporien*) in Al Mina, Naukratis, Kyme, Pithekussai, Massilia und anderen Orten Süditaliens, Südfrankreichs und Spaniens an. Neben diesen werden aber auch Ackerbaukolonien gegründet, die dem aus Bevölkerungswachstum und beschränktem Ackerboden resultierenden Bevölkerungsdruck Abhilfe schaffen sollten. Solche existieren in Sizilien, Unteritalien und am Schwarzen Meer. Abgesehen von Übervölkerung, Suche nach Rohstoffen oder Ackerland spielen auch politische und soziale Spannungen, die Ausbreitung der Lyder und später der Perser in Kleinasien und vielleicht auch irrationale Motive eine Rolle.

Die wichtigsten an der Kolonisation beteiligten Staaten sind, neben den schon genannten, Megara, Milet, Rhodos und die Küstenstädte Achaias. Die Aussendung von Kolonisten geschieht gewöhnlich auf Anraten des Orakels von Delphi, und ein prominenter Adeliger der Mutterstadt (*metropolis*), der *oikistes*, führt die Auswanderer an. Die Kolonie (*apoikia*) wird in fruchtbaren Gebieten, wo Wein, Oliven und Getreide gedeihen, angelegt, wobei die einheimische Bevölkerung meist vertrieben oder unterworfen wird, und bildet einen politisch unabhängigen Staat; Bindungen an die Mutterstadt existieren nur in Kult, Verfassung und durch familiäre Kontakte. Eine Ausnahme hiezu stellen die von Athen angelegten Siedlungen (*Kleruchien*) dar, da diese aus attischen Bürgern bestehen, die das Bürgerrecht beibehalten, und Militärkolonien im eroberten Gebiet bilden. Abgesehen von den Auseinandersetzungen mit Einheimischen treffen die griechischen Kolonisten im westlichen Mittelmeer auch auf den Widerstand der zwei ‚Großmächte' Etrurien und Karthago, die eine Beeinträchtigung des Handels fürchten. Im Jahre 540 zwingt schließlich eine etruskisch-karthagische Flotte die Phokaier zur Aufgabe ihrer Kolonie Alalia. Die Kolonisationsbewegung findet um die Mitte des 6. Jh. ihren Abschluß.

2.6 Gesellschaft und Verfassung

Die archaische Gesellschaftsstruktur entsteht aus den Gegebenheiten des Stammes. Dieser ist gentilizisch organisiert nach *Phylen* (Unterstämme), von denen es in allen ionischen Gemeinwesen vier, in allen dorischen drei gibt, *Phratrien* (wohl Sippenverbände oder Bruderschaften) und *Gene* (Geschlechter), wobei jeweils eine Phyle, eine Phratrie oder ein Genos einen eigenen Kult und eine gemeinsame (fiktive) Abkunft besitzt. Dominiert werden diese gentilizischen ‚Institutionen' von Adelsgeschlechtern, sie umfassen jedoch auch die nichtadelige Bevölkerung. Als Einrichtungen der ‚Verfassung' bestehen ursprünglich das Königtum (der König als oberster Heerführer, Richter und Vollzieher des Kultes), der aus den adeligen Sippenoberhäuptern gebildete Rat und die Heeresversammlung, bei der das eigentliche Entscheidungsrecht liegt. Als in den meisten Gebieten das Königtum abgeschafft wird, behält man die übrigen Institutionen bei; statt des Königs setzt man jedoch Beamte (Heerführer, Leiter der Versammlungen und des Rates, Kultbeamte) ein, die vom Adel gestellt werden.

Die für große Teile Griechenlands in archaischer Zeit gültige Staatsform ist somit die Polis, die die Einrichtungen des Stammes übernommen hat und vom Adel regiert wird. Die Zugehörigkeit zur staatstragenden Adelsschicht (*Aristokratie*), die sich gegen die übrige Bevölkerung abschließt, ist vor allem durch die Abstammung von einem (fiktiven) *heros* definiert. An der Spitze der Gesellschaftspyramide steht der grundbesitzende Adel und bevormundet die Bauern mit Hilfe der gentilizischen Einrichtungen; am unteren Ende finden sich die nichtgrundbesitzenden Schichten wie Handwerker und Lohnarbeiter (*Thcten*). Zusätzlich existieren in einigen Staaten größere Gruppen unterworfener Bevölkerung im Sklavenstatus, die in Thessalien als *Penesten* im Besitz der einzelnen Adelsfamilien sind, in Sparta als *Heloten* dem Staat gehören.

2.6.1 Krise des Adelsstaates – Soziale und politische Veränderungen

Während des 7. Jh. gerät in vielen Poleis die geltende aristokratische Ordnung in eine Krise. Zum einen verarmen einzelne Adelsfamilien, während andere ursprünglich nicht dem Adel zugehörende Geschlechter zu Vermögen kommen, das nicht aus dem bis dahin maßgebenden Grundbesitz, sondern z.B. aus dem Handel (Kolonisation) stammt, und in die dem Adel vorbehaltenen politischen Stellungen drängen. Dadurch ist die Gleichheit unter den Adeligen nicht mehr gegeben, und einzelne Familien, wie die Bakchiaden in Korinth, die Basiliden in Ephesos, und die Penthiliden in Mytilene, erlangen ein Übergewicht.

2.6 Gesellschaft und Verfassung

Gleichzeitig geraten viele Kleinbauern durch die Knappheit des Ackerbodens bzw. durch Mißernten in zunehmende Abhängigkeit von adeligen Großgrundbesitzern, bei denen sie sich verschuldet haben. Es entsteht also eine gegenüber der früheren klaren sozialen Schichtung verschobene Sozialstruktur. Gefördert wird dies durch eine Umwälzung auf militärischem Gebiet: Ursprünglich liegt die gesamte Last der Kriegführung bei den Adeligen, die sich die kostspieligen Waffen leisten können und als schwerbewaffnete Einzelkämpfer in den Krieg ziehen. Als nun einerseits nicht dem Adel zugehörige Bürger vermehrt zu wirtschaftlichem Wohlstand gelangen, wozu auch die beginnende Münzwirtschaft beiträgt, andererseits die militärische Ausrüstung aufgrund der verstärkten Einfuhr von Metallen (Kolonisation) verbilligt wird, können weitere Kreise eine bessere Bewaffnung erstehen. Um militärisch Schritt halten zu können, greift man auf diese bewaffneten Bauern (*Hopliten*) zurück, und es entwickelt sich die fortan bestimmende Kampfesweise in der *Hoplitenphalanx*. Nun verlangen aber auch die neuen militärisch wichtigen Schichten größeres politisches Mitspracherecht. Am Ende dieser Entwicklung steht somit die Abkehr vom Prinzip der Verteilung politischer Rechte aufgrund der Abstammung. Zur Grundlage der sozialen und politischen Stellung im Staat wird der Besitz (*Timokratie*), während der Heeresdienst in der *Phalanx* die Basis politischer Rechte wird (*Hoplitenpoliteia*).

2.6.2 Soziale Spannungen und das Aufkommen der Tyrannis

Trotz dieser Veränderungen im Staatsaufbau dauern die inneren Konflikte der Poleis an. Zum einen kämpfen Adelscliquen um die Vormacht im Staat (z.B. Lesbos), zum anderen sind viele Kleinbauern bereits so weit in wirtschaftliche Abhängigkeit geraten, daß sie nicht mehr Besitzer des von ihnen bearbeiteten Bodens sind und somit einen Teil des Ertrages an ihre adeligen Gläubiger abliefern müssen (*hektemoroi*). Die Zwiste unter den Adeligen sowie die sozialen Spannungen bilden ein Potential für Bürgerkriege (*staseis*). Um dieser gefährlichen Entwicklung zu steuern, einigt sich vielerorts die gesamte Bürgerschaft auf die Einsetzung eines ‚Wieder-ins-Lot-Bringers' oder ‚Versöhners' (*aisymnetes, diallaktes*), der zwischen den rivalisierenden Adelsparteien bzw. zwischen Adel und Kleinbauern vermitteln sollte. Solche ‚Schiedsrichter' kennt man aus Lokroi (ZALEUKOS), Katane (CHARONDAS), Lesbos (PITTAKOS), Athen (SOLON) sowie aus Milet und Euboia. Diese mit ‚Generalvollmacht' ausgestatteten Männer versuchen soziale Mißstände zu beseitigen, indem sie zum Teil die Verfassung ändern und einen Ausgleich zwischen den einzelnen Gruppierungen herbeiführen; dennoch sind sie meist nicht in der Lage, alle Spannungen innerhalb ihrer Poleis auszuräumen.

Auf dem Boden dieser rivalisierenden Kräfte entstehen in einigen Staaten Gewaltherrschaften einzelner Männer (*tyranneis*). Grundvoraussetzung für das Entstehen solcher *tyranneis* ist neben dem erwähnten Konfliktpotential auch eine bestimmte Größe des Staates, in dem einige Adelige nicht die Chance hatten, in führende Positionen zu gelangen, da die Zahl der Aristokraten groß, die der zu vergebenden Ämter jedoch begrenzt war. Die meisten Tyrannenherrschaften entstehen in der zweiten Hälfte des 7. Jh. und dauern bis in die Mitte des 6. Jh., vor allem im Gebiet um den Isthmos von Korinth und in Ionien. Die bedeutendsten Tyrannen sind die Peisistratiden von Athen, die Kypseliden (KYPSELOS, PERIANDER) von Korinth, die Orthagoriden (ORTHAGORAS, KLEISTHENES) von Sikyon, THEAGENES von Megara, POLYKRATES von Samos sowie THRASYBOULOS von Milet; zu diesen sogenannten ‚Älteren Tyrannen' gehören auch die Machthaber in Sizilien (GELON von Syrakus, THERON von Akragas u.a.).

Tyrannen kommen entweder aufgrund ihrer Position im Staat an die Macht, d.h. als Angehörige des ehemaligen Königshauses oder als hohe Beamte, wie PHEIDON von Argos und KYPSELOS, andere gehen als Sieger aus Adelskämpfen hervor wie MYRSILOS von Lesbos, oder sie stützen sich bei ihrer Machtergreifung auf ethnisch oder sozial unterdrückte Gruppen der Bevölkerung, wie ORTHAGORAS, POLYKRATES und PEISISTRATOS. Sonderformen der Tyrannis existieren im späten 6. Jh. in Ionien, wo die Perser ihnen genehme Herrscher einsetzen (HISTIAIOS, ARISTAGORAS), und in Sizilien, wo der Adel sich auf einen Herrscher zur Bekämpfung der einheimischen Sikuler und Sikaner einigt (vgl. unten 49). Der Begriff *Tyrannis* sagt nur etwas über die ‚widerrechtliche' Machtergreifung, nichts aber über die Art der Herrschaftsausübung aus. Zwar regiert der Tyrann gleichsam neben den weiter existierenden politischen Einrichtungen des Staates, doch zielt seine Politik meist auf eine wirtschaftliche Stärkung der Kleinbauern und Handwerker, was zu gesteigerter ökonomischer Prosperität führt. Auch nehmen viele Tyrannen auf die Kultur Einfluß, was sich in Bauprogrammen (Athen, Samos, Korinth, Megara), der Ausrichtung panhellenischer Spiele in Olympia, Delphi, Nemea und Isthmia und der Förderung vieler Künstler und Dichter äußert; all diese Aktivitäten dienen der politisch-propagandistischen Festigung der Herrschaft. Dennoch haben die Tyrannen grundsätzlich in den Adeligen des Staates ihre unversöhnlichen Gegner, weshalb meist in der zweiten oder dritten Generation, wenn ein schwächerer Tyrann regiert, die Herrschaft ein Ende findet, bei ihrer Beseitigung spielt in vielen Fällen jedoch auch Sparta eine gewichtige Rolle. Nach dem

Sturz der Tyrannen kehren die meisten Poleis wieder zur aristokratischen Staatsform zurück, wobei sich aber zunehmend die Macht vom Geburtsadel zum ‚Vermögensadel' verschiebt.

2.7 Sonderformen: Sparta und Athen

Während die meisten Poleis des griechischen Raumes die oben skizzierte Entwicklung durchmachen, gilt dies weder für die stammstaatlich organisierten Gebiete (siehe oben 36f.) noch für Athen und Sparta. Wegen des viel größeren Fruchtlandes nehmen auch beide Staaten nicht an der Kolonisationsbewegung teil, und die sozialen Konflikte treten erst später bzw. in veränderter Form auf und werden in beiden Staaten auf ‚unübliche' Weise geregelt.

2.7.1 Sparta

Die Stadt Sparta am Eurotas entsteht ursprünglich aus dem Heerlager der in drei *Phylen* (Hylleis, Dymanes, Pamphyloi) organisierten dorischen Einwanderer und setzt sich aus vier Dörfern (*obai*) zusammen: Limnai, Mesoa, Pitane und Kynosura; dazu kommt im 8. Jh. noch Amyklai, das vordorische Zentrum Lakoniens. Die Verfassung Spartas, die sogenannte *Große Rhetra*, die dem sagenhaften Gesetzgeber LYKOURGOS zugeschrieben wird, ist das Produkt einer langen Entwicklung, die spätestens im 7. Jh. abgeschlossen ist. An der Spitze der spartanischen Staatsordnung (*kosmos*) stehen zwei Könige aus den Geschlechtern der Agiaden und Eurypontiden. Sie führen das Heer im Kriege, übernehmen kultische Funktionen und sitzen im Rat. Dieser Rat (*gerousia*) umfaßt mit ihnen 30 über 60 Jahre alte ausgewählte Spartiaten, die einst wohl die Sippenoberhäupter waren; die Gerousia berät die Könige und hat richterliche Funktionen. Das dritte Element der Verfassung ist die (Wehr-)Versammlung aller Spartiaten (*apella*), der es obliegt, mittels lauter Zustimmung oder Ablehnung über Krieg und Frieden zu entscheiden, Bündnisse zu schließen sowie die Mitglieder der *gerousia* und die *Ephoren* zu wählen bzw. zu bestätigen. Die *Ephoren*, die fünf höchsten Beamten des Staates, die möglicherweise aus den Vorstehern der fünf Dörfer Spartas hervorgegangen sind, haben richterliche und polizeiliche Aufgaben; sie führen aber auch die gesamte Innen- und Außenpolitik und kontrollieren die Könige. Der Oberbeamte ist der *eponyme Ephor*, nach dem das jeweilige Jahr benannt wird.

Der spartanische Staat (= die Lakedaimonier) kennt eine Drei-Gliederung der Bevölkerung: Die Spitze der Gesellschaftspyramide bilden die *Spartiaten*, denen allein als Vollbürger alle politischen Rechte

(Teilnahme an *apella* und *gerousia*, Bekleidung von Ämtern) zustehen. Sie bezeichnen sich selbst als *homoioi* (die Gleichen) und genießen ab dem Kindesalter eine gemeinsame staatliche Erziehung (*agoge*), vor allem sportliche Ertüchtigung und ‚paramilitärische' Übungen; auch erwachsene Spartaner pflegen noch die Lebensweise in Lagerverbänden mit Gemeinschaftsmahlen (*Syssitien*). Entstanden ist diese Schicht wohl aus den ursprünglich im Heerlager am Eurotas versammelten Dorern. Ihrem Ursprung nach dorisch ist auch die zweite Schicht, die *Perioiken* (Umwohner), die jedoch nicht Sparta selbst, sondern die Randgebiete Lakoniens besiedeln. Perioiken sind persönlich freie Bürger (sie und die Spartiaten bilden den Staat der Lakedaimonier) mit freiem, abgabelosem Besitz (Land oder Gewerbe), die zwar Kriegsdienst leisten müssen, aber keine politischen Rechte besitzen. Schließlich rangieren am unteren Ende der Gesellschaftsordung die *Heloten*, in denen man die unterworfene vordorische Bevölkerung Lakoniens (seit dem 7. Jh. auch Messeniens) sieht. Heloten sind persönlich unfrei und befinden sich im Besitz des Staates, der sie zusammen mit einem Landlos (*klaros*) den einzelnen Spartiatenfamilien zur Bearbeitung des Boden zuteilt, dessen Ertrag sie großteils abliefern. Da die gesamte spartanische Wirtschaft auf der Arbeit der Heloten beruht, besteht eine Hauptaufgabe des spartanischen Heeres in der Niederhaltung dieser Gruppe.

Der spartanische Staat konsolidiert sich am Ende des 8. Jh. mit der endgültigen Unterwerfung Lakoniens und weitet sein Gebiet im 7. Jh. durch die Eroberung Messeniens aus. Die permanente Gefahr eines Helotenaufstandes veranlaßt die Spartiaten zur Entwicklung eines nach innen orientierten Militärstaates, der sich nach außen hin völlig abschließt. Aufgrund dieses Umstandes macht Sparta auch keine der oben ausgeführten sozialen und verfassungsgeschichtlichen Entwicklungen mit und bleibt auf dem Stand einer durch spartiatische Abstammung bestimmten *Hoplitenpoliteia*, deren Verfassung sie selbst *eunomia* (Zustand guter Gesetze) nennen.

2.7.2 Athen

Die Landschaft Attika mit ihrem Zentrum Athen, die wohl seit spätmykenischer Zeit von Ioniern bewohnt ist, bleibt sowohl von den Zerstörungen des *Seevölkersturmes* als auch von der dorischen Einwanderung unberührt. Sie kann sich deshalb bruchlos über die Jahrhunderte entwickeln und vollzieht schon früh (wohl vor dem 8. Jh.) den *synoikismos*, durch den sämtliche Orte Attikas ihre Selbständigkeit aufgeben und politisch zu Athen gehören. Während des 8. Jh. wird das Königtum abgelöst und zuerst durch einen auf zehn Jahre, später jährlich

2.7 Sparta und Athen

gewählten Oberbeamten (*archon eponymos*) ersetzt, der die Staatsgeschäfte führt; ihm zur Seite stehen der für den Staatskult zuständige *archon basileus* sowie der oberste Heerführer (*polemarchos*); später treten noch sechs *Thesmotheten* mit richterlichen Befugnissen hinzu. Als beratendes Gremium unterstützt die Beamten der Rat auf dem *Areopag*, der sich ursprünglich aus den adeligen Sippenoberhäuptern, in historischer Zeit aber aus den gewesenen *Archonten* rekrutierte. Wie in allen Staaten gibt es als Entscheidungsorgan, das jedoch nur zustimmen und ablehnen kann, die Volksversammlung (*ekklesia*).

Die Bevölkerung ist in *Phylen*, *Phratrien* und *Gene* organisiert (vgl. oben 38), die vom Adel (*Eupatriden*) beherrscht werden; die bedeutendsten dieser Adelsfamilien Athens sind die Medontiden, die Philaiden, die Alkmeoniden und die Lykomiden. Abgesehen von den *Eupatriden* umfaßt die ständische Gliederung Attikas noch die *Geomoren* (Landbesitzer, Bauern) und *Demiourgen* (Handwerker), wobei jedoch nicht klar ist, wie sich diese Bezeichnungen zur Standesgliederung solonischer Zeit verhalten. In der Zeit der durch Übervölkerung und Bodenknappheit verursachten Krise (8. Jh.) geht Attika nicht den Weg, Kolonien zu gründen, sondern betreibt eine Binnenkolonisation, da das zur Verfügung stehende Territorium wesentlich größer ist (2550 km^2) als das der meisten Poleis und ganz Attika sowie das Gebiet von Eleusis umfaßt. Daher treten die Krise des Adelsstaates und die sozialen Konflikte in Athen erst im letzten Drittel des 7. Jh. ein. Erster faßbarer Ausdruck dieser Auseinandersetzung ist der Versuch KYLONs, mit Hilfe des Tyrannen THEAGENES von Megara in Athen eine Tyrannis zu errichten, was durch die Alkmeoniden vereitelt wird, die die Anhänger KYLONs ermorden lassen (Alkmeonidenfrevel). Wohl um die herrschende Rechtsunsicherheit der auch vor Gericht vom Adel abhängigen Bevölkerung zu beheben, beauftragt man um 624 den *archon* DRAKON, eine Kodifizierung des Rechtes vorzunehmen (vgl. XII Tafeln in Rom; vgl. Doblhofer unten 106), im Zuge derer die gesamte Strafgewalt dem Areopag übertragen und die bis dahin übliche Blutrache verboten wird. Die sozialen Spannungen können jedoch nicht beseitigt werden, da bereits viele Kleinbauern völlig verschuldet und in Abhängigkeit von den adeligen Großgrundbesitzern sind; der von den *hektemoroi* bearbeitete Boden befindet sich, vielfach durch Hypothekensteine (*horoi*) markiert, nicht mehr in ihrem Besitz, und einige von ihnen sind so verschuldet, daß sie als Sklaven ins Ausland verkauft werden. Es wird daher der Ruf nach einer Neuaufteilung des Bodens (*ges anadasmos*) immer lauter, und die Gefahr wächst, daß ein Mann, auf diese Unzufriedenen gestützt, eine Tyrannis errichtet. Im Jahre 594 einigt sich die gesamte Bürgerschaft auf einen ‚Schiedsrichter' und wählt SOLON zum *archon* und *diallaktes* mit unbegrenzter Vollmacht.

2.7.2.1 Solon

Die Maßnahmen SOLONs, die auf einen Ausgleich der sozialen Gegensätze und eine Versöhnung der rivalisierenden Gruppen abzielen, betreffen drei Bereiche.

1. **Soziale Maßnahmen:** Die wichtigste Bestimmung ist eine allgemeine Schuldentilgung und die Entfernung der Hypothekensteine (*seisachtheia*); die Schuldknechtschaft wird verboten, bereits versklavte attische Bauern werden zurückgekauft und die Institution der *hektemoroi* beseitigt. Der radikalen Forderung nach einer Neuaufteilung des Bodens kommt SOLON jedoch nicht nach.

2. **Verfassung:** Die Gliederung der Bevölkerung nach sozialer Herkunft wird zugunsten einer timokratischen Einteilung aufgegeben. Gemäß dem wirtschaftlichen Ertrag werden die Klassen der *Pentekosiomedimnen* (die 500 Scheffel Getreide oder Öl im Jahr erwirtschaften), der *Hippeis* (300 Scheffel), *Zeugiten* (200 Scheffel) und *Theten* (Lohnarbeiter) gebildet. Hiebei entsprechen die ersten beiden Klassen dem attischen Adel, doch können nunmehr auch vermögende Nicht-Adelige in diese Klassen aufsteigen. Die Zeugiten, im allgemeinen Bauern, haben eine Waffenrüstung zu stellen und Kriegsdienst in der *Phalanx* zu leisten, während die Theten nur als Leichtbewaffnete bzw. später als Ruderer dienen. Diese timokratische Staatsform (vgl. Dobelhofer unten 106) verwirklicht nun auch in Athen die *Hoplitenpoliteia*. Auch die Ämter des Staates bleiben nicht mehr dem Adel vorbehalten, sondern sind für alle Bürger mit Ausnahme der Theten, die nur aktiv wählen dürfen, zugänglich. Lediglich das *Archontat* und das Amt des Schatzmeisters bleiben zunächst der ersten Klasse vorbehalten. Als Gegengewicht zum alten Adelsrat auf dem *Areopag* führt vermutlich schon SOLON einen Rat (*boule*) ein, der aus je hundert Vertretern der vier Phylen gebildet wird, und in den Angehörige der ersten drei Klassen gewählt werden können. Mit Ausnahme der Blutgerichtsbarkeit werden dem Areopag auch die gerichtlichen Funktionen genommen und dem neugeschaffenen Volksgericht (*heliaia*) übertragen, zu dem wie zur *ekklesia* auch die Theten Zugang haben.

3. **Wirtschaftliche Reformen:** Da die Getreideversorgung durch den zunehmenden Übergang vom Getreideanbau auf die Produktion von Öl und Wein nicht mehr gesichert ist, verbietet SOLON die Ausfuhr von Getreide und importiert es zusätzlich aus Ägypten, dem Gebiet am Schwarzen Meer und vom Hellespont, wo schon um 600 eine attische Kolonie unter PHRYNON angelegt worden ist. Um neben Öl noch über andere Tauschprodukte zu verfügen, fördert SOLON Handel und Gewerbe durch handwerkliche Ausbildung der Theten sowie durch Anreize für gewerbe- oder handeltreibende Zuwanderer (*Metoiken*). Zudem veranlaßt SOLON einen Übergang zum euboischen Maß-

und Gewichtssystem, das auch in Ionien, dem wichtigsten Handelspartner Athens, gebräuchlich ist. All diese Maßnahmen werden als Gesetze auf Holzpfeilern (*axones, kyrbeis*) öffentlich bekannt gemacht.

Die solonischen Reformen bringen zwar kurzfristig eine Besserung der sozialen Lage, auf Dauer gesehen stellen sie jedoch keine Lösung der Probleme dar, da sie lediglich die Symptome bekämpfen. Sowohl die Kleinbauern sind unzufrieden, da ihrem Wunsch nach Neuaufteilung des Bodens nicht nachgekommen wird, als auch der Adel, der durch die Schuldentilgung finanzielle Einbußen erlitten hat und in seiner politischen Führungsrolle im Staat nicht mehr unangetastet ist. Langfristige Wirkung haben nur die wirtschaftlichen Maßnahmen SOLONs, die einen ökonomischen Aufstieg Attikas einleiten, sowie die Verfassungsänderung, von der schließlich ein gerader Weg über KLEISTHENES zur attischen *Demokratie* des 5. Jh. führt.

2.7.2.2 Die Tyrannis in Athen

Die bald wieder aufkommenden sozialen Spannungen manifestieren sich vor allem im Gegensatz der von Adeligen geführten Bevölkerung der drei wirtschaftlich unterschiedlichen Landesteile Attikas: Die Grundbesitzer (*Pedieis*) in der Ebene Athens, die das beste Fruchtland haben, die Bewohner der Küstenebene (*Paralier*), wo neben der Landwirtschaft auch der Handel eine Rolle spielt und die Kleinbauern (*Diakrier*), die im gebirgigen und wenig fruchtbaren Binnenland Attikas leben. In diesem Klima politischer Spannungen besetzt schließlich PEISISTRATOS, ein Adeliger aus Brauron, gestützt auf die Gruppe der unzufriedenen *Diakrier*, um 560 die Akropolis und wirft sich zum Tyrannen auf. Obwohl zweimal von seinen Gegnern (vor allem den Alkmeoniden) wieder aus der Stadt vertrieben, gelingt es ihm in der Mitte der Vierzigerjahre endgültig, eine *Tyrannis* zu errichten. Unter der Herrschaft des PEISISTRATOS, die durch zahlreiche Bündnisse mit anderen Tyrannen (POLYKRATES, LYGDAMIS von Naxos) gefestigt wird, erlebt Athen eine Blüte auf wirtschaftlichem und kulturellem Gebiet. PEISISTRATOS fördert vor allem die Kleinbauern Attikas sowie Handel und Gewerbe; unter ihm werden auch zum ersten Mal größere Serien von Münzen (mit dem Bild der Athena und der Eule) geprägt, und Erzeugnisse der attischen Keramikproduktion (*Schwarzfiguriger Stil*) beherrschen die Märkte der griechischen Welt. PEISISTRATOS fördert auch die Künste und initiiert ein umfangreiches Bauprogramm (Wasserleitung in Athen, Olympieion); vor allem durch die Stiftung der großen Panathenäen zu Ehren der Stadtgöttin und die Einrichtung des Dionysoskultes mit den ersten dramatischen Aufführungen tritt Athen in die Reihe der Kulturzentren.

Nach dem Tode des PEISISTRATOS (528) führen seine Söhne HIP-

PIAS und HIPPARCHOS die Politik des Vaters weiter, bis im Jahre 514 HIPPARCHOS von HARMODIOS und ARISTOGEITON ermordet wird. Ab diesem Ereignis wandelt sich HIPPIAS zunehmend zum Gewaltherrscher und verliert den Rückhalt in der Bevölkerung. Zudem betreiben verschiedene Adelsfamilien, so die Alkmeoniden, von ihrem Exil aus den Sturz des Tyrannen. Mit Hilfe des Spartanerkönigs KLEOMENES I., der auf Weisung des von den Alkmeoniden durch reiche Geschenke beeinflußten Orakels von Delphi in Athen eingreift, gelangen sie an ihr Ziel.

2.7.2.3 Die Reformen des Kleisthenes

Nach der Vertreibung des Tyrannen kehrt Athen vorerst zu den früheren Verhältnissen (Zwiste der Adelsparteien) zurück. Hauptkontrahenten hiebei sind ISAGORAS und der Alkmeonide KLEISTHENES. Als dieser im Kampf um die politische Macht zu unterliegen droht, legt er im Jahre 508 ein umfangreiches Reformprogramm vor, das die Billigung großer Teile der Bevölkerung findet und das ihm einen politischen Vorteil bringt. Um die regionalen Gegensätze zu überbrücken, schafft KLEISTHENES neue politische Einheiten, die jeweils Gruppen der Bevölkerung aus allen drei Landesteilen beinhalten: Er teilt die Gebiete der Stadtebene (*asty*), der Küste (*paralia*) und des Binnenlandes (*mesogeia*) in je zehn Teile (*trittyes* = Drittelstücke) und fügt je eine *trittys* von Stadt, Küste und Binnenland zu einer größeren Verwaltungseinheit, der *Phyle*, zusammen. Auf diese Weise löst er die alten gentilizischen Phylen auf und bildet zehn neue. Abgesehen vom wirtschaftlichen und sozialen Ausgleich erreicht KLEISTHENES damit, daß die in den alten Phylen wirkenden gentilizischen Verbindungen aufgelöst werden und die einzelnen Adelsfamilien ihren Einfluß großteils einbüßen. In dieselbe Richtung zielt die Maßnahme, die *Phratrien* ihrer politischen Bedeutung zu berauben und die Zugehörigkeit zu den *demoi*, den untersten Verwaltungseinheiten, zur Grundlage für das attische Bürgerrecht zu machen. KLEISTHENES verändert auch die *boule* dahingehend, daß er die Zahl der Ratsmitglieder von 400 auf 500 erhöht (pro Phyle 50 Vertreter). Diese *boule* wird jeweils 1/10 des Jahres von den 50 ‚Abgeordneten' jeder Phyle geleitet (*Prytanen*). Der Rat ist nunmehr für die gesamte Bevölkerung zugänglich, lediglich das *Archontat* bleibt den obersten Schichten vorbehalten. Das politische Prinzip, das im neuen Rat und in der Volksversammlung herrscht, wird mit den Begriffen *isonomia* (Gleichbehandlung vor dem Gesetz) und *isegoria* (gleiches Recht zur Rede) charakterisiert, während die Verfassung SOLONs mit der Bezeichnung *eunomia* belegt wird.

Entsprechend den politischen Reformen führt KLEISTHENES auch eine Reorganisation des attischen Heeres durch. Auf der Basis der zehn neuen Phylen teilt er das vom *polemarchos* kommandierte Heer in zehn Teile, deren Mannschaft jeweils von einer Phyle zu stellen ist und schafft ein Kollegium von zehn *Strategen* (in der Regel aus jeder Phyle einen), die für Kommandounternehmungen oder beim Ausrücken des gesamten Heeres als Führer ihrer Phyle eingesetzt werden.

Mit den kleisthenischen Reformen steht auch die Einführung des *ostrakismos* in Verbindung. Dieses Scherbengericht, das einmal im Jahr abgehalten werden kann, sollte vor allem eine mögliche *Tyrannis* verhindern. Bei einem Quorum von mindestens 6000 abgegebenen Stimmen muß derjenige (des Strebens nach der Tyrannis verdächtige) Bürger die Stadt auf zehn Jahre verlassen, auf den die meisten Stimmen entfallen, wobei er jedoch sein Vermögen behält und auch keinerlei Schmälerung des Ansehens damit verbunden ist. Die Reformen des KLEISTHENES werden von den meisten *Eupatriden*, die von ISAGORAS geführt werden, bekämpft, und zweimal (508 und 506) greifen sogar die Spartaner ein; die Athener können diese Gefahr jedoch überwinden und behalten die von KLEISTHENES geschaffene Verfassung bei.

2.8 Außenpolitische Verhältnisse

Die außenpolitischen Ereignisse im archaischen Griechenland sind gekennzeichnet durch eine Fülle von Nachbarschaftsfehden, deren Grund zumeist im Beuteerwerb oder im Streit um landwirtschaftlich nutzbares Gebiet liegt. Die Kriege selbst nehmen meist keine großen Ausmaße an, da die Heere, bedingt durch die Kleinheit der Staaten, nicht sehr stark sind, und die Dauer der Kriegführung auf die Sommermonate nach der Ernte beschränkt bleibt. In Friedenszeiten laufen die Beziehungen der einzelnen Staaten zum Ausland meist über die persönlichen Kontakte einzelner Adelsfamilien, besonders in den von Tyrannen regierten Staaten.

2.8.1 Mittelgriechenland

Der erste bezeugte größere Konflikt der griechischen Geschichte ist der *Lelantische Krieg* (um 700), in dem die euboischen Städte Chalkis und Eretria um die fruchtbare Lelantische Ebene kämpfen. Über einen Grenzkonflikt wächst der Lelantische Krieg durch die Teilnahme von Kontingenten anderer Staaten, die dem einen oder anderen Kontrahenten zu Hilfe kommen, hinaus. So stehen auf Seiten von Chalkis auch Thessaler und Samier, während Eretria von Milet unterstützt wird (die oft behauptete Teilnahme weiterer Staaten ist nicht nachweisbar). Der Krieg endet mit einem Sieg von Chalkis, doch büßen beide Gegner stark an Bedeutung ein.

Die militärisch stärkste Macht Mittelgriechenlands sind die von einem *tagos* (Herzog) geführten Thessaler, die sich seit dem 7. Jh. nach Süden auszubreiten beginnen. Sie nehmen in der Amphiktyonie von Anthela die führende Stellung ein und richten ihre Angriffe gegen Phokis und Boiotien. In der entscheidenden Auseinandersetzung zwischen Phokern, Boiotern und Thessalern am Ende des 6. Jh. unterliegen die Thessaler, was ein Ende ihrer Vormachtstellung sowie einen Aufstieg des von Theben dominierten *Boiotischen Bundes* bewirkt. Möglicherweise in Zusammenhang mit den thessalischen Expansionsbestrebungen steht auch der (nach antiker Überlieferung um 590 angesetzte) *1. Heilige Krieg*. In diesem Krieg zieht die von Thessalien geführte Amphiktyonie von Anthela gegen die Stadt Krisa, die das Heiligtum von Delphi kontrolliert, zu Felde, zerstört die Stadt und bringt das Heiligtum in ihren Besitz. Zweifelhaft ist die von antiken Quellen behauptete Teilnahme Athens (SOLON) und Sikyons (KLEISTHENES) an diesem Krieg.

2.8.2 Peloponnes

Die äußere Geschichte der peloponnesischen Staaten in archaischer Zeit ist vom Gegensatz der ‚Großmächte' Argos und Sparta bestimmt. Seit dem späten 8. Jh. expandiert Argos zuerst in der Argolis selbst und unterwirft die kleineren Staaten dieser Landschaft. Der Höhepunkt argivischer Macht wird in der ersten Hälfte des 7. Jh. unter PHEIDONs Herrschaft erreicht, als Argos auch Sikyon kontrolliert und seinen Einfluß nach Korinth und Arkadien sowie in die Landschaft Kynouria ausdehnt, wo es bei Hysiai (669) zum ersten großen Zusammenstoß der beiden peloponnesischen Mächte kommt, in dem die Spartaner unterliegen.

Nachdem Sparta im 8. Jh. die Unterwerfung Lakoniens abgeschlossen hat, beginnt es, sich nach Westen in die fruchtbare Landschaft Messenien auszudehnen, die im *1. Messenischen Krieg* teilweise erobert wird. In der Folge versucht Sparta, seine Macht auch in die Kynouria auszuweiten, was zu dem Konflikt mit Argos führt. In der Mitte des 7. Jh. schließlich folgt das wohl entscheidende Ereignis der spartanischen Geschichte: Die unterworfenen Messenier erheben sich im *2. Messenischen Krieg* gegen Sparta, wobei sie auch von einigen arkadischen Orten (und vielleicht von Argos) unterstützt werden. Sparta gelangt an den Rand einer militärischen Katastrophe, die nur durch eine Heeresreform (Übergang zur *Phalanxtaktik*) verbunden mit sozialen Umgestaltungen vermieden werden kann. Nach der endgültigen Unterwerfung Messeniens entwickelt sich Sparta, nicht zuletzt aus

Furcht vor einem neuerlichen Helotenaufstand, zum Militärstaat. Der Versuch Spartas, auch Arkadien zu erobern, scheitert vor allem am Widerstand der Stadt Tegea, was zu einer Änderung des spartanischen Vorgehens führt. Statt militärisch zu expandieren, beginnt Sparta, mit den übrigen Staaten der Peloponnes Verträge abzuschließen (den ersten mit Tegea um 540), die fast alle Peloponnesier zu spartanischen Bundesgenossen machen; so entsteht ein ausgedehntes militärisches Bündnissystem (*symmachia*) unter der Führung Spartas, der *Peloponnesische Bund*, dem außer Achaia nur Argos fernbleibt, welches durch zwei Niederlagen (eine im späten 6. Jh. in der Kynouria, die zweite im Jahre 494 bei Sepeia) als politischer Konkurrent ausscheidet. Am Ende des 6. Jh. scheitert Spartas Versuch, in zwei Feldzügen (508 und 506) – gemeinsam mit Chalkidiern und Boiotern – seinen Einfluß auch über die Peloponnes hinaus auszudehnen und Athen in sein Bündnissystem zu bringen, am Widerstand der Athener. Der von Sparta geführte Peloponnesische Bund bleibt aber die stärkste Militärmacht Griechenlands.

2.8.3 Ionien

Auch in Ionien ist das Bild von ständigen Nachbarschaftsfehden geprägt. Größere militärische Ausmaße nehmen die Expansionsversuche von Samos unter POLYKRATES in den Zwanzigerjahren des 6. Jh. an. Zudem haben sich die Ionier dauernder Angriffe von außen zu erwehren: Im 7. Jh. suchen die ursprünglich aus Südrußland stammenden Kimmerier die griechischen Städte heim, und seit etwa 620 bedroht das Lyderreich Ionien. Unter den Lyderkönigen ALYATTES und KROISOS gelingt schließlich die Eroberung, weil die ionischen Städte sich zu keiner gemeinsamen Abwehr verstehen (vgl. Galter – Scholz oben 18). Erst als die politischen Nachfolger der Lyder, die Perser, eine offenbar als drückender empfundene Herrschaft errichten, vereinigen sich die einzelnen Städte und entfesseln den Ionischen Aufstand (siehe Schmidt unten 58f.).

2.8.4 Großgriechenland

Die Geschichte Siziliens und Unteritaliens ist vor allem durch Kämpfe gegen die einheimischen Völker der Sikuler und Sikaner bzw. der Lukaner geprägt. In Sizilien gelingt den Tyrannen HIPPOKRATES von Gela und GELON von Syrakus die Unterwerfung der Einheimischen und die Errichtung größerer territorialer Gebilde (vgl. Schmidt unten 63). In Unteritalien erringen die Städte Sybaris und Kroton durch die Beherrschung einheimischer Stämme und durch die Kontrolle über andere Griechenstädte eine Vormachtstellung. Um 512 kommt es zum Krieg zwischen beiden, der mit der Zerstörung des durch seinen Reichtum sprichwörtlich gewordenen Sybaris endet.

2.9 Ausgewählte Literatur

1. H. BERVE, *Die Tyrannis bei den Griechen.* München 1967, 2 Bände.
2. J. BOARDMAN, *Kolonien und Handel der Griechen* (engl. ²1980. Übersetzung: K.-E. und G. Felten) München 1981
3. J.N. COLDSTREAM, *Geometric Greece.* London, Tonbridge 1977
4. V.R.d'A. DESBOROUGH, *The Greek Dark Ages,* London 1972
5. M.I. FINLEY, *Die frühe griechische Welt* (engl. ³1981. Übersetzung I. v. STEUBEN) München 1982
6. A.J. GRAHAM, *Colony and Mother City.* Manchester ²1984
7. D.A.L. GREENHALGH, *Early Greek Warefare.* Cambridge 1973
8. R.J. HOPPER, *The Early Greeks.* London 1976
9. L.H. JEFFERY, *Archaic Greece. The City States 800–500 B.C..* London, Tonbridge 1976
10. O. MURRAY, *Das frühe Griechenland* (engl. 1980. Übersetzung K. BRODERSEN) München 1982
11. F. SCHACHERMEYR, *Griechische Frühgeschichte.* Wien 1984
12. A.M. SNODGRASS, *The Dark Ages of Greece.* Edinburgh 1971
13. A.M. SNODGRASS, *Archaic Greece.* Berkeley, Los Angeles 1980
14. M. STAHL, *Aristokraten und Tyrannen im archaischen Athen.* Stuttgart 1987
15. C.G. STARR, *The Origins of Greek Civilisation.* London 1962
16. C.G. STARR, *The Economic and Social Growth of Early Greece 800–500 B.C.* New York 1977
17. C.G. STARR, *The Individual and the Community. The Rise of the Polis. 800–500 B.C.* Oxford 1986
18. E.C.L. VAN DER VLIET, *The Origins of the Greek State.* London 1987
19. E. VERMEULE, *Greece in the Bronze Age.* London ⁵1972

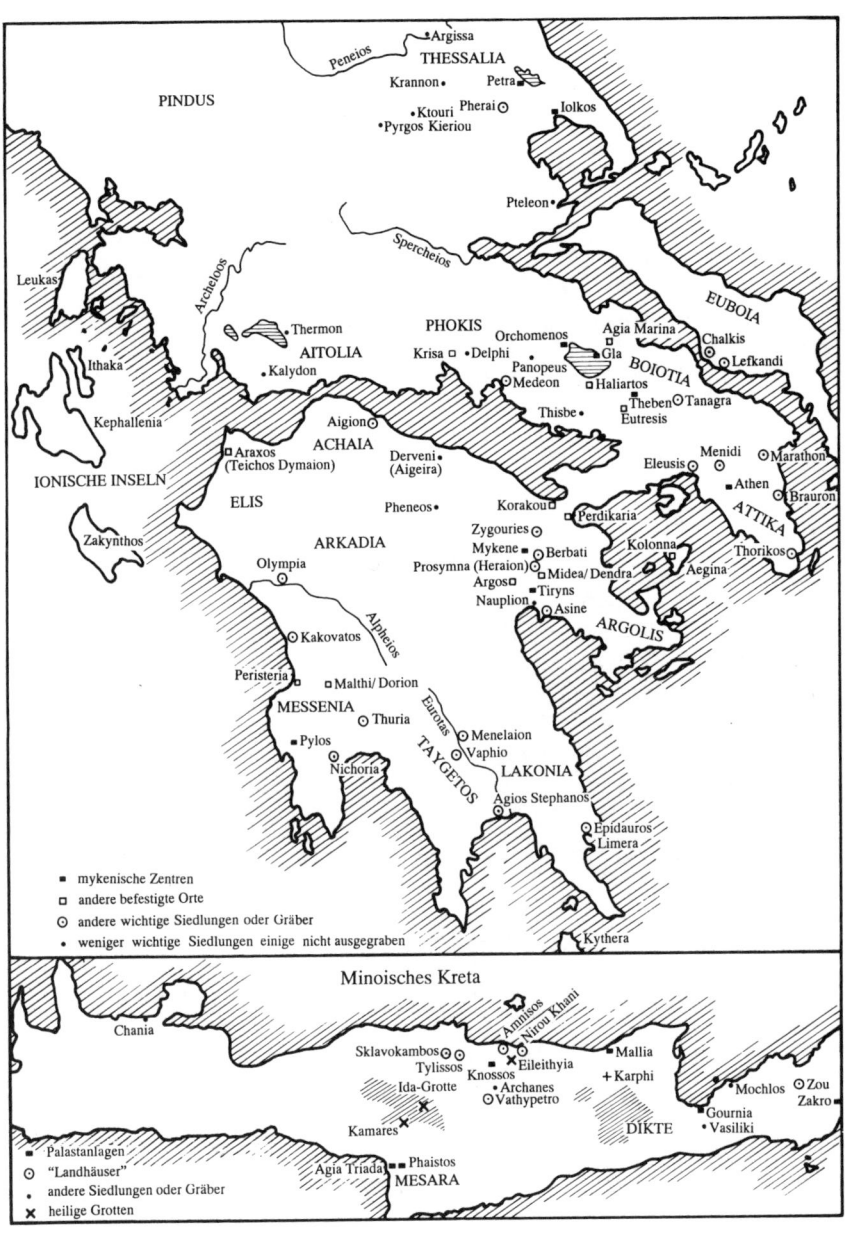

Griechenland in mykenischer Zeit

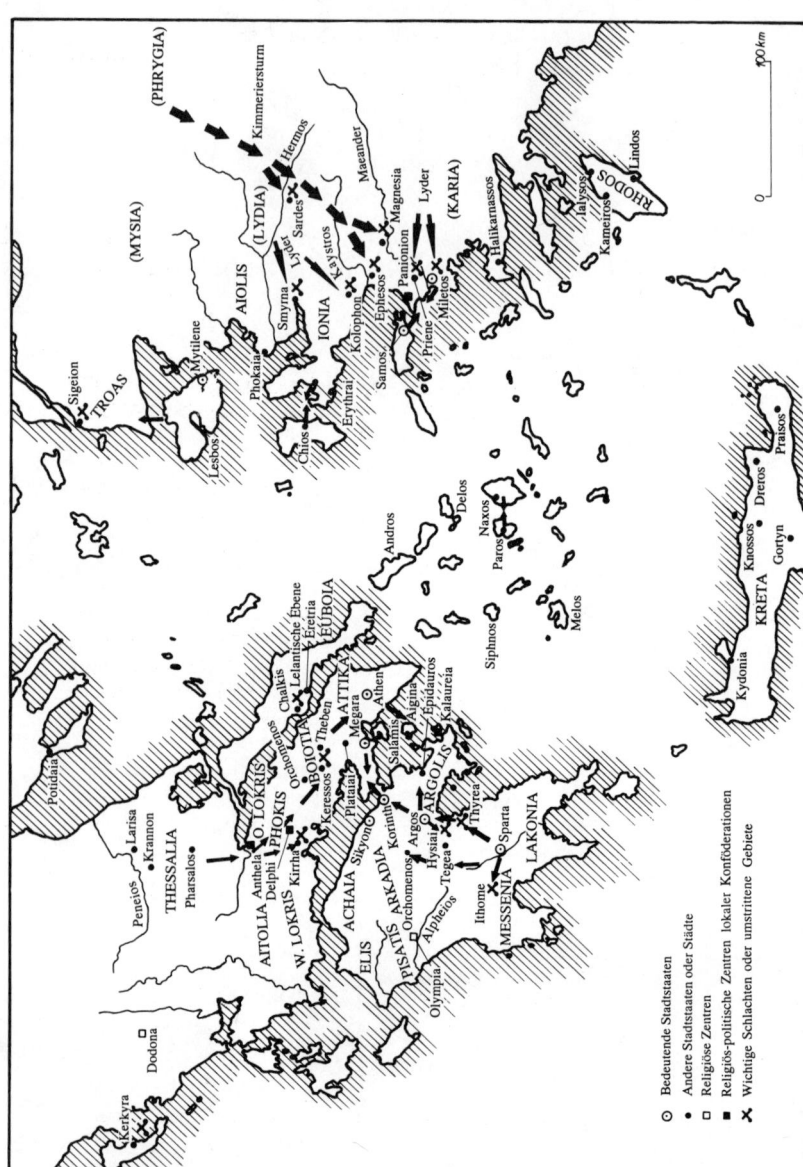

Archaisches Griechenland

3 Von den Perserkriegen bis zum Tod Alexanders

Sabine Schmidt

3.1 Das 5. Jahrhundert: Perserkriege – Pentekontaëtie – Peloponnesischer Krieg

3.1.1 Quellen

Antike Historiographen
HERODOT (5. Jh.), *Historien* (vom Ionischen Aufstand bis 479); THUKYDIDES (5. Jh.), *Geschichte des Peloponnesischen Krieges* (431–411); daran schließt XENOPHON (5./4. Jh.) mit den *Hellenika*, die die Ereignisse bis 362 schildern, an; eine XENOPHON zugeschriebene *Lakedaimonion politeia* ist wie die *Athenaion politeia* des ARISTOTELES (4. Jh.) eine wichtige verfassungsgeschichtliche Quelle; KTESISAS, *Persika* (um 400); DIODORUS SICULUS (1. Jh.v.Chr.) *Bibliotheke* (vom Zug des Xerxes bis zu den Diadochenkämpfen); CORNELIUS NEPOS (1. Jh.v.Chr.) überliefert die *Lebensbeschreibungen* von Miltiades, Aristeides, Themistokles, Lysander; PLUTARCH (1./2. Jh.n.Chr.) schreibt *Biographien* von Aristeides, Themistokles, Kimon, Perikles, Nikias, Alkibiades und Lysander. PAUSANIAS, *Beschreibung Griechenlands* (2. Jh.n.Chr.); IUSTIN (3. Jh.n.Chr.) exzerpiert die *Historiae Philippicae* des in augusteischer Zeit schreibenden POMPEIUS TROGUS. Als Verfasser von Lokalchroniken bilden die sogenannten Atthidographen eine besondere Gruppe; ihre meist annalistischen Darstellungen sind in Fragmenten erhalten.

Weitere literarische Quellen
Die Werke der Lyriker SIMONIDES (6./5. Jh.), PINDAR (6./5. Jh.) und BAKCHYLIDES (5. Jh.); AISCHYLOS mit der Tragödie *Die Perser* (472); ARISTOPHANES (5. Jh.), ein Vertreter der Alten Komödie, die eine Reihe aktueller Bezüge und Anspielungen auf die Tagespolitik enthält.

Epigraphische Zeugnisse
Ab 460 liegt eine Fülle von unterschiedlichen Dokumenten vor (Verträge, Gerichtsbeschlüsse, Abrechnungen von Amtsträgern, Graffiti aller Art); Schlangensäule von Delphi mit den Namen der Symmachoi in den Perserkriegen; Epigramm auf den Polemarchen KALLIMACHOS; Tributlisten des Delisch-Attischen Seebundes (ab 454), Bauabrechnungen von der Akropolis; Dekret von Erythrai.

3.1.2 Sozialökonomische Verhältnisse

Eine bedeutende Folge des zeitlich und regional unterschiedlich ablaufenden Überganges von der *Oiken-* zur *Poliswirtschaft* ist die Auflösung der gentilizischen Gesellschaftordnung (vgl. Tausend oben 46f.). Die von KLEISTHENES geforderte Isonomie gilt ausschließlich für Bürger, deren Anzahl – nach vorsichtigen Schätzungen zählt Athen in der Mitte des 5. Jh. höchstens 150.000 Einwohner – mit etwa 25.000 bis 30.000 Bürgern zu veranschlagen sein dürfte. Alle freien in Attika beheimateten Vollbürger werden nach der Ausübung der ihnen zukommenden politischen Rechte als *politai* bezeichnet. Von diesen unterscheiden sich die ‚Mitwohner' (*metoikoi*) dadurch, daß sie über keinerlei Mitspracherecht in der Staatsführung verfügen. Die Metoiken sind – anders als die Fremden (*xenoi*) – in Attika seßhaft und werden zur Erbringung steuerlicher und militärischer Leistungen verpflichtet; der Erwerb von Grund und Boden ist ihnen untersagt.

Neben den auch persönlich unfreien Sklaven bilden Frauen, Kinder und Freigelassene weitere ‚unterprivilegierte' Gruppen. Die Verteilung von staatlichen finanziellen Aufwendungen in Form von Diäten oder einer ‚Staatsrente' sowie die Waisen- und Invalidenversorgung werden neben dem perikleischen Bauprogramm gelegentlich als Ansätze einer Sozialpolitik interpretiert.

Als Symptome genereller Veränderungen in der Wirtschaft seien schlagwortartig eine Verlagerung der Wirtschaftszentren an den Saronischen und Korinthischen Golf und nach Großgriechenland, die Verbesserung der Infrastruktur durch den Ausbau von Hafenanlagen und Verkehrswegen, die zunehmende Prosperität des Handels, die Prägung kleiner Nominale in der Silberwährung, ein Aufschwung der gewerblichen Produktion im Zusammenhang mit der Flottenrüstung sowie der schrittweise Übergang zu Spezialisierung und ‚Industrialisierung' in den Manufakturen genannt.

3.1.3 Innenpolitik und Verfassung

Die hauptsächlich auf Athen eingeschränkte Darstellung läßt sich sowohl durch die günstige Quellenlage als auch durch eine dem Phänomen der *attischen Demokratie* zukommende Bedeutung rechtfertigen.

Der Tod des siegreichen Feldherrn von Marathon (vgl. unten 58f.), MILTIADES, aus der Familie der Philaiden, der – ungeachtet seiner Verdienste – einer eigenmächtigen, dem allgemeinen Interesse zuwiderlaufenden Unternehmung angeklagt wird und im Gefängnis stirbt, eröffnet dem Lykomiden THEMISTOKLES die Möglichkeit, mit Hilfe der Einkünfte aus den staatlichen Silberminen von Laureion, den Bau einer Kriegsflotte durchzusetzen.

Die *Telesinosreform* (487/86) sieht vor, daß die neun Archonten nicht mehr gewählt, sondern aus 500 von den Demen vorgewählten Kandidaten durch ein Losverfahren ermittelt werden. Dieser Modus schmälert die Bedeutung des Archontenamtes und steigert den Einfluß der nach wie vor durch die Volksversammlung gewählten zehn Strategen sowie den der Redner und ‚Volksführer' (*demagogoi*).

Während des erfolglosen Seekriegs gegen Aigina werden noch in Athen verbliebene Alkmeoniden und Anhänger der Peisistratiden durch *ostrakismos* (vgl. Tausend oben 47) aus dem Staat verbannt. Der

3.1 Das 5. Jahrhundert

Flottenbau wird aus Furcht vor einer neuerlichen Invasion der Perser vorangetrieben. Im Rahmen der gebräuchlichen Übernahme öffentlicher Aufgaben durch Private (*leitourgia*) werden wohlhabende Athener dazu verpflichtet, die Kosten für die Ausstattung eines Kriegsschiffes zu übernehmen (*Trierarchie*).

Der 471 ostrakisierte Sieger von Salamis, THEMISTOKLES, beendet sein Leben als Gast des Perserkönigs in Magnesia. Durch seine Verbannung wird die politische Bühne frei für KIMON, Sohn des MILTIADES, einen Exponenten der antipersischen und prospartanischen Aristokraten. Das offensive Vorgehen des Philaiden gegen Persien (vgl. unten 60) und die großzügige Verwendung seines Privatvermögens für den Ausbau Athens sichern ihm anfänglich das Wohlwollen der Mitbürger. Seine spartanerfreundliche Gesinnung führt jedoch schließlich zu seiner Ostrakisierung.

Nach 461 werden die ‚Langen Mauern' errichtet, die Athen mit den Hafenanlagen Piräus und Phaleron zu einer fortifikatorischen Einheit zusammenfassen und der Bevölkerung Attikas Schutz bieten.

Durch die vom antispartanisch-demokratischen Flügel unter PERIKLES und EPHIALTES angestrebte Entmachtung des Areopags (*Ephialtesreform* 462/61) gehen seine Befugnisse – nach den Aussagen der *Athenaion politeia* – auf den Rat der 500 (*boule*), die Volksversammlung (*ekklesia*) und die Volksgerichtshöfe (*dikasteria*) über. Der Rat erhält die allgemeine Kontrolle über die Verwaltung und leitet somit den Staat, während den Geschworenengerichten die Jurisdiktion obliegt. Die Abhängigkeit der Exekutive von Gremien, in denen alle stimmberechtigten Athener befugt sind, ihre Meinung zu vertreten, leitet zur ‚radikalen' *Demokratie* über. 458/57 erhalten neben den beiden obersten Einkommensklassen auch die Zeugiten Zugang zum Archontat. Die Beamten werden – von einigen Ausnahmen abgesehen – erlost und in der Regel für die Dauer eines Jahres bestellt. Kumulation und Iteration der zivilen Ämter sind – im Gegensatz zum Strategenamt, für welches eine Kandidatur beliebig oft möglich ist – streng verboten. Eine Weiterführung der Agenden über die, bei den einzelnen Ämtern variierende, gesetzlich vorgeschriebene Amtsperiode hinaus wird in der Praxis durch die am Ende des Tätigkeitszeitraumes geforderte Rechenschaftsablegung vereitelt.

In der *ekklesia* sind alle volljährigen männlichen Bürger vertreten, die in dieser Institution Rede-, Antrags- und Abstimmungsrecht ausüben. Wichtige Beschlüsse wie die Verleihung von Bürgerrechten oder der Erlaß von Staatsschulden erfordern die Anwesenheit von 6.000 Stimmberechtigten. Der Vorsteher (*epistates*) des geschäftsführenden Ratsausschusses, der Prytanie (vgl. Tausend oben 46), leitet die Volksversammlung.

Als Grundsatz der Entscheidungsfindung gilt: jeder in der Ekklesie gestellte Antrag muß vom Rat vorbehandelt werden. Über die Annahme dieses als *probouleuma* bezeichneten Vorbeschlusses wird sodann in der Volksversammlung abgestimmt. Annahme oder Ablehnung werden durch Handaufheben (*cheirotonia*) ermittelt. Der Modus der geheimen Abstimmung mit Stimmsteinen bleibt besonderen Fällen vorbehalten (*psephophoria*). Jedem Politen steht in Ausübung seines politischen Mitspracherechtes das Einbringen von Anträgen zu, sofern diese nicht bereits bestehendem Recht zuwiderlaufen. Ein Vorbeschluß des Rates erhält durch seine Akzeptierung in der Volksversammlung Gesetzeskraft. Im Rahmen einer Volksversammlung eingebrachte Anträge können in der Regel allerdings erst in der nächstfolgenden Sitzung zur Abstimmung kommen, da sie zuvor dem Rat übergeben werden müssen. In der Diskussion können Vorschläge abgeändert oder durch Gegenanträge ersetzt werden. Die Beschlüsse – sie beginnen meist mit der stereotypen Einleitungsformel „Rat und Volk haben beschlossen" – werden protokolliert, archiviert und je nach Bedeutung auf Holztafeln oder Stein öffentlich bekanntgemacht.

Der Rat (*boule*) – ein in Permanenz tagendes Gremium, das phylenweise mit je 50 Ratsherren beschickt wird – ist als prüfende Institution für den militärischen und zivilen Bereich verantwortlich. Für die Tätigkeit in diesem Amt wird jedem Mitglied, dessen Unbescholtenheit im Rahmen einer als *dokimasia* bezeichneten Prüfung festgestellt worden ist, ein Entgelt zugestanden. Zudem sind die Mitglieder dieses Gremiums während der Ausübung ihres Amtes vom Militärdienst befreit und können – als besondere Vergünstigung – einen reservierten Sitzplatz im Theater beanspruchen.

Das ursprüngliche Geschworenengericht (*heliaia* – vgl. Tausend oben 44) wird dahingehend umgewandelt, daß die 6.000 wiederum in den Phylen erlosten Richter, die das Alter von 30 Jahren bereits erreicht haben, auf einzelne Gerichtshöfe (*dikasteria*) verteilt, als Laien Recht sprechen. Abstimmungen über das Ausmaß von Schuld und Strafe werden geheim durchgeführt; als Stimmsteine finden Muschelschalen oder Kieselsteine Verwendung.

Um auch aus ökonomischen Gründen ausgegliederte Personengruppen am politischen Geschehen teilhaben zu lassen, führt PERIKLES die *Diäten* ein. Diese finanzielle staatliche Zuwendung, die den Verdienstentgang der Richter kompensieren soll, beträgt ursprünglich zwei Obolen, wird unter KLEON auf drei Obolen angehoben und ist somit eine den Lebensunterhalt deckende Summe (vgl. unten 65). Später werden auch Zahlungen für den Besuch von Staatsfesten und Theateraufführungen (*theorika*) ausgeschüttet. Die Teilnahme an der Volksversammlung wird erst ab 403 finanziell abgegolten. Von diesen Auf-

3.1 Das 5. Jahrhundert

wendungen unterscheidet sich der Zwei-Obolen-Sold (*diobelia*), der ab 410 Bürgern zukommt, die keine anderen Einkünfte (z.B. Soldatenlohn) beziehen.

Das 451/50 von PERIKLES eingebrachte *Bürgerrechtsgesetz* macht für die Ausübung bürgerlicher Rechte die Abstammung eines Politen von Eltern athenischer Civität zur Bedingung. Diese Bestimmung läßt sich weder allein mit dem Bestreben, die Zahl der in den Genuß staatlicher Zuschüsse kommenden Bevölkerung drastisch zu reduzieren, noch mit einem übertriebenen Exklusivitätsbedürfnis der Athener erklären. Das Gesetz verfolgt vermutlich auch den Zweck, weitgespannte Verwandtschaftsbeziehungen, die seit jeher die Basis aristokratischer Politik bilden, zu diskreditieren.

Für die meist gleichrangigen Beamten ist vor ihrer Bestellung ebenfalls ein Dokimasieverfahren obligatorisch. Am Ende der Amtsperiode muß die Integrität ihrer Amtstätigkeit erwiesen sein, ehe sie frei über ihr Vermögen disponieren oder Athen verlassen dürfen. Abgesehen von den schon erwähnten Amtsträgern seien *astynomoi* und *agoranomoi* genannt. Während Hygienemaßnahmen (zum Beispiel Müllentsorgung) und die Respektierung baupolizeilicher Bestimmungen in den Kompetenzbereich ersterer fallen, obliegt letzteren die allgemeine Marktaufsicht, insbesondere die Lebensmittelkontrolle. Engpässe in der Getreideversorgung machen gegen Ende des 5. Jh. die Anstellung von Getreideaufsehern (*sitophylakes*) erforderlich, die vor allem den Höchstpreis für Brotgetreide festsetzen, wodurch dem Spekulantenwesen ein Riegel vorgeschoben werden soll.

Die Einziehung von Einkünften und Abgaben besorgt eine Vielzahl von Finanzbeamten. Einige von diesen, so etwa die zehn Schatzmeister der Athena, müssen über ein großes Privatvermögen verfügen, um nicht der Versuchung einer Veruntreuung ausgesetzt zu sein. Sie werden aus Vertretern der obersten Vermögensklasse erlost. Auf diese Weise wähnt man den Staat sicher vor finanziellem Schaden. Die Ausübung der Ämter ist wegen des begrenzten Aufgabenbereiches in der Regel nicht an besondere Vorkenntnisse gebunden.

In der attischen Demokratie gehen Entscheidungen unmittelbar vom Volk aus, das seine Beschlüsse autonom faßt und ihre Durchführung veranlaßt.

Die *radikale Demokratie* erlebt zwei oligarchische Zwischenspiele. Für das Scheitern der Expedition nach Sizilien (vgl. unten 62) wird die Regierungsform verantwortlich gemacht, und die Aristokraten gewinnen an Einfluß. 411 beseitigen die Exponenten der oligarchischen Opposition den ‚Rentenstaat' gewaltsam. Während von THERAMENES geführte Aristokraten eine Verständigung mit THRASYBOULOS, einem Offizier der vor Samos ankernden Flotte anstreben, terrorisiert der prospartanisch gesonnene radikale Flügel unter ANTIPHON die Bevölkerung. Um 410 kann die demokratische Verfassung restituiert werden; auch die staatlichen Zuwendungen werden wiederum ausbezahlt. Nach dem Sieg der spartanischen Flotte bei Aigospotamoi wird der Stadt – nach dem Vorbild der ‚väterlichen Verfassung' (*patrios politeia*) – ein oligarchisches Regime aufgezwungen. Unter ihrem Anführer KRITIAS, dem Onkel PLATONs, wüten die ‚Dreißig Tyrannen' in Athen. Im Exil in Boiotien lebende Demokraten vermögen jedoch unter THRASYBOULOS die Schreckensherrschaft zu beenden; eine gemäßigte oligarchische Staatsführung wird provisorisch eingesetzt. Eine Intervention des mit LYSANDER, welcher die Oligarchen unterstützt, rivalisierenden Spartanerkönigs PAUSANIAS II. ermöglicht schließlich im Jahre 403 die Restauration der Demokratie in Athen (vgl. unten 63).

An der griechischen Peripherie initiieren die makedonischen Herrscher ALEXANDER I. (ca.495 – ca. 450/40), der später den Beinamen ‚Philhellen' erhält, und ARCHELAOS I. (413–399) einen Annäherungsprozeß an das Griechentum. Eine Heeresreform, in deren Folge die Bauern und Hirten bewaffnet werden und den Ehrentitel ‚Gefährten zu Fuß' (*pezhetairoi*) erhalten, bildet das Fundament für den militärischen Aufstieg Makedoniens.

3.1.4 Außenpolitik (5. Jh.)

3.1.4.1 Die Perserkriege

Um 500 v.Chr. beginnt der Konflikt griechischer Staaten mit dem Perserreich, das unter den Achaimenidenherrschern (siehe Tabelle unten 189), die in der Mitte des 6. Jh. die medische Suprematie überwunden haben, expandiert (vgl. Galter/Scholz oben 18). DAREIOS I. (522–486) kann die Propontis und – zeitlich befristet – Makedonien als Vasallenstaat seinem Herrschaftsbereich eingliedern. Ein gegen die Skythen geführter Feldzug zur Sicherung der Nordgrenze des Reiches scheitert 512. Diese Aktivitäten schaffen zahlreiche Berührungspunkte zwischen Persern und Griechen. Im *Ionischen Aufstand* (500–494) erheben sich die ehemals den Lydern botmäßigen kleinasiatischen Griechen gegen die persische Herrschaft. Ob hierfür – von HERODOT erwähnte – persönliche Motive des Tyrannen von Milet, ARISTAGORAS, ausschlaggebend gewesen sind, bleibe dahingestellt; Klarheit darüber ist nicht zu erlangen. Nach dem persischen Sieg in der Seeschlacht bei Lade (494) wird Milet teilweise zerstört und eine große Anzahl seiner Bewohner an den Tigris verschleppt. Die Erhebung, die auch auf Lykien, Karien und Zypern übergegriffen hat, erhält nur die wenig effektive Unterstützung Athens und Eretrias. Weitere Hilfe vom griechischen Festland bleibt aus. Der persische Feldherr MARDONIOS kann im Zuge

3.1 Das 5. Jahrhundert

einer Strafaktion gegen diese beiden Städte um 492 die Anerkennung der persischen Oberhoheit in Thrakien und Makedonien durchsetzen. Die den Griechenstädten abverlangte formelle Unterwerfung wird nur von Sparta und Athen abgelehnt. In Athen treibt THEMISTOKLES die Flottenrüstung voran. Die persische Armee unter DATIS und ARTAPHERNES, der auch HIPPIAS (vgl. Tausend oben 46) als Berater angehört, zerstört Eretria und versklavt seine Bewohner. Bei Marathon (490) besiegt ein athenisches Aufgebot unter dem Polemarchen KALLIMACHOS die Perser. Hervorragende Bedeutung kommt hierbei MILTIADES, einem der zehn Strategen zu. Die Rettung Griechenlands ohne Unterstützung von seiten Spartas wird von den Athenern als großer Prestigegewinn verbucht.

Eine neuerliche persische Invasion erreicht – durch Aufstände in Babylon und Ägypten verzögert – Mittelgriechenland erst um 481/80. Makedonien, Thessalien und der Großteil Boiotiens sind gezwungen, XERXES (486–465/64) Heeresfolge zu leisten. 481 schließen sich in Korinth viele griechische Staaten zu einem Abwehrbündnis zusammen. Ein kombiniertes Vorgehen der Flotte am Kap Artemision und eines vom Spartanerkönig LEONIDAS geführten Landheeres soll die Perser bei den Thermopylen aufhalten, doch dieses Aufgebot wird vernichtend geschlagen. Die Flotte zieht sich in den Sund von Salamis zurück, wo, nach der Zerstörung Athens und der Akropolis durch das Perserheer, vor den Augen des XERXES die Entscheidung zugunsten der Griechen fällt (480).

Weitere Erfolge der Hellenen unter dem Spartaner PAUSANIAS I. 479 bei Plataiai in Boiotien und der griechischen Seestreitkräfte unter LEOTYCHIDAS am Küstengebirge von Mykale (bei Milet) beenden den Abwehrkampf. Perserfreundliche Aristokraten in allen Poleis, im besonderen jedoch Thebaner, werden der Kollaboration mit den Persern (*medismos*) bezichtigt und bestraft.

3.1.4.2 Die Pentekontaëtie

Der die *Pentekontaëtie* (die 50 Jahre zwischen den Perserkriegen und dem Peloponnesischen Krieg) prägende Aufstieg Athens zur führenden Macht in Griechenland provoziert die Rivalität zwischen Athen und Sparta, die im *Peloponnesischen Krieg* kulminiert. PAUSANIAS, der Sieger von Plataiai, wird auf Grund seines selbstherrlichen Betragens von den Ephoren aus Kleinasien zurückbeordert. Daraufhin ersuchen demokratische oder oligarchische Fraktionen vieler ionischer Griechenstädte Athen, sie gegen die von den Persern an der Macht gehaltenen Tyrannen zu unterstützen. Zu diesem Zweck wird 478/77, unter dem Einfluß von THEMISTOKLES und ARISTEIDES, der *Delisch-Attische Seebund* ins Leben gerufen, der den Athenern die Führungsposition (Hegemonie) in dieser *symmachia* der Hellenen einräumt. Während Chios, Lesbos und Samos Schiffe stellen, haben die übrigen Bündner eine Bundesabgabe (*phoros*) zu entrichten. Sitz der obersten Bundesbehörde und Aufbewahrungsort für die von zehn attischen Beamten (*hellenotamiai*) verwalteten Geldmittel wird zunächst das ionische Apollonheiligtum auf Delos.

Um 468 gelingt KIMON an der Eurymedonmündung (in Pamphylien) ein spektakulärer Sieg über die Perser zu Wasser und zu Lande. Die letzten persischen Stützpunkte in Thrakien müssen aufgegeben werden. Dennoch kommt es bald darauf zu einer Demütigung des erfolgreichen Feldherrn: KIMON, der den zu diesem Zeitpunkt noch mit Athen verbündeten Spartanern im Kampf gegen aufständische Heloten – diese haben sich nach dem Erdbeben von 464 am Berg Ithome verschanzt (*3.Messenischer Krieg* 464–459) – Hilfe bringen will, wird mit seinem Aufgebot von den Spartanern zurückgeschickt. Dies weckt in Athen Animositäten gegen die Lakedaimonier: das seit 481 bestehende Abkommen zu gegenseitiger Waffenhilfe wird 462 gekündigt. Athen schließt daraufhin mit Argos, Megara und Aigina ein Bündnis, wodurch es den Zugang zum Korinthischen Golf gewinnt. Um Athen zu schädigen, interveniert Sparta zugunsten Thebens, das durch seine auf das gesamte Boiotien ausgedehnte Hegemonie eine gefährliche Machtkonzentration im Norden Attikas darstellen könnte. 457 wird Athen in der Schlacht von Tanagra besiegt, erringt jedoch noch im selben Jahr einen Sieg bei Oinophyta. Einem fünfjährigen Waffenstillstand mit Sparta (vermutlich 451) folgt 446/45 ein auf 30 Jahre anberaumter Friede, der den ‚ersten' *Peloponnesischen Krieg* beendet. Mittlerweile hat sich Athen seit 460 in Ägypten, wo es eine Erhebung des libyschen Dynasten INAROS gegen Persien unterstützt, eine weitere Front geschaffen. Dieses von Sparta mißtrauisch beobachtete Engagement Athens endet 454 mit der Zernierung athenischer Kontingente im Nildelta. Das Debakel bietet jedoch den Vorwand für den Transfer der Bundeskasse nach Athen; von diesem Zeitpunkt an werden *Tributlisten* geführt.

Der aus der Verbannung zurückgekehrte KIMON (vgl. oben 55) nimmt in Zypern den Kampf gegen die Perser auf. Nach dem Tod des bei der Belagerung von Kition verstorbenen Feldherrn werden die Perser bei Salamis an der Ostküste der Insel vernichtend geschlagen. 449 wird ein nach dem Unterhändler KALLIAS benannter und in der Literatur nicht unumstrittener Friede mit ARTAXERXES I. geschlossen, der die Griechen in Kleinasien und auf Zypern nominell im persischen Reichsverband beläßt; der Großkönig verpflichtet sich jedoch, ihre Autonomie anzuerkennen.

Obwohl die Perserkriege mit diesem Friedensschluß offiziell been-

3.1 Das 5. Jahrhundert

det sind und der Bund damit seine ursprüngliche Funktion verloren hat, übt Athen verstärkt massiven Druck auf die Seebundmitglieder aus. Das attische Reich (*arche*) wird errichtet. 449 wird den Bündnispartnern ein einheitliches Münz-, Maß- und Gewichtssystem oktroyiert. Ohne Respekt vor der Autonomie von ursprünglich gleichberechtigten *symmachoi* etabliert Athen demokratische Verfassungen (zum Beispiel Eretria 446/45; Chalkis 446/45), arrogiert Gesetzgebung und Rechtswahrung für die Bundesstädte und errichtet in militärisch und wirtschaftlich bedeutsamen Gebieten Kleruchien und Kolonien, wobei auch soziale Überlegungen – Athener ohne Einkommen sollen dort angesiedelt werden – eine Rolle spielen. Aus den finanziellen Ressourcen des Seebundes bestreitet die Stadt die Ausgaben für kostspielige Bauten, Diäten und die Armenversorgung. Der Zwangscharakter des Bundes zeigt sich in meist blutig unterdrückten Austrittsversuchen (zum Beispiel 441–439 Samos).

Exilierte boiotische Gruppen bringen Athen 447 in der Schlacht von Koroneia eine Niederlage bei; Boiotien, Phokis und Lokris fallen ab, und Athen verliert die Hegemonie in Mittelgriechenland. Euboia und Samos können nur mühsam und unter Anwendung brutaler Mittel in den Bund zurückgezwungen werden. Der 446/45 mit Sparta geschlossene Friede stellt lediglich ein instabiles Provisorium dar, das die Kollision der Machtblöcke zwar verzögern, aber nicht dauerhaft verhindern kann.

3.1.4.3 Der Peloponnesische Krieg (431–404)

Durch die bestehenden Bündnissysteme, *Delisch-Attischer Seebund* und *Peloponnesischer Bund* (vgl. Tausend oben 49) wird fast ganz Griechenland in den Kampf um die Vormachtstellung zwischen Athen und Sparta einbezogen. Die *Gründe* für diese erst in einer Inschrift um 100 v.Chr. als *Peloponnesischer Krieg* bezeichnete Auseinandersetzung liegen THUKYDIDES zufolge in dem für Sparta unkontrollierbaren Anwachsen athenischer Macht; als *Anlässe* werden die Parteinahme Athens zugunsten Korkyras, das sich gegen seine Mutterstadt Korinth erhebt, weiters die Belagerung der korinthischen Kolonie Poteidaia (Chalkidike), die von Athen abgefallen ist, sowie der Ausschluß Megaras von allen Häfen des Seebundgebietes (*Megarisches Psephisma*) genannt.

Die erste Phase – der nach dem Spartanerkönig ARCHIDAMOS II. benannte *Archidamische Krieg* (431–421) – ist durch mehrmalige Invasionen spartanischer Truppen in Attika gekennzeichnet. Während die Bevölkerung Attikas innerhalb der ‚Langen Mauern' (vgl. oben 55) Schutz sucht und die Spartaner das Fruchtland verheeren, operiert die athenische Flotte mit großem Erfolg. Eine in der Forschung häufig als ‚Pest' bezeichnete Seuche, deren Ausbruch durch die Zusammenballung einer großen Menschenmenge auf engstem Raum begünstigt wird, reduziert die Bevölkerung um ein Drittel. Als prominentestes Opfer stirbt PERIKLES im Jahre 429.

Die Landung der athenischen Flotte bei Pylos (425) und die Kapitulation von 420 Spartiaten auf der vorgelagerten Insel Sphakteria veranlaßt Sparta, Athen die Erneuerung des Friedens von 446/45 und ein Bündnis zu gegenseitiger Waffenhilfe anzubieten, das jedoch abgelehnt wird. Die Belagerung von Amphipolis (422), bei der KLEON und BRASIDAS, die Feldherren der kriegsführenden Parteien, fallen, führt zum Frieden des NIKIAS (421–414). Diese auch als ‚*Fauler*' *Friede* bezeichnete Vereinbarung scheitert daran, daß ihre Bedingungen – die Wiederherstellung des status quo ante – nicht von allen beteiligten Parteien akzeptiert werden.

420 geht Athen in der Absicht, Sparta als Hegemonialmacht auf der Peloponnes zu schwächen, ein Bündnis mit Argos, Mantineia und Elis ein, welches in der Schlacht von Mantineia (418) zerschlagen wird. 416 wird die mit Sparta sympathisierende, aber wohl bündnisfreie Insel Melos schonungslos unterworfen (Tötung der Männer, Versklavung von Frauen und Kindern).

Auf ein Hilfegesuch der westsizilischen Stadt Segesta hin, welche mit Selinus im Streit liegt, läuft die athenische Flotte unter den mit besonderen Vollmachten ausgestatteten Strategen NIKIAS, LAMACHOS und ALKIBIADES, einem Neffen des PERIKLES, nach Sizilien aus (*Sizilische Expedition* 415–413). ALKIBIADES, dem man Verstümmelung von Hermen und Verspottung der Mysterien anlastet, wird nach Athen zurückbeordert, entzieht sich aber dem Prozeß durch Überlaufen zu den Spartanern. Diese besetzen auf seinen Vorschlag hin die Festung Dekeleia im Norden Athens, weshalb die zweite Phase dieses Krieges als *Dekeleischer Krieg* (413–404) bezeichnet wird. Der anfänglich erfolgreiche Feldzug der Athener endet vor Syrakus in einer Katastrophe: die verantwortlichen Strategen werden hingerichtet und 7.000 Soldaten in den Steinbrüchen (Latomien) von Syrakus gefangengehalten.

Eine als Resultat dieses Debakels durchgesetzte oligarchische Verfassung in Athen (vgl. oben 57f.) und eine Verständigung mit THRASYBOULOS bringen den in Abwesenheit zum Tode verurteilten ALKIBIADES 408 in seine Heimatstadt zurück, wo er in allen Ehren aufgenommen wird und uneingeschränkte Befehlsgewalt über die Truppen erhält. Zuvor hat er die Spartaner bei Kyzikos an der Propontis besiegt (410). Ein Friedensangebot der Spartaner wird zurückgewiesen und die Demokratie restituiert. 407 unterliegt die athenische Flotte bei Notion den vom *nauarchos* LYSANDER angeführten Spartanern. Obwohl Athen die Seeschlacht bei den Arginousen (406) für sich ent-

3.1 Das 5. Jahrhundert

scheiden kann, werden die verantwortlichen Strategen der unterlassenen Bergung von Schiffbrüchigen angeklagt und – ungeachtet vehementer Proteste des Philosophen SOKRATES, der zu diesem Zeitpunkt Prytane ist – kollektiv und somit verfassungswidrig zum Tode verurteilt.

Das seit 412 mit Persien gegen Athen verbündete und durch Subsidien unterstützte Sparta besiegt Athen bei Aigospotamoi (405), errichtet eine Seeblockade an den Dardanellen und erzwingt auf diese Weise die Kapitulation der von der Getreideversorgung abgeschnittenen Stadt Athen. Das harte Friedensdiktat zwingt die Athener zur Auslieferung ihrer Flotte und zur Auflösung des Seebundes. Die Stadtmauern müssen niedergelegt werden, und Athen ist verpflichtet, dem *Peloponnesischen Bund* beizutreten und den Spartanern künftig Heeresfolge zu leisten (vgl. oben 58).

Ein oligarchisches Verfassungsoktroi erfaßt auch die ehemaligen Bundesgenossen: Zehnmänner-Regierungen (Dekarchien) unter dem Schutz spartanischer Militärbefehlshaber (Harmosten) werden eingerichtet. ALKIBIADES wird auf Betreiben LYSANDERs ermordet.

3.1.4.4 Die Westgriechen

In Sizilien hat die Notwendigkeit, sich vor Übergriffen der den Westteil der Insel beherrschenden Karthager zu schützen, die Ausbildung der Tyrannis wesentlich begünstigt (vgl. Tausend oben 49f.). GELON aus dem berühmten sizilischen Tyrannengeschlecht der Deinomeniden begründet um 490 in Gela seine Herrschaft, die er bald auch auf Syrakus ausweitet. Die politische Organisationsform der Polis wird sukzessiv durch die Herausbildung eines Flächenstaates abgelöst. Die meist durch dynastische Heiraten verbündeten lokalen Potentaten erzwingen Umsiedlungen ganzer Bevölkerungsteile und die Integration von Söldnern in die Bürgerschaft. TERILLOS von Himera, der von dem mit den Deinomeniden verschwägerten Tyrannen von Akragas, THERON, vertrieben wird, erbittet Hilfe von den Karthagern, die um 480 von GELON und THERON bei Himera – antiker Tradition zufolge am selben Tag wie die Perser bei Salamis – vernichtend geschlagen werden. Ob es sich bei dieser Intervention der Punier um ein mit den Persern, die zur selben Zeit gegen Griechenland ziehen (vgl. oben 58f.), abgesprochenes konzertantes Vorgehen beziehungsweise um eine der ‚Gleichzeitigkeitsfabeln' in der griechischen Geschichtsschreibung handelt, bleibe dahingestellt. Die reiche Kriegsbeute ermöglicht GELON die Errichtung prunkvoller Bauten und Waffenweihungen in Olympia. Sein ebenso erfolgreicher Bruder und Nachfolger HIERON I. besiegt 474 die Etrusker bei Kyme. Berühmte Chorlyriker wie PINDAR, SIMONIDES und BAKCHYLIDES verherrlichen die panhellenischen Siege der Herrscher. Der dritte aus dieser prominenten Dynastie stammende Regent THRASYBOULOS kann seine Herrschaft nicht behaupten.

Die Tyrannen werden nach und nach überall in Sizilien vertrieben und die Städte restituieren demokratieähnliche Verfassungen, in denen das Losverfahren und eine Form des *ostrakismos*, der *petalismos* (*petalon* = das bei der Abstimmung verwendete Ölbaumblatt) eingeführt werden. Eine Erhebung der einheimischen Sikuler unter DUKETIOS (um 450) wird von Syrakus und Akragas niedergeschlagen. Einem in Athen von GORGIAS von Leontinoi vorgetragenen Bittgesuch, seine Heimatstadt gegen die Übergriffe von Syrakus zu schützen, wird nicht entsprochen.

Erst auf den Hilferuf der Stadt Segesta reagiert Athen mit der schon geschilderten Intervention (vgl.oben 62).

3.2 Das 4. Jahrhundert: Vom Ende des Peloponnesischen Krieges bis zum Tod Alexanders

3.2.1 Quellen

Antike Historiographen
XENOPHON (5./4. Jh.), *Hellenika* (bis zur Schlacht von Mantineia 362), *Anabasis* (Zug der Zehntausend) und die panegyrische Biographie *Agesilaos*. Die *Hellenika von Oxyrhynchos* (396/95) behandeln unter anderem die Verfassung Boiotiens; DIODORUS SICULUS (1. Jh.v.Chr.), *Bibliotheke* (von Xerxes bis zu den Diadochenkämpfen); CORNELIUS NEPOS (1. Jh.v.Chr.) mit den *Lebensbeschreibungen* von Lysander, Thrasyboulos, Konon, Dion, Iphikrates, Chabrias, Timotheus, Datames, Epameinondas, Pelopidas, Agesilaos, Phokion, Eumenes von Kardia; CURTIUS RUFUS (1. Jh.n.Chr.) *Historiae Alexandri Magni Macedonis*; ARRIAN von Alexandrien (1./2. Jh.n.Chr.), *Anabasis Alexandrou* und *Indike*; PLUTARCH (1./2. Jh.n.Chr.) mit den *Viten* von Lysander, Artoxerxes II., Agesilaos, Demosthenes, Dion, Pelopidas, Phokion, Timoleon, Alexander, Eumenes von Kardia; historische Exkurse in der *Beschreibung Griechenlands* des PAUSANIAS (2. Jh.n.Chr.); IUSTIN (3. Jh.n.Chr.) exzerpiert die *Historiae Philippicae* des in augusteischer Zeit schreibenden POMPEIUS TROGUS.
Weitere literarische Quellen
Spätaristophanische Komödien (*Ekklesiazusen, Pluto*) und ab 420 zahlreiche Flugschriften und Reden von ISOKRATES, DEMOSTHENES, ANDOKIDES, LYSIAS und AISCHINES.
Epigraphische Zeugnisse
Dekret mit dem Verzeichnis der Mitglieder des Zweiten Attischen Seebundes (377); Vertrag der griechischen Staaten untereinander und mit PHILIPP II. von Makedonien (Korinthischer Bund 338/37); Marmor Parium (behandelt die Zeit vom mythischen König KEKROPS bis 264/63 v.Chr; erhalten nur bis 299/98); Vertrag zwischen ALEXANDER III. und den Griechen (336/35).

3.2 Das 4. Jahrhundert

Münzen
Besondere Aussagekraft kommt den makedonischen Prägungen (unter PHILIPP II. und ALEXANDER III.) zu, weil sich aus ihnen propagandistische Konzepte der Herrscher ablesen lassen.

3.2.2 Sozialökonomische Verhältnisse

Die Sklaverei ist ein wesentlicher Wirtschaftsfaktor. Der durch Kriege ausgelöste Niedergang der agrarischen Produktion macht Maßnahmen zur Sicherung der Getreideversorgung erforderlich. Daraus erklärt sich die Entstehung eines – allerdings nur für Athen belegten – Handelsrechtes, das Metoiken und sogar Sklaven begünstigt. Auch das Bankwesen nimmt einen Aufschwung, wie sich exemplarisch am Werdegang des Freigelassenen PASION zeigen läßt. Aus dem Betreiben von Manufakturen stammender Reichtum wird auch gesellschaftsfähig, wenngleich nach wie vor Grundbesitz allein – wie allgemein in der Antike – hohes Ansehen sichert. Eine zunehmende Spannung von Pauperismus und Plutokratie läßt sich feststellen. Während bei einem täglichen Einkommen von zwei Obolen im 5. Jh. mehr als die Hälfte für allfällige Ausgaben frei verfügbar blieb, reduziert sich dies im 4. Jh., bedingt durch einen auf das Dreifache gestiegenen Getreidepreis, etwa auf ein Sechstel. Auch die Anzahl der Wohlhabenden nimmt stark ab, was sich zum Beispiel an der Einrichtung der Gemeinschaftstrierarchie ablesen läßt. Politische Emigranten, beschäftigungslose Söldner und verarmte Bevölkerung sollen durch einen Eroberungszug nach Persien mit Landbesitz versorgt werden. Besonders dieser merkantile Aspekt eines als durchaus legitim empfundenen Krieges gegen die ‚Barbaren' wird von den attischen Rednern propagandistisch ausgewertet.

Einem alarmierenden Rückgang an Spartiaten und dem damit verbundenen Verlust an militärischer Schlagkraft im 4. Jh. versucht man durch die Integration von freigelassenen Heloten (*neodamodeis*) zu begegnen, die zwar in die Bürgerschaft eingebunden werden, aber niemals den Vollbürgerstatus erreichen. Feststellbar ist auch ein sozialer Abstieg von Spartiaten zu *hypomeiones*, weil jene die erforderlichen Beiträge für eine Teilnahme an den Syssitien (vgl. Tausend oben 42) nicht mehr aufbringen können. Ein aus dieser Krise erwachsender Umsturzversuch des KINADON mit dem Ziel einer Neuverteilung des Grundbesitzes im Jahre 398 scheitert.

Stark vereinfacht kann für das 4. Jh. von einer Wandlung des griechischen *homo politicus* zu einem *homo oeconomicus* gesprochen werden.

3.2.3 Innenpolitik

Für Athen bleibt seit der Wiedereinführung 403 die demokratische Verfassung in Kraft, bis Athens Widerstand im *Lamischen Krieg* 322 (vgl. Panitschek unten 83) gebrochen wird. In vielen Poleis werden soziale Konflikte in Bürgerkriegen ausgetragen. Wenn man im 4. Jh. von einer ‚Krise der Polis' spricht, so bezieht sich diese Feststellung nicht auf verschlechterte ökonomische Grundlagen oder einen Verfall demokratischer Einrichtungen, sondern auf den Umstand, daß nun überregionale Zusammenschlüsse neben die bislang dominierenden Polisstaaten treten. Der wiederholte Versuch, einen allgemeinen Friedenszustand (*koine eirene*) zu erwirken, scheitert stets am Hegemoniestreben einzelner Mächte.

Als Organisationsformen von überregionalen Zusammenschlüssen bieten sich *Symmachien* und *Bünde* an. Während Kampfbündnisse oder Wehrgemeinschaften wie *Peloponnesischer Bund, Zweiter Attischer Seebund* und *Korinthischer Bund* von einer Hegemonialmacht dominiert werden, ist das *koinon*, wie es in Arkadien, Achaia, Aitolien, Thessalien und Phokis besteht, eine auf lokaler Grundlage basierende Verbindung, in der den Mitgliedern in vielen Fällen ein Mitbestimmungsrecht in den Bundesorganen (vgl. Panitschek unten 83f.) eingeräumt wird. Gewaltsame Zusammenlegung (*synoikismos*) und Zersiedlung (*dioikismos*) von Orten werden als probate Mittel zur Schaffung oder Zerstörung von Machtkonzentration eingesetzt. Als Beispiel für das erstgenannte Phänomen ist Megalopolis (367), für das zweitgenannte ist Mantineia (385) anzuführen.

An der Peripherie der griechischen Welt dominieren im 4. Jh. Königtum und Tyrannis. Abgesehen von den Königen auf Zypern sowie den Tyrannen auf Sizilien und in Unteritalien findet sich auch im griechischen Mutterland eine Vielzahl derartiger Herrschaftsformen, die von der zeitgenössischen Publizistik zum Teil höchst positiv beurteilt werden.

In Sparta wird – von einer weiteren Erstarkung des Ephorates begleitet – das Doppelkönigtum beibehalten.

In Makedonien existiert – gestützt auf den Adel (*hetairoi*) und eine freie Bauernschaft – nach wie vor ein mächtiges Königtum. Der Herrscher ist an die Beschlüsse der Versammlung der Wehrfähigen gebunden, der das Recht zur Akklamation des Herrschers und die Rechtsprechung bei Kapitalverbrechen zustehen.

3.2.4 Außenpolitik

Die völlige Niederlage Athens (404) verändert die politischen Konstellationen. Die für die zweite Hälfte des 5. Jh. bestimmende athenisch-

3.2 Das 4. Jahrhundert

spartanische Rivalität wird im 4. Jh. durch das Hegemoniestreben anderer politischer Zentren teilweise ersetzt. Der tatsächliche Gewinner des *Peloponnesischen Krieges* ist der persische Großkönig, der durch finanzielle Unterstützung Spartas seit 412 die griechische Politik entscheidend beeinflussen kann.

Bei Kunaxa (401) scheitert ein Usurpationsversuch des persischen Prinzen KYROS DES JÜNGEREN, an dessen Seite ungefähr 10.000 griechische Söldner gegen seinen Bruder ARTAXERXES II. (404–359/58) kämpfen. Dieses Unternehmen hat durch XENOPHONs Schilderung in seiner *Anabasis* Berühmtheit erlangt. Zur Unterstützung der ionischen Küstenstädte nehmen die Spartaner unter König AGESILAOS den Kampf gegen die persischen Satrapen Westkleinasiens auf.

Eine durch persische Subsidien ermöglichte Erhebung von Argos, Korinth und Theben, die den *Korinthischen Krieg* (395–386) gegen Sparta führen, schwächt dessen Schlagkraft entscheidend. LYSANDER, dem als erstem Griechen bereits zu Lebzeiten göttliche Verehrung zuteil geworden war (vgl. Panitschek unten 81f.), fällt 395 bei Haliartos in Boiotien. Sein Tod macht die Rückberufung des AGESILAOS erforderlich, woran die spartanische Offensive in Kleinasien scheitert. Während der in Eilmärschen zurückgekehrte König die zuvor schon am Nemeabach geschlagenen Boioter bei Koroneia zu besiegen vermag, wird die lakedaimonische Flotte bei Knidos (394) vollständig aufgerieben und der maritimen Herrschaft Spartas in der Ägäis ein Ende bereitet. KONON, ein athenischer Admiral in persischen Diensten, schafft nach dem Sieg über die Spartaner bei Knidos die Grundlage für das neuerliche Erstarken Athens, dessen ‚Lange Mauern' mit persischem Geld wieder aufgebaut werden. Die für die Getreideversorgung lebenswichtigen Kleruchien Imbros, Lemnos und Skyros können erneut eingerichtet werden; darüberhinaus schließt Athen mit einflußreichen Städten Bündnisse. Derartige Aktivitäten begünstigen eine Annäherung zwischen Sparta und Persien. Die auf Vermittlung des ANT(I)ALKIDAS geschlossene – nach diesem *Ant(i)alkidas-* oder *Königsfriede* genannte – Vereinbarung von 387/86 beendet die Auseinandersetzungen zwischen Sparta und Persien und den *Korinthischen Krieg*. Der *Boiotische Bund* und Athen werden gezwungen, bestehende Bündnisverträge zu lösen; die kleinasiatischen Griechen verbleiben im persischen Reichsverband. Der Großkönig garantiert diesen ersten gesamtgriechischen Frieden (*koine eirene*). Die Spartaner machen sich zu Vollstreckern seiner Bedingungen und werden dadurch wieder zur Führungsmacht (*prostates*) Griechenlands.

Unter Berufung auf die Autonomieklausel im *Königsfrieden* besetzt Sparta 382 die Burg von Theben (*Kadmeia*) und beendet auf diese Weise Thebens Herrschaft über Boiotien. Darüberhinaus erzwingt

Sparta die Auflösung des vermutlich im Laufe des Peloponnesischen Krieges entstandenen *Chalkidischen Bundes*. Das unter Führung des PELOPIDAS erstarkte Theben erobert die Kadmeia zurück und beendet die Hegemonie der Spartaner in der Schlacht von Leuktra (371), wo EPAMEINONDAS mittels der ‚Schiefen Schlachtordnung' siegt. Der restituierte *Boiotische Bund* erreicht durch einen Feldzug des Bundesstrategen EPAMEINONDAS die Befreiung Messeniens von der spartanischen Herrschaft.

Mittlerweile hat Athen 378/77 den *Zweiten Attischen Seebund* gegründet, diesmal zur Abwehr der Spartaner. Die Athener versprechen, die Autonomie der Bündner zu respektieren und künftig keine Steuern mehr einzutreiben. Dies bedeutet allerdings nur, daß die Bündner anstelle der Tribute *(phoroi)* nunmehr Beitragszahlungen *(syntaxeis)* zu leisten haben.

Die kurze Hegemonie Thebens findet 362 in der Schlacht von Mantineia, in welcher EPAMEINONDAS fällt, ein Ende. Ein allgemeiner Friede auf der Basis des vormaligen Besitzstandes kann von Sparta, das nicht bereit ist, auf Messenien zu verzichten, nicht akzeptiert werden. Athen muß 357 den durch seinen unangemessenen Herrschaftsanspruch provozierten, auf Initiative des karischen Dynasten MAUSSOLOS beginnenden *Bundesgenossenkrieg* führen, der 355 mit einer Beschränkung der athenischen Macht auf die Kykladen und Teile der nördlichen Ägäis endet.

Auch Zusammenschlüsse ganzer Landschaften (*Boiotischer Bund, Thessalischer Bund*) und die Vorlage gesamtgriechischer Konzepte, wie sie die thessalischen Tyrannen IASON (380–370) und ALEXANDER (370–358) von Pherai in einem Perserfeldzug angeboten haben, vermögen keine dauerhafte panhellenische Verständigung zu erzielen.

3.2.4.1 Makedonien

359 ist PHILIPP II., vorerst als Regent für seinen unmündigen Neffen AMYNTAS, in Makedonien auf den Thron gelangt (vgl. die Herrscherliste unten 190). Zunächst bildet der Herrscher aus dem Geschlecht der Argeaden aus den makedonischen Fürstentümern ein Gesamtreich und schlägt die benachbarten Illyrer. Er verbessert die Infrastruktur des Reiches durch den Ausbau von Straßen und die Anlage städtischer Zentren. Durch eine bereits im 5. Jh. erfolgte Heeresreform (vgl. oben 58) verfügt der König über ein schlagkräftiges Heer.

Die Eroberung der griechischen Küstenstädte Amphipolis, Pydna, Poteidaia und Methone bringt den Makedonen zwangsläufig in Konflikt mit Athen. Dort etabliert sich bald unter ISOKRATES und AISCHINES eine promakedonische Partei, der eine von DEMOSTHENES angeführte makedonenfeindliche Gruppe entgegensteht.

342 beherrscht PHILIPP ganz Thrakien. Der Zugang zu den Goldbergwerken im Pangaion, östlich von Amphipolis, hat ihm die Prägung von Goldstateren (*philippeioi*) ermöglicht. 356 entsendet PHILIPP ein Gespann zu den Olympischen Spielen; der Sieg im Wagenrennen bringt ihm neben der endgültigen Anerkennung seiner griechischen Abstammung einen großen Prestigegewinn, der auf Münzen propagandistisch ausgewertet wird.

Bei der Eroberung Mittelgriechenlands werden militärische Interventionen von wohlüberlegten diplomatischen Schritten begleitet: ein Sieg über die Phoker, die im *3. Heiligen Krieg* (356–46) Delphi besetzen und, wie schon im *2. Heiligen Krieg* (448), die Kasse des Heiligtums plündern, sichert PHILIPP in der *Delphischen Amphiktyonie* Sitz und Stimme; zugleich wird er zum Leiter der Pythischen Spiele bestellt. Mit Athen schließt PHILIPP auf die Vermittlung des PHILOKRATES 346 Frieden. 343 bekämpft der Makedone die Illyrer und wird zum *archon* des *Thessalischen Bundes* gewählt, wodurch auch Thessalien unter makedonischen Einfluß gerät. DEMOSTHENES, der eine Revision des Friedens von 346 fordert, kann im *Hellenischen Bund* antimakedonische Kräfte zusammenfassen. Den Anlaß für eine Kriegserklärung an Makedonien liefert das Kapern athenischer Getreideschiffe.

PHILIPP, der mittlerweile mit dem Großkönig ARTAXERXES III. (359/58–338) über eine Abgrenzung der jeweiligen Interessensgebiete verhandelt hat und sich freie Hand in Griechenland sichern kann, schlägt die Griechen 338 bei Chaironeia (Boiotien); dabei führt sein Sohn ALEXANDER (356–323) die entscheidende Attacke der makedonischen Kavallerie gegen die berühmte ‚Heilige Schar'. Theben wird besetzt und seiner Hegemonie im *Boiotischen Bund* enthoben. Ein Athen schonender Friedensschluß fordert lediglich die Auflösung des Seebundes. Theben, Chalkis und Akrokorinth erhalten makedonische Besatzungen.

In Korinth veranlaßt PHILIPP 337 die Gründung des *Korinthischen Bundes*, einer zeitlich unbefristeten Symmachie aller Griechen – nur Sparta tritt dem Bund niemals bei – zur Erhaltung der *koine eirene*. Der makedonische König befehligt die von den autonomen Bündnern zu stellenden Truppen als bevollmächtigter Feldherr (*strategos autokrator*) und fordert Heeresfolge für den geplanten Feldzug gegen Persien. Durch diesen soll – so die diesbezügliche Propaganda in Griechenland – einerseits Rache für die Zerstörungen von 480 (vgl. oben 59) genommen und andererseits sollen verarmte Griechen durch Ansiedlung in den zu erobernden Gebieten versorgt werden. Schon im Frühling 336 setzen erste makedonische Truppenverbände unter PARMENION und ATTALOS als Vorhut nach Kleinasien über. Da PHILIPP bei der Hochzeit seiner Tochter in Aigai ermordet wird, fällt die Realisierung des Kriegsplanes seinem Nachfolger zu.

3.2.4.2 Alexander III. (der Große) 336–323

PHILIPPs Sohn ALEXANDER III. sichert seinen Anspruch auf die Thronfolge mittels Akklamation durch die Heeresversammlung und Ermordung weiterer Thronprätendenten. Der Bestätigung seiner Führungsposition als Archon von Thessalien, Mitglied der Delphischen Amphiktyonie und *Hegemon* des *Korinthischen Bundes* folgt ein Balkanfeldzug; ein illyrischer Aufstand wird 335 niedergeworfen. DEMOSTHENES empfängt persische Bestechungsgelder und schürt die Opposition gegen Makedonien. Theben belagert die seit 338 von Makedonen besetzte Kadmeia; nach Ablehnung der Kapitulation vor dem zum Entsatz der Burg herangerückten makedonischen Heer wird Theben zerstört und seine Bevölkerung versklavt.

334 beginnt das als Rachefeldzug und Eroberungskrieg deklarierte persische Unternehmen. Der greise ANTIPATER, ein wichtiger politischer Berater PHILIPPs, bleibt als ‚Stratege von Europa' zur Wahrung der makedonischen Interessen in Griechenland zurück.

Nach einigen den panhellenischen Charakter des Feldzuges betonenden Opfern überschreitet ALEXANDER den Hellespont, siegt in der Schlacht am Granikos und beginnt die Besetzung Westkleinasiens. Um die persische Flotte von ihren Stützpunkten abzuschneiden, erobert er Zug um Zug die Küstenstädte und dringt bis nach Pamphylien vor. In Gordion, der Hauptstadt von Phrygien, soll er den legendären *Gordischen Knoten* mit einem Schwertstreich durchschlagen haben. Nach einem Marsch durch Kappadokien und Kilikien überschreitet er das Taurosgebirge und besiegt 333 in der Schlacht von Issos DAREIOS III. (336–330). Troß und Harem seines entflohenen Gegners fallen dabei in seine Hand. ALEXANDER verfolgt DAREIOS nicht, sondern erobert zunächst die wichtigen Flottenbasen Sidon und Tyros in Phoinikien. Nach der Einnahme Gazas steht ihm der Weg nach Ägypten offen, wo ihm in Memphis als Befreier vom persischen Joch gehuldigt wird.

331 wird im westlichen Nildelta die Stadt Alexandreia gegründet und damit ein politisches, wirtschaftliches und kulturelles Zentrum für die folgenden Jahrhunderte geschaffen. Anschließend zieht der Herrscher in die libysche Wüste und sucht in der Oase Siwa das Orakel des mit Zeus geglichenen Amun-Re auf, wo ihm ‚Gottessohnschaft' bestätigt wird (vgl. Panitschek unten 81f.).

Danach wendet sich ALEXANDER erneut seinem Gegner im Osten zu und bricht nach Mesopotamien auf. 331 schlägt er den letzten Achaimenidenherrscher in der Ebene von Gaugamela vernichtend. Eine

3.2 Das 4. Jahrhundert

Erhebung der Spartaner im selben Jahr kann von ANTIPATER bei Megalopolis erfolgreich unterdrückt werden.

In Babylon huldigt die Bevölkerung ALEXANDER als ihrem neuen Herrscher. In Susa veranlaßt er die Ausmünzung des persischen Königsschatzes und zieht weiter nach Persepolis, das den Soldaten zur Plünderung freigegeben wird. Ob die Zerstörung der Palastanlagen durch Feuer ein kalkulierter Racheakt oder Folge eines Alkoholexzesses war, ist nicht zu entscheiden. Nach diesem Zwischenspiel nimmt ALEXANDER die Verfolgung des Großkönigs erneut auf, erreicht Ekbatana, die alte Hauptstadt Mediens, und beendet durch die Entlassung der Bundestruppen offiziell den panhellenischen Feldzug. DAREIOS wird von seinem Satrapen BESSOS gefangengenommen und getötet. ALEXANDER erweist seinem ermordeten Kontrahenten die Ehre einer königlichen Bestattung und veranlaßt (als Nachfolger des Großkönigs) eine exemplarische Bestrafung des Insurgenten, der sich als ARTAXERXES IV. zum König aufgeworfen hatte.

Nach der Eroberung Baktriens zieht ALEXANDER in die Sogdiana und gründet an der Grenze des persischen Reiches, am Jaxartes, Alexandreia Eschate, das ‚fernste' Alexandreia. Nach dem Sieg über die sogdischen Adeligen heiratet der Makedonenkönig RHOXANE, die Tochter eines einheimischen Fürsten, und gewinnt in seinem Schwiegervater einen loyalen Verbündeten.

Getrieben von dem Wunsch, die vermeintliche Grenze der bewohnten Welt (*oikoumene*), die nach seinen geographischen Vorstellungen vom Weltmeer (*okeanos*) umgeben ist, zu erreichen, überschreitet der Herrscher 326 den Indus und trifft, jenseits des Hydaspes, auf POROS, den König des östlichen Pandschab, den er in einer letzten großen Schlacht besiegt, den Einsatz indischer Kriegselefanten durch einen Zangenangriff vereitelnd. Der unterworfene Gegner wird als Klientelherrscher in seinem Amt belassen. Am Hyphasis, einem östlichen Zubringer des Indus, läßt ALEXANDER Grenzaltäre errichten und beschließt – unter dem Druck seiner Truppen – die Rückkehr.

Nachdem sich der Herrscher bei einer Fahrt auf dem Indus durch Autopsie davon überzeugt hat, den *okeanos* erreicht zu haben, wird der Rückmarsch begonnen. Während ein Teil der Fußtruppen über Arachosien in das Zentrum des Reiches zurückkehrt, erhält die Flotte unter dem Admiral NEARCHOS zugleich mit der Nachschubsicherung den Auftrag, den Seeweg von Indien nach Mesopotamien zu erkunden. ALEXANDER selbst entschließt sich zu dem verlustreichen Marsch durch die Gedrosische Wüste. Die Flotte erreicht die Straße von Hormuz und gelangt über den Persischen Golf wohlbehalten an ihren Bestimmungsort. In Susa vermählt sich ALEXANDER mit den Töchtern des DAREIOS und des ARTAXERXES. Um eine – auf den makedonischen und persischen Hochadel und die Soldaten eingeschränkte – 'Verschmelzung' der westlichen und der östlichen Reichshälfte demonstrieren zu können, werden zwischen makedonischen Soldaten und Iranierinnen bestehende Verhältnisse im Rahmen einer Massenhochzeit legalisiert. Durch NIKANOR, einen Verwandten seines Lehrers ARISTOTELES, läßt der Herrscher bei den Olympischen Spielen des Jahres 324 eine Amnestie für alle Verbannten, die Thebaner ausgenommen, verkünden (*Rückführungsdekret*).

ALEXANDER, der durch die Übernahme von persischer Tracht und großköniglichem Zeremoniell bestehende Gegensätze ausgleichen möchte, findet mit seiner forcierten Orientalisierungspolitik im makedonischen Adel nur wenige Anhänger. Bereits um 330 wird PHILOTAS, der Führer der Hetairenreiterei, einer angeblichen Verschwörung bezichtigt und von der Heeresversammlung abgeurteilt. Auch dessen Vater PARMENION, ein alter Vetrauter des Königs, wird ermordet. Wenig später ersticht ALEXANDER seinen Freund und Lebensretter KLEITOS als Exponenten makedonischer Opposition. Der Widerstand von KALLISTHENES gegen die vom Herrscher auch den Makedonen abverlangte devote orientalische Königsbegrüßung (*proskynesis*) führt zur Hinrichtung des Hofhistorikers und Neffen des ARISTOTELES im Zusammenhang mit der *Pagenverschwörung*.

Letzte Pläne des Herrschers lassen sich – bedingt durch den umstrittenen Quellenwert der Aufzeichnungen – nicht mit Sicherheit rekonstruieren. Eine Expedition nach Arabien scheint glaubhafter als eine Unterwerfung des Westens bis Gibraltar.

ALEXANDER, dem in Athen kultische Ehren zuerkannt werden und dem Gesandte als Gott huldigen, stirbt – vermutlich an Malaria – 323 in Babylon, ehe er seine Nachfolge regeln kann. Mit seinem Tod findet die um einen Ausgleich zwischen östlicher und westlicher Tradition bemühte Haltung ein abruptes Ende. Nach langen Kämpfen tritt an die Stelle des Gesamtreiches eine Reihe souveräner Staaten (vgl. Panitschek unten 79ff.).

3.2.4.3 Die Westgriechen

Nach dem fatalen Eingreifen Athens in Sizilien (vgl. oben 62) gelingt es den Karthagern, die von rivalisierenden Städten um Waffenhilfe ersucht werden, ihre Machtposition sukzessive auszubauen. Ungefähr 70 Jahre nach der demütigenden Niederlage bei Himera besiegen sie die Griechen und zerstören Himera und Selinus. Um 406 wird DIONYSIOS I. von Syrakus zum *strategos autokrator* bestellt. Nach wechselnden Erfolgen gelingt es DIONYSIOS, der sich 405 zum Tyrannen aufgeschwungen hat, die durch eine Epidemie geschwächte punische Flotte vor Syrakus zu schlagen.

Die Griechenstädte Unteritaliens, die sich bald nach 400 gegen den Druck der einheimischen Lukaner zum *Italiotischen Bund* zusammengeschlossen haben, werden 389 von dem mit den Lukanern verbündeten Tyrannen besiegt, der daraufhin seinen Machtbereich nach Unteritalien und an die Adriaküste auszuweiten vermag. Nach dem Tod des Herrschers kann sein Sohn DIONYSIOS II. sich nicht gegen den einflußreichen Schwager seines Vaters, DION, behaupten. PLATON (428/27–349/48) versucht mehrmals vergeblich, seine politischen Konzepte in Syrakus zu realisieren. 344/43 erbittet die Stadt, wiederum von den Karthagern bedroht, von der Metropolis Korinth eine Ordnung der Verhältnisse. Diese entsendet TIMOLEON, der die Karthager am Krimisosbach (341) schlägt und in Syrakus einen Verfassungsstaat etabliert. Nach Erfüllung seiner Mission, die auch der Beseitigung der Tyrannenherrschaft auf Sizilien gilt, dankt er 337 ab; die inneren Wirren brechen erneut aus.

3.3 Ausgewählte Literatur

1. M. AUSTIN/P. VIDAL-NAQUET, *Gesellschaft und Wirtschaft im alten Griechenland* (franz. ²1973. Übersetzung A. Wittenburg) München 1984
2. H. BELLEN, *Der Rachegedanke in der griechisch-persischen Auseinandersetzung*, in: Chiron 4 (1974) 43–67
3. J. BLEICKEN, *Die athenische Demokratie*. 2., völlig überarbeitete und wesentlich erweiterte Auflage, Paderborn/München/Wien/Zürich 1994
4. K. BRODERSEN u.a. (Hg.), *Historische griechische Inschriften in Übersetzung*. Bd. 1: Die archaische und klassische Zeit. Darmstadt 1992
5. W. R. CONNOR, *The New Politicians of Fifth-Century Athens*. Princeton 1971
6. J. K. DAVIES, *Das klassische Griechenland und die Demokratie* (engl. 1978. Übersetzung A.Wörle) München 1983 (= dtv Geschichte der Antike 4401)
7. G. E. M. DE STE. CROIX, *The Origins of the Peloponnesian War*. London 1972
8. V. EHRENBERG, *Aristophanes und das Volk von Athen. Eine Soziologie der altattischen Komödie* (engl. 1962. Übersetzung G.Felten) Zürich/Stuttgart 1968
9. P. FUNKE, *Homonoia und Arche. Athen und die griechische Staatenwelt vom Ende des Peloponnesischen Krieges bis zum Königsfrieden (403–387/86 v.Chr.)* Wiesbaden 1980
10. H.-J. GEHRKE, *Geschichte des Hellenismus*. München 1990 (= Oldenbourg Grundriß der Geschichte 1A)
11. H.-J. GEHRKE, *Jenseits von Athen und Sparta. Das Dritte Griechenland und seine Staatenwelt*. München 1986
12. F. HAMPL, *Alexander der Große*. Göttingen ²1965
13. J. HOLLADAY, *Medism in Athens 508–480 B.C.*, in: Greece and Rome 25 (1978) 174–191

14. R. J. Hopper, *Handel und Industrie im klassischen Griechenland* (engl. 1979. Übersetzung K.-E. und G.Felten) München 1982
15. D. Kagan, *The Outbreak of the Peloponnesian War.* Ithaca 1969
16. K. Kraft, *Der „rationale" Alexander.* Kallmünz 1971
17. A. Lintott, *Violence, Civil Strife and Revolution in the Classical City 750–330 B.C.* London/Canberra 1982
18. Ch. Meier, *Die Entstehung des Politischen bei den Griechen.* Frankfurt/Main 1980 (ND 1983)
19. C. Mossé, *Die politischen Prozesse und die Krise der athenischen Demokratie*, in: E.Ch.Welskopf (Hg.) Hellenische Poleis. Krise-Wandlung-Wirkung, Berlin 1974, Bd.1, 160–187
20. K. Rosen, *Die Gründung der makedonischen Herrschaft*, in: Chiron 8 (1978) 1–27
21. E. Ruschenbusch, *Athenische Innenpolitik im 5.Jahrhundert v.Chr. Ideologie oder Pragmatismus.* Bamberg 1979
22. T. T. Ryder, *Koine Eirene.* Oxford 1965
23. W. Schuller, *Die Herrschaft der Athener im Ersten Attischen Seebund.* Berlin/New York 1974
24. J. Seibert, *Alexander der Große.* Darmstadt ²1981 (= Erträge der Forschung 10)

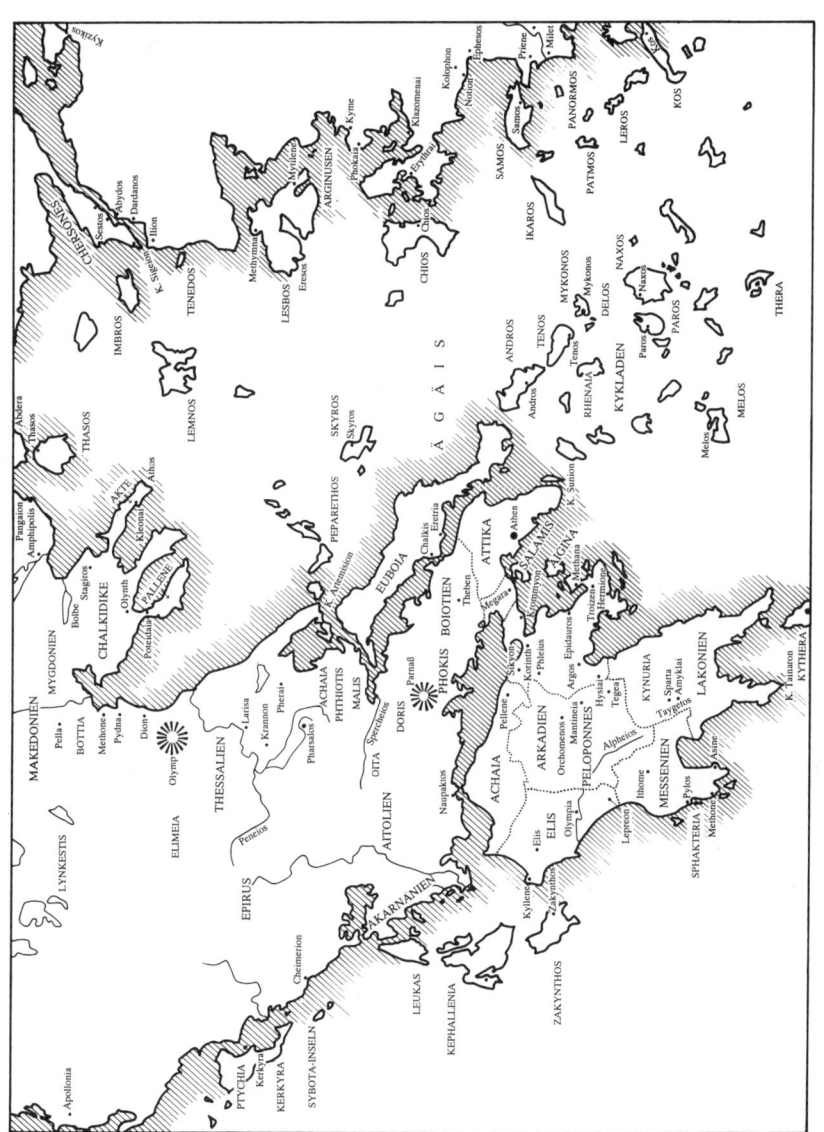

Griechenland im 5. Jh. v.Chr.

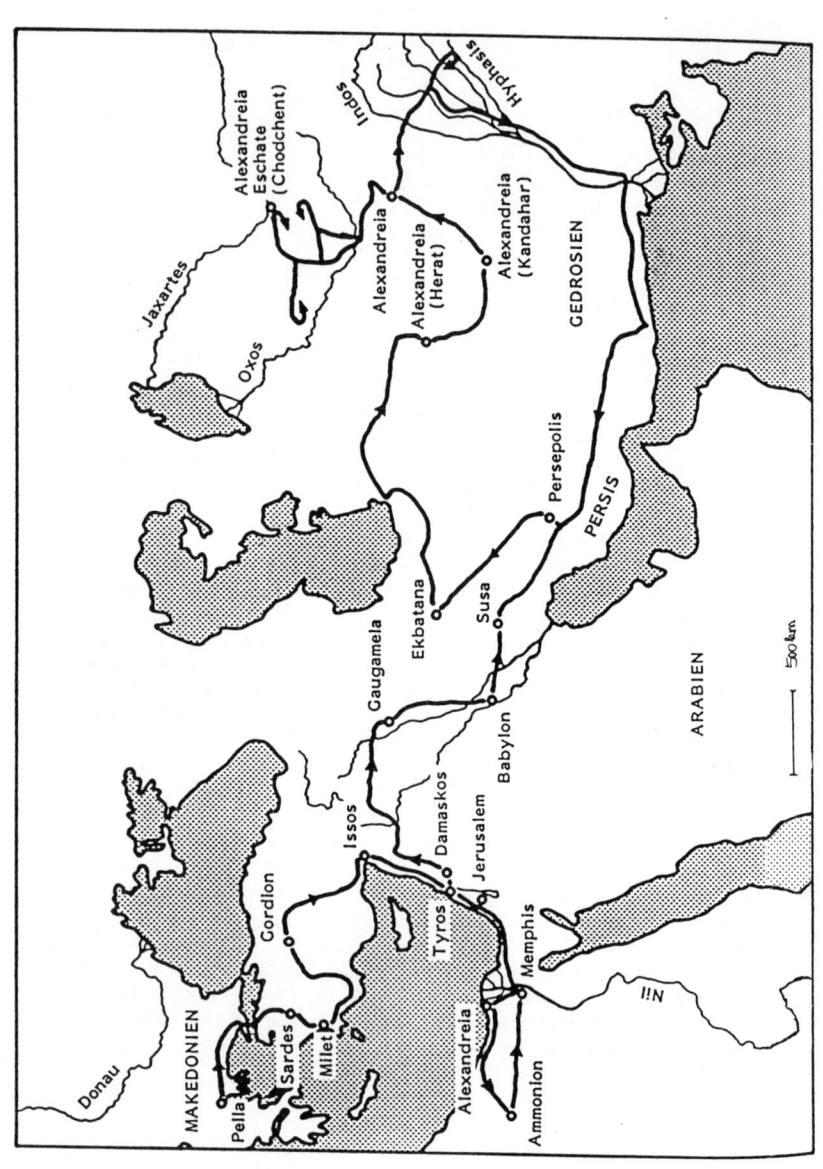

Alexanders Zug nach Asien

4 Die hellenistischen Reiche

Peter Panitschek

4.1 Quellen

Historiographie
Aus der Antike ist keine Gesamtdarstellung der hellenistischen Zeit erhalten. Als wesentliche Quellen wären anzuführen ARRIAN (2. Jh.n.Chr.), DIODOR (1. Jh. v.Chr.), POLYBIOS (2. Jh.v.Chr.), CASSIUS DIO (2./3. Jh.n.Chr.), LIVIUS (59 v.Chr.–17 n.Chr.) und die *Periochae*, POMPEIUS TROGUS (1. Jh.v.Chr.), bei IUSTIN in Auszügen erhalten, STRABON (1. Jh.v./n.Chr.), FLAVIUS IOSEPHUS (1. Jh.n.Chr.), PAUSANIAS (2. Jh.n.Chr.), EUSEBIOS (3./4. Jh.n.Chr.), POLYAIN (2. Jh.n.Chr.), PLUTARCH (1./2. Jh.n.Chr.), *vitae*: Phokion, Demetrios, Eumenes, Philopoimen, Agis und Kleomenes, Aratos, Pyrrhos, Aemilius; CORNELIUS NEPOS (1 Jh.v.Chr.), *vitae*: Eumenes, Phokion; APPIAN (2. Jh.n.Chr.), ZONARAS (12. Jh.n.Chr.), FLORUS (2. Jh.n.Chr.), STEPHANOS von Byzanz (6. Jh.n.Chr.) unter diversen Stichwörtern. PLINIUS MAIOR (1. Jh.n.Chr.), CICERO (1. Jh.v.Chr.), SALLUST (1. Jh.v.Chr.), NIKOLAOS von *Damaskus* (1. Jh. v./n.Chr.), MOSES von Chorene (Datierung ungesichert), Suda (10. Jh.) unter diversen Stichwörtern.

Epigraphik
Stein von Rosette: (Trilingue; Hieroglyphisch, Demotisch und Griechisch): Priestersynode von Memphis für PTOLEMAIOS V. (196 v.Chr.). Das Dokument ermöglichte die Entzifferung der Hieroglyphen (OGIS I,90). *Marmor Parium*: Griechische Geschichte (hauptsächlich Athens) von der sagenhaften Vorzeit bis 299/8 v.Chr. (FGrHist 239). *Vertrag Rom – Aitolisches koinon*: Aufteilung der Beute und eroberten Plätze (Moretti II,87). *Nemrud Daǧ-Inschrift*: Einrichtung des kommagenischen Königskultes (H. Waldmann, *Études préliminaires* 34, Leiden 1973). Weiters zahlreiche Inschriften, in denen griechischen Städten Freiheit von Repression (*asylia*) seitens des Königs zugesagt wird, sowie Festsetzungen der Gleichstellung von Bürgern fremder Gemeinden (*isopoliteia*) bzw. Verschmelzung von Bürgerschaften (*sympoliteia*).

Numismatik
Emissionen ALEXANDERs nach dem attischen Münzfuß sind Vorbild für die Münzprägungen der Diadochen und Epigonen; das Tetradrachmon herrscht dabei vor. Der Quellenwert der Münzen liegt – abgesehen von wirtschaftsgeschichtlichen Fragestellungen – in der durch ikonographische Mittel (wie bereits in den vorhellenistischen griechischen Polisprägungen) sowie Umschriften dargetanen Selbstdarstellung der Emittenten. Besonders für die griechischen Königreiche in Baktrien und Indien beruht die Prosopographie weithin auf numismatischem Material, das jedoch naturgemäß keine historische Verknüpfung einzelner Gestalten bieten kann (die Literatur zur hellenistischen Numismatik präsentiert R. Göbl, Antike Numismatik I, München 1978, 65–69 bzw. 92–96 und 101–103).

4.2 Sozialökonomische Verhältnisse

Regionale Unterschiede und verschiedene Entwicklungsstufen der einzelnen Landschaften rund um das Mittelmeerbecken lassen es nicht zu, von einheitlichen wirtschaftlichen und gesellschaftlichen Strukturen der hellenistischen Staaten zu sprechen.

4.2.1 Makedonien

Anhand der Münzprägungen von ANTIGONOS II. GONATAS, vornehmlich jedoch von PHILIPP V. und PERSEUS, ist der Versuch zu erkennen, den Kommerz im Lande durch ein ausreichendes Geldvolumen zu fördern. Über die dazu erforderlichen Edelmetallvorkommen verfügt Makedonien in ausreichendem Maße. Damit geht eine bereits von PHILIPP II. eingeleitete Tendenz zur Urbanisierung einher. Im 3. und 2. Jh. wird durch Abholzungen und Bewässerungsbauten die Landwirtschaft gefördert. Dieses Neuland wird auch von Thrakern und Illyrern besiedelt, die zu diesem Zweck nach Makedonien geholt werden, womit PHILIPP V. ein Konzept PHILIPPs II. wieder aufnimmt. Trotz dieser Bemühungen weist Makedonien stets einen geringeren Grad von Prosperität auf als etwa Ägypten oder die Kernländer des Seleukidenreiches.

4.2.2 Das Seleukidenreich

SELEUKOS I. sowie dessen unmittelbare Nachfolger ANTIOCHOS I. und II. gründen eine Reihe von Städten, deren östlichste in Baktrien gelegen sind. Besiedelt mit Makedonen und Griechen, stellen sie ein Gerüst militärischer und administrativer Stützpunkte dar, auf das sich die Seleukiden als einziges einheitliches Element in ihrem äußerst heterogenen Staatswesen stützen. Eine Sonderrolle spielen die alten hellenischen *poleis* in Kleinasien, aus denen die Herrscher Techniker und Spezialisten aller Art beziehen. Im übrigen werden Güter im Besitz des Königs, seiner ‚Freunde' (*philoi*), aber auch, besonders in Kleinasien, Tempelbesitz sowie Territorien, die den Städten zugeordnet sind, in Landlose (*kleroi*) aufgeteilt, welche entweder einheimischen Pachtbauern (*laoi*), die den Status von Königsbauern haben können, oder Militärkolonisten (*katoikoi*), die auch in den Städten siedeln, zur Bearbeitung übergeben. Dabei sind die mannigfaltigsten Pacht- und Leiheformen zu erkennen. Der König umgibt sich mit einer ‚Freunde' genannten Gruppe von Verwaltungs- und Militärfachleuten, die aus Griechenland oder Makedonien stammen und im Osten Karriere zu machen suchen.

4.2.3 Das Ptolemaierreich

Im Unterschied zum Seleukidenstaat stehen die makedonischen Herren in Ägypten einer einheitlichen, von einer traditionsbewußten Priesterschaft gelenkten Bevölkerung gegenüber. Zur Nutzung der wirtschaftlichen Möglichkeiten des Landes lassen sich die Ptolemaier von den vorgegebenen zentralistischen, auf die Pharaonen zurückgehenden Organisationsformen leiten. Der Finanzminister (*dioiketes*) in Alexandreia steuert die von den lokalen Finanzbeamten (*oikonomoi*) durchgeführte Abgabeneintreibung. Dazu wird die Einteilung des Landes in Gaue (*nomoi*), Bezirke (*topoi*) und Dorfschaften (*komai*) beibehalten. Abgesehen von den traditionellen Monopolbranchen – Bergbau und Salzgewinnung – behält sich der Staat auch die Vermarktung z.B. von Bier und Papyrus vor. Im frühen dritten Jh. setzt eine Währungspolitik ein, die durch Übernahme eines leichteren, dem phoinikischen annähernd entsprechenden Münzfußes die in der hellenistischen Welt kursierenden Sorten aus Ägypten ausschließt. Fremde Händler müssen ihr Geld in landesübliche Zahlungsmittel einwechseln. Diese gewisse Züge des Merkantilismus vorwegnehmende Wirtschaftspolitik macht Ägypten zu einem geschlossenen Wirtschaftskörper, in dem der König optimalen Zugriff auf alle lohnenden Ertragsquellen hat.

4.3 Politische Geschichte

4.3.1 Von Alexanders Tod (323 v.Chr.) bis zur Schlacht von Kurupedion (281 v.Chr.)

ALEXANDER stirbt 323 v. Chr. in Babylon, ohne Nachfolgeregelungen hinterlassen zu haben. Die meisten seiner Heerführer und Stabsoffiziere (die ‚Diadochen', von griech. *diadechomai*: erben, nachfolgen) beginnen unverzüglich, ihre private Politik zu betreiben. Trotz des chaotischen Gegen- und Miteinanders lassen sich drei Interessensgruppen unterscheiden.

(a) Die Legitimisten, die das von ALEXANDER eroberte Gebiet mit Hellas erhalten und ALEXANDERs Dynastie – die nur mehr auf RHOXANE und dem minderjährigen ALEXANDER IV. (beide 310 v.Chr. ermordet) sowie PHILIPP III. ARRHIDAIOS (317 ermordet) ruht – den Thron bewahren wollen: der Kommandant der Reiterei und Chiliarch PERDIKKAS (321 ermordet) und EUMENES (ermordet 317/6), der einzige Grieche unter den Diadochen.

(b) ANTIGONOS MONOPHTHALMOS (gefallen 301 v.Chr.), der das Gesamtreich für sich beansprucht, und sein Sohn DEMETRIOS POLIORKETES (gestorben 283 v.Chr.).

(c) Die Separatisten, die Teile des Gesamtreiches zu beherrschen trachten: PTOLEMAIOS (Ägypten; gestorben 283 v.Chr.), LYSIMACHOS (Thrakien, Westkleinasien; gefallen 281 v.Chr.), SELEUKOS (Mesopotamien, Syrien, später Iran; ermordet 281 v. Chr.), KASSANDER, Sohn des von ALEXANDER als Statthalter von Makedonien eingesetzten ANTIPATER (Makedonien; gestorben 297 v.Chr.).

Eine wesentliche Weichenstellung für die Zukunft findet bereits 323/2 v.Chr. statt, als ANTIPATER im *Lamischen Krieg* (vgl. unten 83) einen Aufstandsversuch der Griechen niederschlägt. So wird klar, daß Makedonien weiterhin im griechischen Raum präsent zu bleiben gedenkt. Die Diadochenkriege beginnen mit dem Zusammengehen von ANTIPATER, ANTIGONOS, LYSIMACHOS und PTOLEMAIOS gegen PERDIKKAS, der seine Politik der Reichseinheit mit Wahrung der Rechte ALEXANDERs IV. und der RHOXANE rechtfertigt. Nach der Ermordung des PERDIKKAS einigt man sich in Triparadeisos (320 v.Chr.) darauf, daß ANTIPATER Reichsverweser, ANTIGONOS Feldherr in Asien sein soll. Im übrigen werden PTOLEMAIOS im Besitz Ägyptens, LYSIMACHOS in dem Thrakiens bestätigt. SELEUKOS erhält Mesopotamien. Die spätere hellenistische Staatenwelt nimmt Konturen an.

Vor seinem Tod ernennt ANTIPATER 319 v.Chr. POLYPERCHON zu seinem Nachfolger. Dieser wird jedoch von ANTIGONOS im Bunde mit einigen anderen Diadochen aus seiner Stellung gedrängt. Im folgenden erweist es sich, daß ANTIGONOS aus der politischen Entwicklung den Hauptnutzen zieht, da er eine Reichseinheit nur unter seiner eigenen Führung gelten läßt. Indem er EUMENES, der sich in Kappadokien festgesetzt hat, töten läßt, steht ANTIGONOS auch der Weg in den iranischen Raum offen. Kurz darauf vertreibt er SELEUKOS aus Mesopotamien und erobert Teile Südkleinasiens. Sein Machtbereich entspricht nun ungefähr den Grenzen des nachmaligen Seleukidenreiches. Im Diadochenfrieden von 311 v.Chr. werden ANTIGONOS, PTOLEMAIOS und LYSIMACHOS in ihrem jeweiligen Besitzstand anerkannt. SELEUKOS wird dabei nicht erwähnt, er erfährt aber, im Lichte der folgenden Ereignisse, keine Schmälerung seiner Position. ALEXANDER IV. und RHOXANE werden der ‚Obhut' des KASSANDER übergeben, der diese bald ermorden läßt. Das formale Ende für die Idee der Reichseinheit bedeutet die 306 v.Chr. stattfindende Annahme des Königstitels durch ANTIGONOS. Diesem folgen 305 v.Chr. die übrigen Diadochen: DEMETRIOS POLIORKETES als Mitkönig des ANTIGONOS, PTOLEMAIOS, KASSANDER, LYSIMACHOS, SELEUKOS.

Die dominierende Persönlichkeit jener Jahre, ANTIGONOS MONOPHTHALMOS, wird 301 v.Chr. bei Ipsos von den Verbündeten SELEU-

KOS, KASSANDER und LYSIMACHOS, die eine Übermacht des ANTIGONOS fürchten, besiegt und getötet; DEMETRIOS POLIORKETES setzt sich nach der Niederlage nach Westen ab und erlangt wenig später, wenn auch nur für kurze Zeit, den makedonischen Thron. Von LYSIMACHOS und PYRRHOS von Epirus bedrängt, muß er Makedonien räumen und stirbt als Gefangener des SELEUKOS.

Aus der Beute des Sieges über ANTIGONOS eignet sich LYSIMACHOS Kleinasien bis zum Taurus an, SELEUKOS übernimmt den Rest, abgesehen von Arrondierungen des PTOLEMAIOS in Syrien (vgl. unten 88) und Südkleinasien. 281 v.Chr. wird LYSIMACHOS von SELEUKOS in Westkleinasien angegriffen und bei Kurupedion geschlagen. Da LYSIMACHOS in diesem Treffen fällt, ist der Thron Makedoniens wieder vakant.

Das Ergebnis der Diadochenkriege ist ein Gleichgewicht der Kräfte zwischen den drei entstandenen Reichen. Die Ptolemaier halten somit Ägypten, die Seleukiden Syrien und Mesopotamien, Teile Kleinasiens und im dritten Jahrhundert auch den Iran, die Antigoniden, die erst 276 v.Chr. mit ANTIGONOS II. GONATAS zur Herrschaft gelangen, Makedonien.

Die auf die Diadochen folgende Generation wird als ‚Epigonen' (von griech. *epigignomai:* später geboren sein) bezeichnet. Sie festigen die von ihren Vorgängern geschaffenen Konstellationen der neuen Reiche.

4.3.2 Das hellenistische Königtum

Trotz der vielfachen Unterschiede lassen sich einige gemeinsame Züge bei der Ausformung des Königtums in den hellenistischen Staaten erkennen, wobei Makedonien dadurch eine Sonderstellung einnimmt, daß die Antigoniden die Traditionen des Nationalkönigtums weiterführen. Sie haben zwar auf ihre adelige Gefolgschaft (*hetairia*) Rücksicht zu nehmen, können aber, sofern sie ihre Befugnisse nicht überschreiten, auf breite Akzeptanz im Volke zählen. In den Staatsgebilden, die auf dem Boden des ehemaligen Achaimenidenreiches entstanden sind, stellt der König die Spitze der als Fremdherrscher auftretenden Makedonen dar, dessen Verhältnis zu den Untertanen dadurch bestimmt wird, daß die diversen Länder als speergewonnenes Land (*doryktetos chora*) betrachtet werden. Aus dem seit 311 v.Chr. in Ägypten nachweisbaren Alexanderkult entwickelt sich bei den Ptolemaiern zu Beginn des 3. Jh.v.Chr. die von PTOLEMAIOS II. angeordnete kultische Verehrung seines Vaters, der bald eine solche des lebenden Königs folgt. Unter den mannigfaltigsten, auch synkretistischen Titulaturen entsteht ein Kult, der das altägyptische Erbe mit griechischen Vorstellungen vom durch überragende Leistungen ausgewiesenen und in göttliche Sphären entrückten Gottmenschen verbindet (z.B. Divinisierung LYSANDERs und PHILIPPs II.). Auf diese Weise sollen religiöse Gefühle für den Herrscher geweckt werden, die aber auf Dauer nicht die Kluft zwischen Einheimischen und Makedonen – Griechen überbrücken können. Andererseits danken griechische Gemeinden für Wohltaten des Königs durch kultische Verehrung, wie sie in Athen ANTIGONOS MONOPHTHALMOS und DEMETRIOS POLIORKETES entgegengebracht wird.

Hellenistische Könige propagieren ihre herrscherliche Kompetenz durch programmatische Titel, die die Art ihrer Zuwendung verdeutlichen sollen. Etwa ‚Wohltäter' (*euergetes*), ‚Retter' (*soter*), ‚Schönsiegender' (*kallinikos*). Aber auch ihr göttliches Charisma findet darin seinen Niederschlag: z.B. ‚erschienener Gott' (*epiphanes*), oder schlicht ‚Gott' (*theos*); PTOLEMAIOS XII. wählt im 1. Jh.v.Chr. den Titel ‚Neuer Dionysos'.

Auf dem Boden des Seleukidenreiches existieren keine einheimischen Traditionen, die eine Vergottung des Königs hätten fördern können, da die altorientalischen und persischen Monarchen – von vereinzelten Ausnahmen abgesehen – stets nur als Beauftragte der Gottheit gelten. Wohl nicht ohne ptolemaiischen Einfluß richtet ANTIOCHOS III. um (223–187) 200 v.Chr. den Kult seiner Vorgänger wie auch den des lebenden Herrschers ein. Zuvor ist kultische Verehrung der Seleukidenkönige nur seitens dankbarer Städte bezeugt, obwohl jene immer eine Abstammung von Apollon behauptet haben. Die Erscheinungsformen des Kultes, wie z.B. die programmatischen Titel, entsprechen weitgehend den ptolemaiischen. Bei den Attaliden in Pergamon wird nur der verewigte Herrscher verehrt; hier finden die Formen des Heroenkultes Anwendung. Für ANTIOCHOS II. (Mitte des 1.Jh.v.Chr.) von Kommagene läßt sich der Fall belegen, daß ein König sich selbst unter die Hochgötter – wie etwa Zeus und Apollon – einreiht.

4.3.3 Das Konzert der Mächte

Die hellenistischen Staaten treten nach der Konsolidierungsphase miteinander nach dem Kalkül ererbter Gegnerschaften, aber auch dem Opportunitätsprinzip hinsichtlich wechselseitiger Bündnisse, in Kontakt. Als Grundlinie der Darstellungsanordnung dieser komplexen Struktur soll von den großen Konfliktpunkten ausgegangen werden, die während längerer Zeiträume ihre Brisanz bewahren.

4.3.3.1 Griechenland zwischen den Großmächten

Auf die Nachricht vom Tode ALEXANDERs hin setzt sich in Athen

4.3 Politische Geschichte

323 v.Chr. die antimakedonische Partei durch, die nun die Stunde der Wiederherstellung der griechischen Unabhängigkeit gekommen sieht. Der *Korinthische Bund* wird für aufgelöst erklärt, und ein *Hellenischer Bund* unter athenischer Führung begründet, dessen Truppen mit Unterstützung der Aitoler ANTIPATER in der Festung Lamia (*Lamischer Krieg*) einschließen können. Als jedoch der *Aitolische Bund* und bald darauf andere Verbündete von Athen abfallen, und der makedonische Feldherr KRATEROS, aus Asien übersetzend, seine Truppen mit denen des ANTIPATER vereinigen kann, wendet sich das Blatt. Der *Hellenische Bund* ist den Makedonen nicht mehr gewachsen. Bei Amorgos wird 322 v.Chr. die athenische Flotte geschlagen, im selben Jahr bei Krannon auch das Landheer der Verbündeten. Athen erhält eine timokratische Verfassung und eine makedonische Garnison. Den Griechen wird somit vor Augen geführt, daß die makedonische Macht – wie bereits im 4. Jh.v.Chr. – den Symmachien griechischer Staaten überlegen ist. Trotz ihrer politischen und militärischen Schwäche werden die Hellenen von den Diadochen umworben. So erklärt nach ANTIPATERs Tod der *strategos* von Europa, POLYPERCHON, bereits 319 v.Chr. die Freiheit der Griechen: Frei, ohne Besatzung und autonom solle die *polis* sein, womit die Fiktion, daß die Welt der souveränen Stadtstaaten noch irgendwelche politische Relevanz besäße, aufrecht erhalten wird. In praxi allerdings können sich die *poleis* auch gegen elementare Eingriffe in ihre Verfassungen nicht wehren. So installiert KASSANDER von 317–307 DEMETRIOS von Phaleron als Machthaber und Garanten einer timokratischen Verfassung in Athen. Gänzlich zur leeren Worthülse gerät die Parole von der griechischen Freiheit in dem 302 v.Chr. von DEMETRIOS POLIORKETES erneuerten *Korinthischen Bund*, in dem die Mitglieder einer wesentlich schärferen Kontrolle als zu PHILIPP II. Zeiten ausgesetzt sind. Systematisch stützt KASSANDER während seiner Herrschaft in Makedonien (316–297) die Oligarchien in den Stadtstaaten, POLYPERCHON sucht im Gegenzug demokratische Ordnungen aufzurichten.

Jeder Diadoche hat zu irgendeinem Zeitpunkt auf die Thematik der griechischen Freiheit rekurriert. Der Übermacht der Könige vermag nur die Bundesstruktur (*koinon*), in der sich die Städte und Flecken eines größeren Gebietes unter Abtretung eines Teiles ihrer Hoheitsrechte zusammenfinden, einen gewissen Widerstand entgegenzusetzen. So erwirbt sich das *koinon* der Aitoler durch seinen Beitrag zur Rettung Delphis vor den Kelten 279 v.Chr. Ansehen. Anderseits sind die Aitoler, die über kein urbanes Zentrum von Rang verfügen, als unkultiviert und als gefährliche Piraten verrufen. Größerer Reputation erfreut sich das Achaiische *koinon*, das nach einer Verfallsperiode seit PHILIPP II. 280 v.Chr. neu begründet wird und nach der Mitte des 3. Jh.v.Chr. die

Vormacht auf der Peloponnes erringt. In den *koina* existieren Ratsversammlungen der Waffenfähigen sowie ein Rat als Exekutivausschuß, der im Aitolischen *koinon* im Laufe des 3. Jh.v.Chr. alle wesentlichen Agenden an sich zieht. Als oberster Magistrat fungiert ein Bundesstratege. Nachdem ANTIGONOS II. GONATAS (276–239) nach seinem spektakulären Sieg über die Gallier 277 v.Chr. seine Herrschaft in Makedonien gesichert hat, betreibt er gegenüber Griechenland eine Politik der Stützung von Tyrannenherrschaften, die nur durch makedonische Hilfe überleben können. Die Festungen (Akro-)Korinth, Chalkis und Demetrias, die PHILIPP V. als ‚Fußfesseln Griechenlands' bezeichnet hat, stellen die Eckpfeiler der makedonischen Hegemonie dar. Zur See bedroht Makedonien weiters die ptolemaiische Dominanz in der Ägäis, die nach der Gefangennahme des DEMETRIOS POLIORKETES (286 v.Chr.) begonnen hat. Dabei stützt sich Ägypten auf den von ANTIGONOS MONOPHTHALMOS geschaffenen *Nesiotenbund*, ein *koinon* der bedeutendsten ägäischen Inseln. Eine makedonische Seeherrschaft hätte Griechenland isoliert und eine antigonidische Vorherrschaft im östlichen Mittelmeer zur Folge gehabt. Dabei beteiligt sich PTOLEMAIOS II. PHILADELPHOS (285–246), möglicherweise sogar als treibende Kraft, an einem Gemeinschaftsunternehmen Athens mit AREUS von Sparta. Im folgenden *Chremonideischen Krieg* (benannt nach dem Antragsteller in der *ekklesia*, CHREMONIDES) operiert zwar eine ägyptische Flotte gegen die Makedonen, auch werden Festungen in Attika mit ptolemaiischer Hilfe errichtet, letztendlich muß Athen aber in diesem Krieg, der von 267–262/1 dauert, kapitulieren, nachdem AREUS bereits vier Jahre zuvor gefallen war.

ANTIGONOS II. überträgt die Verwaltung Athens einem Statthalter (*epistates*) und behält sich wesentlichen Einfluß auf die Bestellung der Beamten vor. Athen ist somit nicht mehr als souveräne Gemeinde zu betrachten. Die in der Folgezeit unerschütterlich scheinende Hegemonie Makedoniens in Griechenland wird 253/2 v.Chr. durch den Abfall des ALEXANDER – ein Neffe des ANTIGONOS GONATAS und Vizekönig in Korinth – schwer erschüttert, da die Verbindungen über den Isthmos, den zweiten neuralgischen Punkt in Griechenland neben den Thermopylen, nun nicht mehr gewährleistet sind, wodurch die Peloponnes unkontrollierbar wird. In dieser Situation bemächtigt sich ARATOS von Sikyon, der 251 v.Chr. die Tyrannis in seiner Heimat beendet und seit 245 v.Chr. den politischen Kurs des *Achaiischen Bundes* als Stratege prägt, Korinths, das er unter Zurückweisung diplomatischer Schritte seitens ANTIGONOS II. behält. Der Makedonenkönig sieht in ARATOS ursprünglich nur ein Werkzeug gegen den abtrünnigen ALEXANDER. Durch Korinth gedeckt, beseitigt ARATOS auf der Peloponnes die Tyrannen und führt die betreffenden Gemeinden in

4.3 Politische Geschichte

den *Achaiischen Bund*. In der Person PTOLEMAIOS III. EUERGETES finden die Achaier wiederum einen Helfer gegen Makedonien, wo ANTIGONOS der Entwicklung möglicherweise durch eine Aktivierung des Aitolischen *koinon* entgegentritt. Gegen DEMETRIOS II. von Makedonien (239–229) schließen sich das Aitolische und das Achaiische *koinon* zusammen und verhindern ein Vordringen Makedoniens.

Eine völlige Umkehr der Verhältnisse wird durch Sparta herbeigeführt. Der einst mächtige Lakedaimonierstaat steckt in einer Krise. Mitte des 3. Jh.v.Chr. gibt es nur noch ca. 700 Spartiaten, von denen etwa 100 über Landlose (*klaros*) verfügen und als vollwertige Bürger – und somit Kämpfer – gelten können. AGIS IV. (244–241) beabsichtigt daher, durch einen Schuldenerlaß und die Schaffung von 4500 Landlosen für Spartiaten bzw. 15.000 für kriegstaugliche Perioiken den gefährlichen Mangel an Wehrfähigen zu beheben. Er wird jedoch von seinen Gegnern ermordet. KLEOMENES III. (235–222), der die Witwe des AGIS ehelicht, greift dessen Idee auf und bildet aus Perioiken eine Truppe von 4.000 Mann. 227 v.Chr. kehrt er von einem siegreichen Feldzug gegen die Achaier nur mit seinen Söldnern nach Sparta zurück und schafft das *Ephorat* als nicht lykurgisch ab (vgl. Tausend oben 41). Die traditionelle spartanische Erziehung (*agoge*) wird wieder aufgenommen. KLEOMENES plant die Restauration der spartanischen Herrschaft auf der Peloponnes, wodurch er den *Achaiischen Bund* in existentielle Gefahr bringt, von dem zahlreiche Städte abfallen, deren Einwohner sich von KLEOMENES soziale Reformen erhoffen. Diese dramatische Entwicklung veranlaßt ARATOS, zum bisherigen Erbfeind Makedonien zu wechseln, wo 229–221 ANTIGONOS III. DOSON König und Vormund des jungen PHILIPP V. ist. Gegen die Rückgabe Korinths, welche 224 v.Chr. erfolgt, und ein Versprechen, in Hinkunft Politik in makedonischem Sinne zu betreiben, greift ANTIGONOS III. auf seiten der Achaier Sparta an. Bei Sellasia wird das spartanische Aufgebot 222 v.Chr. vernichtet; KLEOMENES flieht nach Ägypten, das, seiner überkommenen Politik folgend, Sparta gegen Makedonien unterstützt hat, und wird 219 v.Chr. infolge seiner Intrigen gegen PTOLEMAIOS IV. ermordet. Sparta erhält seine alte Verfassung zurück, das *Ephorat* wird erneuert, Könige werden jedoch nicht eingesetzt. Auch in den zu KLEOMENES abgefallenen Städten findet eine Restauration der Verfassungen statt. ANTIGONOS DOSON übt während seiner Herrschaftszeit die Hegemonie in Griechenland mittels eines hellenischen Bundes aus, der außer Makedonien auch Thessalien, den *Achaiischen Bund*, Boiotien, Epirus, Akarnanien sowie Phokis umfaßt. Die Aitoler bleiben dem Bunde fern, sie plündern sogar Mitglieder des *koinon*.

Dabei finden sie Unterstützung bei ehemaligen Anhängern des

KLEOMENES in Sparta. PHILIPP V. (221–179) zwingt als Oberhaupt des Hellenenbundes die Aitoler und ihre Verbündeten im *Bundesgenossenkrieg* (220–217) zum Frieden von Naupaktos. Auf Grund dessen wie im Hinblick auf den gleichzeitig stattfindenden Hannibalischen Krieg in Italien sehen die Griechen in PHILIPP V. einen Garanten der Sicherheit.

Das Eingreifen Roms in innergriechische Angelegenheiten (vgl. unten 91–93 und Doblhofer unten 114) verändert das Gleichgewicht der Kräfte in Hellas entscheidend. Im *1. Makedonischen Krieg* (215–205) schließt sich der allseits isolierte *Aitolische Bund* (212 v.Chr.) mit Rom zusammen, eine Allianz, die infolge der auf Plünderung und Sklavenjagd ausgerichteten römischen Kriegsführung die Aitoler einmal mehr als Außenseiter in Griechenland erscheinen läßt.

Das Achaiische *koinon*, seit der Schlacht von Sellasia auf den Kurs der makedonischen Politik eingeschworen, arrangiert sich unter dem Druck der Tatsachen 198 v.Chr. im *2. Makedonischen Krieg* (200–197) mit Rom, das dieses Wohlverhalten mit dem Einverständnis zu einer Ausbreitung der Achaier über die ganze Peloponnes honoriert. Als letzter bedeutender Staatsmann des Achaiischen *koinon* gelangt PHILOPOIMEN, der 183 v.Chr. in messenischer Gefangenschaft ermordet wird, zu legendärem Ruf, da er die Macht Spartas endgültig bricht. Mit dem *3. Makedonischen Krieg* (171–168), der mit Makedoniens Niederlage bei Pydna endet, ist Makedonien als Faktor der griechischen Politik ausgeschaltet. 148 v.Chr. wird diese Region als *provincia Macedonia* dem römischen Imperium eingegliedert (siehe auch unten 92). 147/6 lösen die Römer den *Achaiischen Bund* nach einem Aufstandsversuch auf, bei dessen Niederschlagung Korinth dem Erdboden gleich gemacht wird. Die römische Herrschaft über Griechenland wird nach diesem Schritt durch keine hellenische Macht mehr in Frage gestellt.

4.3.3.2 Ptolemaier und Seleukiden; Syrische Kriege

Beide Reiche hängen in ihren außenpolitischen Aktivitäten von der Stabilität der inneren Zustände ab, die in beiden Fällen im frühen 2. Jh.v.Chr. eine Tendenz zur Dauerkrise zeigen. Bis zur Regierungszeit PTOLEMAIOS IV. PHILOPATOR (221–204) erfreuen sich die Lagiden, die auf PTOLEMAIOS I. (sein Vater hieß LAGOS) zurückgehende Dynastie Ägyptens, der reichen Einkünfte, die durch das oben 79 beschriebene Wirtschaftssystem erzielt werden, da die Einheimischen ihre Rolle als bloße Produzenten im großen und ganzen akzeptieren. Hierin stellt die Schlacht von Raphia 217 v.Chr. (vgl. unten 88) einen entscheidenden Bruch dar, da hier erstmals eine aus Fellachen gebildete Phalanx wesentlichen Anteil am Sieg des ptolemaiischen Heeres hat. Infolgedessen erheben sich bis zum Ende des Lagidenhauses (30 v.Chr., als Ägypten römische Provinz wird) die Einheimischen, im Bewußtsein ihrer neuen Bedeutung, immer wieder gegen die fremden Herren. So behaupten sich beispielsweise 206–185 zwei nubische Pharaonen in Oberägypten; in den sechziger Jahren des 2. Jh.v.Chr. führt eine allgemeine Erhebung zu großen Bevölkerungsverlusten im ländlichen Bereich, und die Regierung PTOLEMAIOS IX. (88–80) ist durch einen allgemeinen Aufstand in der Thebaïs gelähmt. Als weiteres Element der Schwäche setzen 170 v.Chr. Thronwirren ein, die 163 und 116 v.Chr. zu Teilungen des lagidischen Besitzstandes zwischen verschiedenen Prätendenten führen. Auch die intellektuelle Elite der Hellenen in Alexandreia bleibt von den Verfallserscheinungen nicht verschont: Mitte des 2. Jh.v.Chr. werden oppositionelle Gelehrte, die sich gegen PTOLEMAIOS VIII. aussprechen, ausgewiesen und finden in Pergamon und Rhodos gastliche Aufnahme.

Das Seleukidenreich, ein infolge seiner Ausdehnung nur locker gefügtes Staatswesen, kann den von SELEUKOS I. erreichten Besitzstand in den ersten Jahrzehnten des 3. Jh.v.Chr. annähernd behaupten, sieht sich dabei aber mit Anstrengungen konfrontiert, die die Kräfte des Reiches bald überfordern. ANTIOCHOS I. (281–261) besiegt 275 v.Chr. die von NIKOMEDES I. von Bithynien zu Hilfe gerufenen Kelten in der sogenannten ‚Elephantenschlacht'. Dabei erweist sich der militärische Wert dieser Tiere, von denen SELEUKOS I. im Rahmen eines Abkommens mit TSCHANDRAGUPTA, dem Begründer des Maurya-Reiches (vgl. Galter – Scholz oben 27), in den letzten Jahren des 4. Jh.v.Chr. 500 Exemplare erhalten hatte; diese bilden den Grundstock einer erfolgreichen Züchtertätigkeit. Bereits um 260 v.Chr. etabliert sich das (Groß-)Kappadokische Reich (vgl. unten 90), durch dessen Ausdehnung die westkleinasiatischen Besitzungen der Seleukiden von Syrien beinahe isoliert werden. Im seleukidischen Kleinasien errichtet ANTIOCHOS HIERAX, der jüngere Bruder SELEUKOS II., von 242–228 eine de facto unabhängige Herrschaft. Nach HIERAX' Tod okkupiert ATTALOS I. von Pergamon diese Gebiete, die trotz kurzfristiger Rückeroberung den Seleukiden schließlich auf Dauer verloren gehen (vgl. unten 92 zum Frieden von Apameia). Im Osten verliert das Seleukidenreich seit der Mitte des 3. Jh.v.Chr. den iranischen Raum an die Parther (vgl. unten 90f.). Zur selben Zeit macht sich DIODOTOS, der Satrap von Baktrien, selbständig, woraus sich wenig später das gräkobaktrische Reich entwickelt (vgl. unten 89). ANTIOCHOS III. (223–187) versucht ein letztes Mal, die Auflösung des Staates im Osten rückgängig zu machen. Von 212–205 durchzieht er die iranischen Gebiete, welche vormals dem Verband des Reiches zugehörten, erreicht Indien und bewirkt eine kurzzeitige Anerkennung der seleukidischen Autorität durch die Parther und Gräkobaktrier. ANTIOCHOS nimmt

daraufhin den Titel ‚Großkönig' an, den die Griechen – in Anlehnung an ALEXANDER – in ‚der Große' (*Megas*) umformen.
Ende des 2. Jh.v.Chr. ist das Seleukidenreich im wesentlichen auf Syrien beschränkt, das 63 v.Chr. als römische Provinz *Syria* eingerichtet wird.

Seleukiden und Ptolemaier treten bereits in der Endphase des Kampfes gegen ANTIGONOS MONOPHTHALMOS in ein Konkurrenzverhältnis um Syrien, als PTOLEMAIOS I. 301 v.Chr. dieses Gebiet okkupiert, das seinem Besitzer wichtige Ressourcen zu bieten hat. Besonders das holzarme Ägypten muß an den Wäldern der Region (z.B. Zedern) zum Aufbau seiner Flotten, deren es zur Verwirklichung seiner ägäischen Politik bedarf, sowie den nautischen Kapazitäten der phoinikischen Handelsplätze hochgradig interessiert sein. In den Grundzügen entspricht diese politische Orientierung der der Pharaonen des Neuen Reiches (vgl. Galter – Scholz oben 24f.).

Bewogen von diesen Interessen kämpfen ANTIOCHOS I. und PTOLEMAIOS II., letzterer im Bunde mit kleinasiatischen Staaten, 280–279 erstmals gegeneinander, wodurch aber ebensowenig territoriale Veränderungen in Syrien eintreten wie in den ersten drei *Syrischen Kriegen* (274–271, 260–253, 246–241). Im *4. Syrischen Krieg* sichern die Ptolemaier nach dem Sieg von Raphia (vgl. oben 86) die Herrschaft in Südsyrien. Der *5. Syrische Krieg* (202–195) verläuft parallel zum 2. Makedonischen Krieg (vgl. oben 86) und ist eine Folgeerscheinung des Abkommens zwischen PHILIPP V. und ANTIOCHOS III. von 203/2 v.Chr., in dem angesichts der Schwäche Ägyptens die Aufteilung ptolemaiischen Besitzes vereinbart wird. Der Sieg von Paneion 200 v.Chr. führt zu einer Vormacht der Seleukiden in Syrien. Im Frieden, der 195 (?) v.Chr. zustande kommt, büßt Ägypten alle Außenbesitzungen in Asien, Thrakien und Syrien ein. Im *6. Syrischen Krieg*, den Ägypten beginnt (170–168), macht sich ANTIOCHOS IV. die Thronwirren im Lagidenhaus zunutze, indem er die Vormundschaft über seinen Neffen PTOLEMAIOS VI. beansprucht; zugleich läßt er sich zum Pharao erklären. Im Jahre 168 v.Chr., bei einem neuerlichen Einfall nach Ägypten, verhindert Rom eine Eroberung des Ptolemaierreiches durch ANTIOCHOS (vgl. unten 92). Nach dieser Zeit sind Seleukiden und Lagiden dermaßen mit anderen Problemen befaßt, daß sie – zumal der jüdische Hasmonäerstaat seit 128 v.Chr. die Kontrahenten trennt – keine Kämpfe um Syrien mehr führen. Diese staatliche Neubildung hat sich aus der Aufstandsbewegung des JUDAS MAKKABI entwickelt.

4.3.3.3 Die kleinen Staaten

Neben den Großreichen existiert eine Gruppe von Kleinstaaten, deren innerer Aufbau, kulturelle Orientierung und wirtschaftliche Potenz stark divergieren. Hellenisch geprägt sind folgende Reiche: *Pergamon*

4.3 Politische Geschichte

entwickelt sich aus der gleichnamigen Metropole unter der tatkräftigen Führung der Attalidendynastie zu einem Flächenstaat, wobei die erfolgreichen Kämpfe gegen keltische Volksstämme, die Galater, die sich nach 280 v.Chr. in Kleinasien niederlassen, zur Konsolidierung des neuen Staates beitragen. Die Dynastie bedient sich dabei des Schatzes, der seit LYSIMACHOS' Zeiten in der Burg verwahrt wird. Stabilität und Ansehen des Gemeinwesens resultieren in großem Maße aus den Erfolgen der Attaliden gegen die Kelten. Als ehemaliger Teil des Seleukidenreiches – ATTALOS I. (König seit ca. 230 v.Chr.) nützt die Sezession des ANTIOCHOS HIERAX für territoriale Erwerbungen – ist Pergamon auf Unterstützung gegen die ehemaligen Oberherren angewiesen. Diese Hilfe gewährt Rom, welches im Gegenzug auf die Loyalität Pergamons zählen kann. ATTALOS III. vermacht den Römern testamentarisch sein Reich (133 v.Chr.), das bald darauf zur *provincia Asia* wird.

Rhodos widersteht 305 v.Chr. dem Angriff des DEMETRIOS POLIORKETES und entwickelt sich in der Folgezeit zur bedeutendsten Handelsmacht des Mittelmeeres neben Karthago. Als Rhodos im *3. Makedonischen Krieg* nicht eindeutig Roms Partei ergreift, erklärt Rom Delos zum Freihafen, wodurch die Einnahmen von Rhodos aus dem Handel auf ein Siebentel der ursprünglichen Summe schrumpfen.

Epeiros, dessen Dynastie mit den Argeaden verschwägert ist, spielt unter PYRRHOS (vgl. Doblhofer unten 111) eine bedeutende Rolle in den ersten Jahrzehnten des 3. Jh.v.Chr. Bis zur Eingliederung in die Provinz *Macedonia* 148 v.Chr. tritt dieser Staat nicht weiter in den Vordergrund.

Syrakus: Seit dem 6. Jh. v.Chr. sehen sich die Westgriechen von Karthago bedroht und stehen daher immer wieder vor der Notwendigkeit, sich zur Abwehr des Gegners zusammenzuschließen. Diese Politik verfolgt auch AGATHOKLES (360–289), ein syrakusanischer Söldnerführer, der im Bündnis mit Etruskern einen großen Machtbereich in Sizilien und Unteritalien aufbaut und den kühnen Versuch wagt, auch nordafrikanische Regionen zu integrieren. Im 3. Jh.v.Chr. gelingt HIERON II. von Syrakus (306–215) als König von Sizilien eine Konsolidierung seines Staates, der zum Mittelpunkt der *Magna Graecia* wird. Mit seinem Frontwechsel im punisch-römischen Konflikt, bei dem HIERON ins Lager Roms überwechselt, bereitet er die Provinzialisierung Siziliens vor.

Baktrien, durch die Parther (vgl. unten 90f.) von der mediterranen Oikoumene isoliert, hat auf längere Sicht nicht die Kraft, sich der immer wieder einfallenden zentralasiatischen Nomadenvölker zu erwehren. Infolge der dürftigen Quellenlage sind nähere Darstellungen der baktrischen Geschichte kaum möglich.

Dynastien iranischer Herkunft, die in verschiedenem Ausmaß politisch-administrative Konzepte hellenistischer Provenienz übernehmen, regieren in *Pontos, Kappadokien, Armenien* und *Kommagene,* um nur die bedeutendsten Staaten zu nennen. In welchem Ausmaß diese Staaten eine bewußt iranistische Politik als Reaktion auf das Erscheinen der Makedonen-Griechen betreiben, ist schwer zu beurteilen, obgleich dies für Kappadokien immer wieder behauptet wurde. Die dynamische Politik MITHRADATES VI. EUPATOR, der zeitweise den römischen Einfluß auf Kleinasien ausschließt und sich zum Vorkämpfer der griechischen Freiheit stilisiert, machte Pontos von 88–63 in den *drei Mithradatischen Kriegen* zum bedeutendsten Gegner Roms (vgl. Aigner unten 125f., 128f.). Bithynien wahrt in den Diadochenkriegen seine Unabhängigkeit und lehnt sich seit dem 2. Jh.v.Chr. eng an Rom an, von dem es Schutz vor den Expansionsbestrebungen der pontischen Herrscher erwartet. 74 v.Chr. fällt Bithynien durch Erbschaft an Rom.

Galatien ist für die umliegenden Reiche vornehmlich als Rekrutierungsfeld für Söldnertruppen von Interesse, deren geringe Zuverlässigkeit jedoch einen permanenten Gefahrenherd darstellt; es wird 25 v.Chr. römische Provinz.

Das *Bosporanische Reich* ist durch seinen Getreidereichtum nach wie vor von Bedeutung, spielt aber politisch keine wahrnehmbare Rolle, bis es in die Aktivitäten MITHRADATES VI. einbezogen wird.

Der *Nabatäerstaat* mit seiner Hauptstadt Petra entwickelt sich durch seinen florierenden Handel (Weihrauchstraße aus Südarabien) zu einem bedeutenden Machtfaktor im Vorderen Orient.

4.3.4 Die hellenistischen Reiche und ihre Nachbarn

Gegenüber jenen Mächten, die den Komplex der hellenistischen Staatengemeinschaft bzw. einzelne Reiche bedrohen, finden sich die Großreiche nie zu akkordiertem Reagieren zusammen.

4.3.4.1 Der Aufstieg des Partherreiches

Im Zeitraum zwischen 250 und 150 v.Chr. drängen die Parther, iranische Reiternomaden, die Seleukiden aus Iran und Mesopotamien. In dieser Epoche bringt die Dynastie der Arsakiden, benannt nach ARSAKES I. (250–217), eine Reihe fähiger Monarchen hervor, die den Staat in den Rang einer ‚Weltmacht' erheben. MITHRADATES I. (171–139) arrondiert sein Reich auf Kosten des gräkobaktrischen Staates und erobert 148 v.Chr. Medien, den Schlüssel zu Mesopotamien, das nun dem parthischen Zugriff offensteht. 141 v.Chr. dürfte Ktesiphon Hauptstadt des Partherreiches geworden sein. MITHRADATES II. (124–88 v.Chr.) besetzt Nordmesopotamien, nimmt auch die makedonische

Militärkolonie Dura-Europos am oberen Euphrat ein und gewinnt weite Gebiete des ostiranischen Raumes. 92 v.Chr. trifft ein Emissär des MITHRADATES mit SULLA bei Malatya zusammen, wobei die Parther ein Bündnis anbieten. SULLA sieht die Iranier jedoch nicht als gleichwertige Partner an, eine Geringschätzung, die CRASSUS bei Carrhae (Harran) 53 v.Chr. zum Verhängnis wird (vgl. Aigner unten 129). Seit MITHRADATES I. zeigen die griechisch beschrifteten Parthermünzen den Titel ‚Großkönig', ebenfalls seit früher Zeit Titel wie *Philhellen* und *Dikaios* (vgl. oben 82), die verdeutlichen, daß die Arsakiden, anders als die Seleukiden, welche seit ANTIOCHOS I. die Iranier ignorierten, alle Gruppen des neugewonnenen Reiches, auch die griechischen Städte, gegenüber ihrer Herrschaft positiv zu stimmen trachten. Mögen die Parther auch anfangs nur beutehungrige Reiterkrieger gewesen sein, ihre Politik beweist, daß sie sich der universalen Konzeption des Achaimenidenreiches verpflichtet fühlen und – wie oben ausgeführt – auch dem hellenischen Erbe gegenüber aufgeschlossen sind. Rom erbt nach der Provinzialisierung des Seleukidenstaates (63 v.Chr.) den Konflikt mit den Parthern, über die gesiegt zu haben in der Kaiserzeit – neben Erfolgen gegen die Germanen – das höchste Prestige verleiht.

4.3.4.2 Das Auftreten Roms in der hellenistischen Welt

In der Beurteilung der Politik, die Rom Einfluß auf die Gegebenheiten im Osten der Mittelmeerwelt nehmen läßt und welche bisher aus griechischer Sicht dargestellt wurde, stehen sich in der modernen Forschung nach wie vor zwei Positionen antinomisch gegenüber: die eine will ein allmähliches, eher von Notwendigkeit erzwungenes Hineinwachsen erkennen, die andere sieht im Eingreifen Roms ein langfristiges imperialistisches Konzept. Das Engagement Roms auf der Balkanhalbinsel beginnt mit den beiden *Illyrischen Kriegen*, 229 und 219 v.Chr., die noch keine greifbaren Auswirkungen auf Makedonien oder Griechenland zeitigen (vgl. Doblhofer unten 113). Der *1. Makedonische Krieg* (215–205) kann mit dem Bündnis zwischen PHILIPP V. und mit HANNIBAL begründet werden, wodurch Rom, das im *2. Punischen Krieg* durch die Karthager zu einem Kampf ums Überleben gezwungen wird, Gegenmaßnahmen ergreifen muß. Der Krieg bringt Rom aber keinen Erfolg, es tritt sogar im Frieden von Phoinike 205 v.Chr. Gebiete an PHILIPP V. ab. Der *2. Makedonische Krieg* (200–197) kann kaum damit begründet werden, daß die Römer in ihren unmittelbaren Interessen gefährdet gewesen seien. Die Kriegserklärung an Makedonien resultiert vielmehr aus dem Hilfegesuch von Rhodos und dem des von PHILIPP schwer bedrängten Pergamon, das in die Kriegshandlungen aufgrund des Geheimvertrages zwischen ANTIOCHOS III. und

PHILIPP V. (203/2) über die Aufteilung des ptolemaiischen Außenbesitzes hineingezogen worden ist. Trotz der Weigerung der Volksversammlung, nach dem schwer errungenen Sieg über HANNIBAL sofort wieder einen Krieg zu beginnen, arbeitet eine Gruppierung im Senat auf ein Eingreifen im Osten hin. Als ihr Exponent wird 200 v.Chr. P. SULPICIUS GALBA, ein Makedonienexperte, zum Konsul gewählt. Nach dem Scheitern diplomatischer Schritte eröffnet Rom die Feindseligkeiten, die 197 v.Chr. in der Schlacht von Kynoskephalai mit der Niederlage PHILIPPs V. enden. Die Unsicherheit Roms darüber, wie mit Griechenland nach der Ausschaltung Makedoniens zu verfahren sei, zeigt sich in der Freiheitserklärung für Hellas, die T. QUINCTIUS FLAMININUS bei den Isthmischen Spielen 196 v.Chr. verkünden läßt. Rom zieht zwei Jahre danach seine Truppen aus Griechenland zurück, nimmt aber durch Kommissionen und Legaten auf die Wirrnisse der griechischen Staatenwelt allerorten Einfluß, wodurch es sich verhaßt macht. Protagonist der antirömischen Tendenzen ist das *koinon* der Aitoler. Dieses verwickelt 191 v.Chr. ANTIOCHOS III. in die innergriechische Politik, nachdem – nicht zuletzt durch HANNIBALS Erscheinen am seleukidischen Hof – Rom und die Seleukiden zunehmend auf Konfrontationskurs gegangen waren. 189 v.Chr. unterliegt das seleukidische Heer bei Magnesia den römischen Legionen, was in der Folge 188 v.Chr. zum Frieden von Apameia führt. ANTIOCHOS verliert ganz Kleinasien bis zum Taurus; Vormacht dieses Raumes ist nunmehr das romhörige Pergamon. Dessen König EUMENES II. informiert 172 v.Chr. persönlich den Senat von den Rüstungsanstrengungen des PERSEUS, der 179 v.Chr. auf PHILIPP V. als König von Makedonien folgt. Als EUMENES auf der Rückreise von Rom bei einem Anschlag verletzt wird, sieht man in PERSEUS den Urheber des Attentats, woraufhin Rom Makedonien angreift (*3. Makedonischer Krieg,* 171–168). 168 v.Chr. wird PERSEUS bei Pydna geschlagen; rund 20.000 Makedonen fallen im Kampf. Makedonien wird von den Römern in vier souveräne Staaten geteilt (*Tetrarchie*), zwischen denen Heirat (*conubium*) und Handel (*commercium*) untersagt sind. Die Flotte Makedoniens wird Bithynien überlassen, Edelmetallabbau und Salzimport sind untersagt. Truppen werden nur zugelassen, soweit sie zur Abwehr der Stämme im Norden dienen (vgl. Doblhofer unten 114).

168 v.Chr. zeigt Rom auch den Seleukiden, daß es nunmehr gesonnen sei, kompromißlose Machtpolitik zu betreiben. Der Legat POPILIUS LAENAS befiehlt ANTIOCHOS IV., Ägypten, das im Begriffe steht, vom Seleukidenreich durch Personalunion übernommen zu werden, wieder zu verlassen. Der letzte Schritt zur Auslöschung der makedonischen Macht erfolgt, nachdem 149 v.Chr. ein angeblicher Sohn des PERSEUS, ANDRISKOS, einen Aufstand organisiert und sogar römi-

sche Truppen besiegt. 148 v.Chr. wird Makedonien, vereint mit Epirus, als Provinz eingerichtet. Abgesehen von den mithradatischen Kriegen sieht sich Rom in der Folgezeit keinem ernsthaften Widerstand seitens der verbliebenen hellenistischen Staaten mehr gegenüber.

4.4 Zusammenfassung

Die hellenistische Staatenwelt kann bei der Bewältigung der Aufgabe, Reiche von teilweise gewaltigem Ausmaß zu organisieren, kaum auf griechische oder makedonische politische Konzepte zurückgreifen, da erstere den Horizont der griechischen Poliswelt, letztere den der stammstaatlichen Organisationsformen kaum überschreiten. Somit ist die Rezeption vorderasiatischer Verwaltungstraditionen – in griechischem Gewande – unumgänglich. Angesichts dieser Aufgaben präsentiert sich das hellenistische Königtum substantiell als ein Novum, das über seine historischen Wurzeln und Voraussetzungen weit hinausgeht.

Die Ansichten darüber, welche Pflichten dem Herrscher gegenüber den Untertanen und dem göttlichen Bereich zukommen, bleiben bis in die Neuzeit für das Bild vom König und Kaiser verbindlich, wobei der römische Prinzipat die Ausgestaltung der Formen vervollständigt.

4.5 Ausgewählte Literatur

1. H. BENGTSON, *Herrschergestalten des Hellenismus*. München 1975
2. J.G. DROYSEN, *Geschichte des Hellenismus*. (ND von 1877) Bd. I, II (1952), Bd. III (1953) Basel
3. H.J. GEHRKE, *Jenseits von Athen und Sparta*. München 1986
4. P. GRIMAL, *Der Hellenismus und der Aufstieg Roms* (Die Mittelmeerwelt im Altertum). Frankfurt/Main 1965 (Fischer Weltgeschichte 6)
5. H. HABICHT, *Gottmenschentum und griechische Städte*. München 1970
6. H. HABICHT, *Studien zur Geschichte Athens in hellenistischer Zeit*. Göttingen 1982 (Hypomnemata 73)
7. H. HEINEN, *Untersuchungen zur hellenistischen Zeit*. Wiesbaden 1972 (Historia Einzelschriften 20)
8. A. KUHRT/S. SHERWIN-WHITE, *Hellenism in the East*. Berkeley/Los Angeles 1987
9. G.H. MACURDY, *Hellenistic Queens*. (ND von 1932) Chicago 1985
10. A. MEHL, *Seleukos I. Nikator und sein Reich, 1. Teil, Seleukos' Leben und die Entwicklung seiner Machtposition*. Leiden 1986 (Studia Hellenistica 28)
11. I. OELSNER, *Materialien zur babylonischen Gesellschaft und Kultur in hellenistischer Zeit*. Budapest 1986 (Assyriologica VII)
12. W. ORTH, *Königlicher Machtanspruch und städtische Freiheit*. München 1977

13. M. ROSTOVTZEFF, *Gesellschafts- und Wirtschaftsgeschichte der hellenistischen Welt* (engl. 1941. Übersetzung G. und E. Bayer), Bd. I. Darmstadt 1955, Die politische Entwicklung, 1–144
14. F.K. WALBANK, *Die hellenistische Welt* (engl. 1981. Übersetzung M. Barth, K. Brodersen). München 1983 (dtv Geschichte der Antike)
15. E. WILL, *Histoire politique du Monde Hellénistique*, Tom. *I* (1979), II (1982), Nancy

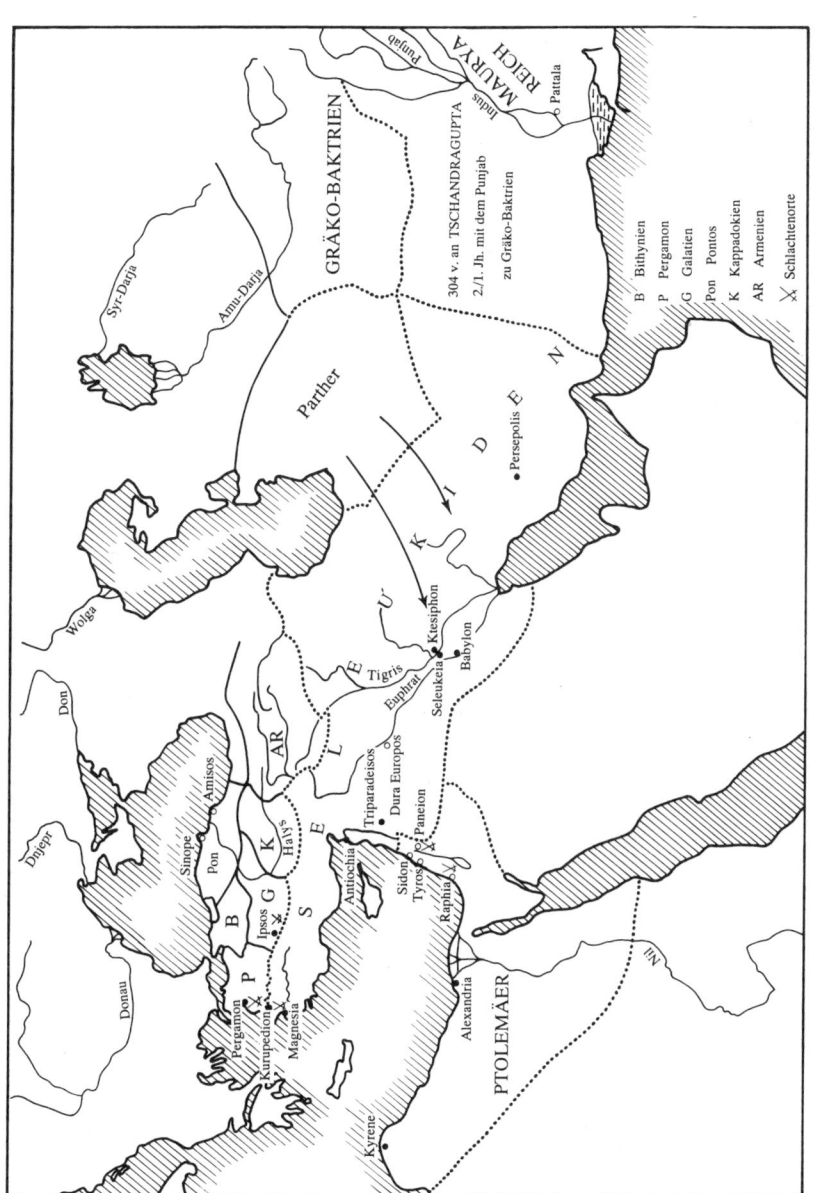

Die hellenistischen Reiche im 3. Jh. v.Chr.

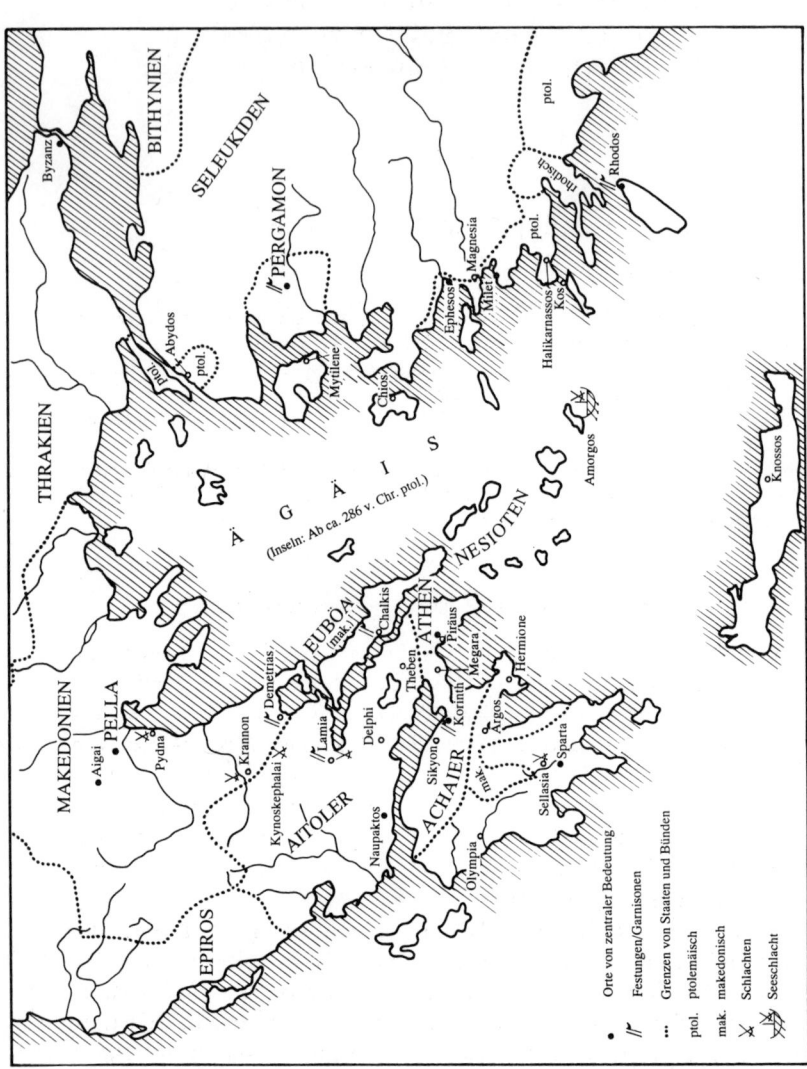

Griechenland (Mitte 3. Jh. v.Chr.)

5 Römische und italische Geschichte von den Anfängen bis zum Ende der Punischen Kriege

Georg Doblhofer

5.1 Ur- und Frühgeschichte Italiens

5.1.1 Quellen

Neben sprachgeschichtlichen Untersuchungen zu etruskischen und italischen Inschriften bieten vor allem archäologische Funde Aufschlüsse über die Ur- und Frühgeschichte Italiens. Auf dieser Grundlage aber sind Vorgänge wie Einwanderungen oder Expansionen von allmählicher gegenseitiger Durchdringung oder der Weitergabe bzw. Vermittlung von Kulturgütern vielfach nicht auseinanderzuhalten.

Die Geschichte der Etrusker wird auch in den schriftlichen Quellen zur römischen Geschichte behandelt (vgl. unten 101f.). Zu den Quellen zur griechischen Kolonisationsbewegung vgl. Tausend oben 31.

5.1.2 Italien bis zum Ende des 2. Jahrtausends

Die ersten menschlichen Spuren stammen aus dem *Paläolithikum* (um 100.000); Steinwerkzeuge finden sich in Ober- und Unteritalien, daneben gibt es Funde von Bestattungen und Feuersteingeräten aus dem *Spätpaläolithikum* (ca. 30.000–10.000) und dem *Mesolithikum* (um 10.000–6000) in Ligurien.

Aus dem *Neolithikum* (ca. 6000–1800) wurden in Italien Wohnhöhlen und Hüttendörfer, geschliffene Steinwerkzeuge und Keramik gefunden; im Nordwesten herrscht in dieser Zeit die Kultur der vorindoeuropäischen Ligurer vor.

Im *Spätneolithikum* (ca. 2000–1800) existiert in Oberitalien die *Remedello*-Kultur mit Beziehungen zur *Glockenbecher*-Kultur Südfrankreichs, Spaniens und Böhmens; in Unteritalien die *Molfetta*-Kultur mit Beziehungen zu Korkyra und zur Sesklo-Keramik in Griechenland, auf Sizilien die *Stentinello*-Kultur, deren Keramik Beziehungen zur Bandkeramik und ebenfalls zur Sesklo-Kultur aufweist.

Die *Bronzezeit* in Italien dauert ungefähr von 1800–1200; die Träger der *Terramare*-Kultur in Oberitalien wohnen in Pfahlbauten auf trokkenem Boden, die von Wällen und Gräben umgeben sind; ihre Dörfer haben rechtwinklige Straßen. Die Benutzung von Pferden und die Totenverbrennung sind weitere Charakteristika dieser Kultur. Ihre unbemalte schwarzgraue Keramik zeigt Verbindungen zum mitteleuropäischen Raum. Die Terramare-Kultur geht um 1200 unter. Daß ihre Vertreter erste indoeuropäische Einwanderer seien, wird heute kaum noch vertreten. Die *Apennin*-Kultur in Mittel- und Unteritalien wirft ähnliche Fragen auf (ob äußerer Einfluß oder autochthone Entwicklung entscheidend sind); hier zeichnet sich in der Forschung eine Synthese ab, wonach es eine langanhaltende, vielfältige Beeinflussung von außen gegeben haben muß, zu der die Einwanderung nur als ein Faktor neben kulturellen und kommerziellen Kontakten zählt. Die Träger der Apennin-Kultur wohnen in Höhlen, ihre Keramik zeigt Mäander- und Spiralmuster; Tote werden in künstlichen Grotten oder sogenannten Fossagräbern bestattet. In Süditalien und Ostsizilien gibt es Funde von spätmykenischer Keramik und Linear B-Inschriften.

5.1.3 Die indoeuropäischen Italiker

Die Eisenzeit beginnt um ca. 1200; es läßt sich die Auflösung der Terramare-Kultur und die Zurückdrängung der Apennin-Kultur in gebirgige Rückzugsgebiete feststellen. Daß die Einwanderung der *Italiker* in diesen Zeitraum fällt, ist nicht zwingend zu beweisen: Der Bruch mit dem Vorhergehenden ist nicht so ausgeprägt wie in Griechenland (zu parallelen Vorgängen dort und am Balkan vgl. Tausend oben 34f.), doch macht das gleichzeitige Aufkommen der Brandbestattung an vielen Orten in ganz Italien und die allgemeine Verbreitung bestimmter Gefäßformen (zum Beispiel in der *Protovillanovakultur*), die mit solchen aus Kulturen nördlich der Alpen verwandt sind, eine Einwanderung wahrscheinlich. Unsicher ist, ob die Italiker als geschlossene Volksgruppe oder bereits als voneinander unterschiedene Stämme einwandern, doch ist wegen der starken (allerdings erst 500–800 Jahre später feststellbaren) sprachlichen Differenzierung und der nachgewiesenen Einwanderung in mehreren Wellen letzteres wahrscheinlicher.

Die archäologischen Funde der Eisenzeit hat man zunächst unter der Annahme gegliedert, daß die eingewanderten Italiker ihre Toten verbrennen, während die altmediterrane Bevölkerung die ihren bestattet. Aufgrund der Funde von Körperbestattungen in den später von *Umbro-Oskern* bewohnten Gebieten (von den Berglandschaften des Apennin bis nach Süditalien) mußte man diese Theorie dahingehend modifizieren, daß nur noch die gemäß der nunmehr korrigierten Theorie ca. 200 Jahre früher eingewanderten *Latino-Falisker* (in Latium) als ‚verbrennende' Italiker angesehen wurden. Weitere Funde aus der gleichen Zeit am selben Ort haben den Eindruck bestätigt, daß die ethnische Zuordnung nur aufgrund der Bestattungsformen nicht immer eindeutig ist; die Einflüsse der altmediterranen Bevölkerung auf die Einwanderer müssen dabei in Rechnung gestellt werden.

5.1 Ur- und Frühgeschichte Italiens 99

Die Italiker leben (im Gegensatz zu Etruskern und Griechen) in einer rein bäuerlichen Kultur in Dörfern, die vermutlich zu Verteidigungszwecken zu lokalen Einheiten zusammengefaßt sind (Existenz von Fluchtburgen). Der Name der Italiker leitet sich vielleicht vom Stamm der Italer in Bruttium (Süditalien) ab.

5.1.4 Die griechischen Kolonien in Unteritalien und Sizilien

Seit der Mitte des 8. Jh. wandern Griechen aus dem Mutterland auch nach Italien aus (zu den Ursachen der griechischen Kolonisationsbewegung vgl. Tausend oben 37) und gründen nach der ältesten Ansiedlung, Pithekussai auf Ischia, weitere küstennahe Kolonien in Unteritalien wie Kyme, Tarent, Sybaris, Kroton und Rhegion, auf Sizilien Messana (das frühere Zankle), Syrakus, Gela, Selinus und Akragas.

Die Bedingungen für die Ansiedlung der Griechen sind günstig, da die Zentren der italischen Bevölkerung nicht an der Küste, sondern weiter im Landesinneren liegen. Zu Konflikten kommt es daher zunächst nicht mit den Italikern, sondern mit den am Handel interessierten Etruskern und Karthagern (in Sizilien). Der etruskische Widerstand und das Entstehen des karthagischen Reiches (vgl. unten 112) setzen der Ausbreitung der Griechen in Italien und Sizilien Grenzen. Trotzdem vermitteln ihre Städte in hohem Ausmaß griechische Kultur in ganz Italien.

5.1.5 Die Etrusker

Die immer wieder diskutierte Frage nach dem Ursprung der Etrusker läßt sich nach wie vor nicht schlüssig beantworten. Gegen die These der älteren Forschung von einer Einwanderung der Etrusker aus dem Osten (Kleinasien) spricht das Fehlen von archäologischen Spuren hierfür im 9./8. Jh. Die jüngere Forschung entwirft im Gegensatz dazu folgendes Modell: Die Überlagerung der altmediterranen Bevölkerung durch die Italiker habe sich bei deren Ausbreitung von Osten nach Westen immer mehr abgeschwächt; der archäologische Befund im Bereich der seit dem 10. Jh. greifbaren *Villanova*-Kultur (deren Verbreitung mit dem späteren Siedlungsgebiet der Etrusker weitgehend übereinstimmt) sei mit einer solchen Überlagerung gut zu erklären. Dieser Theorie zufolge sind die Etrusker also ein Restbestand der altmediterranen Bevölkerung mit einem gewissen Anteil italischer Elemente, die sich auch in den zwar lesbaren, aber bisher nur in Ansätzen verständlichen etruskischen Sprachdenkmälern feststellen lassen.

Die große Aufnahmebereitschaft und Wandlungsfähigkeit der Etrusker zeigt sich zunächst in ihrer Aufgeschlossenheit für orientalische Einflüsse ungefähr vom 8.–6. Jh. Möglicherweise ist der überregionale Zug der etruskischen Kultur durch die ergiebigen Metallvorkommen im nördlichen Küstengebiet Etruriens und auf Elba zu erklären, die zur Ausbildung von weitreichenden Handelsbeziehungen führen. Importierte Produkte aus Kleinasien, Griechenland, Ägypten, Syrien und Zypern sind neben einheimischer Goldschmiedekunst und Elfenbeinschnitzerei in großer Zahl als Grabbeigaben gefunden worden.

In der Folgezeit überwiegen die griechischen Einflüsse in so starkem Ausmaß, daß Etrurien als griechische Kulturprovinz der archaischen Zeit bezeichnet werden kann. Bildliche Darstellungen lassen erkennen, daß sich diese Einflüsse neben der materiellen Kultur auch auf die mythologischen Vorstellungen erstrecken.

Was die Etrusker von allen anderen Bewohnern Italiens unterscheidet, ist ihre Lebensweise in Städten (wie zum Beispiel Caere, Tarquinii, Populonia, Vetulonia, Clusium, Volsinii und Veii); diese bilden sich zwischen dem 9. und 7. Jh. und dürften ihre Entstehung der auf den Handel ausgerichteten Wirtschaftsstruktur verdanken. Letztere trägt vermutlich auch zu einer starken sozialen Differenzierung bei. Die Städte sind unabhängige Stadtstaaten, die aber über ein gemeinsames religiöses Zentrum (Hain der *Voltumnia* bei Volsinii) und eine lockere Bundesstruktur *(Zwölfstädtebund)* verfügen

Neben schriftlichen Quellen geben auch bildliche Darstellungen Hinweise auf eine relativ hohe soziale Stellung der Frau (Matrilinearität, Zutritt zu öffentlichen Festen und zu Banketten).

In der etruskischen Religion werden Naturkräfte als göttliche Erscheinungen angesehen; manche religiöse Formen (anthropomorphe Gestalt, Tempelbau) sind von den Griechen übernommen. Die Etrusker haben auch einen ausgeprägten Jenseitsglauben; der hohe Stellenwert der Vorzeichenlehre (Mantik) mit Eingeweideschau, Vogelschau und Beobachtung von Blitz und Donner spiegelt sich in der Weitergabe vieler dieser Bräuche an die Römer.

5.1.6 Außenpolitik der Etrusker

Im 6. Jh. kommt es zur Expansion der Etrusker zunächst nach Süden (Latium und Kampanien), wobei zahlreiche Städte gegründet werden: Rom, Praeneste, Tusculum, Capua, Nola, Nuceria, Pompeii, Herculaneum und andere. Der anschließende Vorstoß nach Norden seit der 2. Hälfte des 6. Jh. (zum Beispiel Gründung von Mantua, Adria, Spina) ist nur teilweise erfolgreich; Venetien kann nicht einbezogen werden.

Das Handelsinteresse der Etrusker bringt sie ähnlich wie die Karthager in Gegnerschaft zu den Griechen; nach Auseinandersetzungen um die Insel Korsika besiegen Etrusker und Karthager die Griechen in der Seeschlacht vor Alalia (ca. 540). Weitergehende Versuche der

Etrusker, die Griechen aus Kampanien zu vertreiben, scheitern 474 vor Kyme durch einen Seesieg der Griechen. Nach dieser Niederlage bricht die Vorherrschaft der Etrusker über Kampanien bald zusammen. Ende des 5. Jh. machen eindringende keltische Stämme die Ergebnisse der etruskischen Expansion in Norditalien zunichte. Kurz zuvor (396) ist Veii von den Römern eingenommen und als selbständige Stadt vernichtet worden, 357–354 werden Caere und Tarquinii besiegt. Im Verlauf des 3. Samniterkriegs 298–290 (vgl. unten 110f.) gliedert Rom die bis dahin noch unabhängigen etruskischen Städte in sein Bundesgenossensystem ein, 265 wird das alte etruskische Zentrum Volsinii nach inneren Streitigkeiten völlig zerstört und die Bevölkerung umgesiedelt. Seit dieser Zeit beherrscht Rom die italische Halbinsel.

5.2 Römische Geschichte bis 146 v.Chr.

5.2.1 Quellen

Historiographische Quellen
Die meisten erhaltenen Werke schöpfen aus den bis auf wenige Fragmente verlorengegangenen Werken der Annalisten, die ihren Stoff nach Jahren gliedern. Ihre Nachrichten finden sich bei LIVIUS (1. Jh.v./1. Jh.n.Chr.) in den *libri ab urbe condita* (davon erhalten 1–10 und 21–45 für die Zeit bis 293 und von 218–167), bei DIONYSIOS von Halikarnassos (1. Jh.v.Chr.) in den *antiquitates* (Bücher 1–10 bis 443, danach fragmentarisch) und bei DIODORUS SICULUS (1. Jh.v.Chr.) in der *Bibliotheke* (Bücher 7–40, von der Frühzeit bis Caesar). POLYBIOS (2. Jh.v.Chr.) will mit seiner Universalgeschichte (vom 1. Punischen Krieg bis 216, danach nur fragmentarisch) an TIMAIOS von Tauromenion anschließen. In APPIANS (1./2. Jh.n.Chr.) vor allem nach geographischen Räumen gegliederten *Romaika* wird die römische Geschichte bis 146 in den Büchern über die Bürgerkriege und verstreut auch in anderen Büchern dieses Werks behandelt.

Andere literarische Quellen
PLUTARCH (1./2. Jh.n.Chr.) in seinen *Biographien* (Romulus, Numa, Valerius Poplicola, Coriolan, Camillus, Q.Fabius Maximus Cunctator, M.Claudius Marcellus); CICERO (2./1. Jh.v.Chr.) in verschiedenen Schriften, vor allem in *de re publica*, *de legibus* und *de officiis*; CORNELIUS NEPOS (1. Jh.v.Chr.) in seinen *Biographien* (Hamilkar, Hannibal, Cato maior). Eine Fülle antiquarischer Notizen findet sich bei: VARRO (2./1. Jh.v.Chr.) in dem Werk *de lingua Latina;* OVID (1. Jh.v./1. Jh.n.Chr.) in den *fasti* (römischer Festkalender); PLINIUS (1. Jh.n.Chr.) verstreut in den 37 Büchern der *naturalis historia;* GELLIUS (2. Jh.n.Chr.) in den *noctes Atticae* (viele Zitate früherer Autoren); FESTUS (2. Jh.n.Chr.) in seinem Auszug aus der Schrift *de significatu verborum* des VERRIUS FLACCUS.

Epigraphische Quellen
Der wahrscheinlich sakrale Inhalt der Forumsinschrift vom *lapis niger* (um 500) ist nach wie vor ungeklärt. Die *Zwölftafelgesetze* von 451 (nur in Zitaten späterer Autoren erhalten) sammeln Bestimmungen des Privatrechts, Strafrechts und Sakralrechts. Die Grabinschriften der Scipionen und das Eulogium auf C.DUILIUS enthalten die wichtigsten Stationen (Leistungen, Ämter) aus dem Leben der Geehrten. Das *senatus consultum de Bacchanalibus* von 186 (es regelt das Vorgehen gegen die Ausbreitung des Dionysos-Kultes auch in den Städten der Bundesgenos-

sen) ist ein Dokument der Entschlossenheit Roms, seine Interessen auch auf Kosten der Souveränität seiner Bundesgenossen durchzusetzen. Die *fasti consulares* (am wichtigsten darunter die *fasti Capitolini*, inschriftlich erhalten aus augusteischer Zeit) sind Beamtenlisten mit den Namen der Konsuln, deren Authentizität für die Frühzeit der Republik allerdings immer wieder angezweifelt wird.

Numismatische Quellen
Ein ausgeprägtes Geldwesen gibt es erst seit dem 1.Drittel des 3. Jh. Die Münzen seither weisen mit ihren stereotypen Darstellungen etwa von Mars, Roma, Victoria, Ianus, der römischen Wölfin oder den Dioskuren vor allem auf Macht und Größe Roms hin; Anspielungen auf historische Ereignisse sind vergleichsweise selten (etwa die Darstellung eines Schiffsvorderteils, die entweder an den Gewinn der Flotte Antiums 338 oder den Seesieg bei Mylae 260 erinnert). Erst seit dem Ende des 2. Jh. bilden die Münzmeister auf ihren Münzen immer häufiger die Leistungen ihrer Vorfahren ab.

Insgesamt gesehen ist die Historizität der überlieferten Daten und Ereignisse der römischen Königszeit und der frühen Republik weitgehend umstritten, da große Unsicherheit darüber herrscht, welche Quellen den uns überlieferten antiken Historikern vorgelegen haben. Daher ist das früheste in der Forschung unumstrittene Datum das des zugleich in der griechischen Historiographie überlieferten Galliereinfalls zwischen 389 und 386.

5.2.2 Sozialökonomische Verhältnisse

Zur sozialen Struktur der römischen Gesellschaft vgl. unten 105f. In wirtschaftlicher Hinsicht ist Rom in erster Linie ein Staat von Bauern. Schon früh führt die Institution der Schuldsklaverei (*nexum*), der viele ärmere Bauern verfallen, zu sozialen Spannungen, die schließlich die Auseinandersetzung der Ständekämpfe zwar wahrscheinlich nicht auslösen, aber doch begünstigen.

Überregionale Elemente der Wirtschaftsstruktur Roms in der Frühzeit sind seine Lage an einem Handelsweg von Etrurien nach Latium und Kampanien und die Salinen an der Tibermündung. Die Bedeutung des Handels steigt erst mit der umfassenden Ausbreitung der Münzgeldwirtschaft seit dem 1. Drittel des 3. Jh., die im wesentlichen durch Roms Eintritt in die griechische Welt Unteritaliens und Siziliens bewirkt wird.

Die sich entwickelnde Münzgeldwirtschaft führt aber auch zur Polarisierung des Reichtums und zu Vermögenskonzentrationen bei einigen wenigen. Neben der Herausbildung des neuen Standes der *equites,* deren politisch bedeutsamste Gruppe (organisiert in sogenannten *societates publicanorum,* Gesellschaften der Steuerpächter) sich der Verwaltung der Steuerpachten widmet, bewirkt dieser Vorgang auch soziale Spannungen, die durch Belastungen, die dem Kleinbauerntum aus den immer ausgedehnteren Kriegszügen entstehen, immer wieder verschärft werden. Die Sklaverei spielt zunächst wirtschaftlich eine eher geringe Rolle, was sich erst seit dem 3. Jh. durch den massenhaften Zustrom von Kriegsgefangenen aus dem Osten und die Übernahme jener Formen der Sklaverei ändert, die die Römer auf Sizilien kennenlernen. Erst seit dieser Zeit verschlimmern mit Sklaven bewirtschaftete Großgüter (Latifundien) zusätzlich die Lage der römischen Kleinbauern, wozu aber auch die Integration von traditionellen Getreideanbaugebieten wie Sizilien in den römischen Herrschaftsbereich beiträgt.

Die Auseinandersetzungen mit der hellenistischen Staatenwelt (vgl. Panitschek oben 91ff.) öffnen Rom auch für deren kulturelle Einflüsse; dies führt unter anderem zu einer Aufweichung der bis dahin herrschenden Homogenität in den Normen- und Wertvorstellungen der römischen Aristokratie. An der Wende vom 3. zum 2. Jh. verkörpern SCIPIO AFRICANUS und CATO MAIOR die gegensätzlichen Standpunkte in dieser Entwicklung.

5.2.3 Das frühe Rom

Die Antike kennt zwei Gründungsmythen Roms; die Sage vom trojanischen Flüchtling Aeneas ist griechischen Ursprungs und seit dem 6. Jh. (STESICHOROS) belegt. Die Griechen erfinden sie vermutlich, um die neu in ihr Blickfeld tretende Stadt in das vertraute Geschichtsbild einzufügen. Die wesentlich später und unabhängig davon auftretende Sage von Romulus und Remus wird dann mit jener ersten Überlieferung verbunden. Die sich dabei ergebende chronologische Lücke zwischen dem Untergang Trojas (nach antiker Berechnung 1184/3) und der Gründung durch Romulus und Remus (VARRO zufolge um 753) wird mit der sagenhaften Reihe der ‚Könige von Alba Longa' gefüllt.

Die archäologischen Funde ergeben folgendes Bild: Seit dem 10./9. Jh. gibt es auf Palatin und Esquilin früheisenzeitliche Siedlungen. Importierte Keramik der Forumsnekropole erlaubt deren chronologische Bestimmung. Den sakralen Mittelpunkt bildet der Hügel des Kapitols, auf dem der Himmelsgott Iupiter verehrt wird.

Wann diese Siedlung den Charakter einer Stadt erreicht, ist eine Definitionsfrage; eine umfassende Stadtmauer wird erst nach dem Galliereinfall in der Mitte des 4. Jh. errichtet, doch ändert sich der archäologische Befund seit dem Ende des 7. Jh. allmählich so stark (Häuser mit Ziegeldächern, Tempelbauten, Anlage eines gepflasterten Marktes und neuer Straßen, Errichtung einer Burg auf dem Kapitol), daß man von einer Stadtwerdung in diesem Zeitraum wohl sprechen darf. Die alte These von einem einmaligen Zusammenschluß (*synoikismos*) ethnisch unterschiedlicher Streusiedlungen (Latiner auf dem Palatin, Sabiner auf dem Quirinal) wird nur mehr selten vertreten.

Der etruskische Einfluß bei der Stadtwerdung Roms ist unübersehbar. Einerseits sind die Etrusker mit ihrer städtischen Lebensform das überdies auch geographisch naheliegende Vorbild, andererseits spricht neben einer (in ihrer Bedeutung allerdings schwer einzuschätzenden) Konzentration etruskischer Einwohner am Fuß des Kapitols (*vicus Tuscus*) die große Anzahl von (später feststellbaren) römischen Einrichtungen und Gebräuchen etruskischen Ursprungs dafür, daß Rom zu dieser Zeit als etruskische Siedlung bezeichnet werden muß: etwa die Herrscherinsignien, die Liktoren mit den Rutenbündeln (*fasces*), der Amtssessel (*sella curulis*), die Sitte des Triumphzugs, die staatliche Vorzeichenschau und der Brauch des Ziehens einer Furche *(sulcus primigenius)* um das Stadtgebiet (zu unterscheiden vom *pomerium*, das den Kultraum der Stadt begrenzt). Die Römer übernehmen auch das Alphabet von den Etruskern und nicht direkt von den Griechen. Ob das dreigliedrige Namenssystem mit Vornamen (*praenomen*), Familiennamen (*nomen gentile*) und Beinamen (*cognomen*) etruskischen oder italischen Ursprungs ist, ist umstritten. Ab der 1. Hälfte des 5. Jh. nimmt der etruskische Einfluß in Rom signifikant ab, wie der archäologische Befund und das Verschwinden etruskischer Gentilnamen aus den in dieser Hinsicht unverdächtigen *fasti consulares* bezeugen.

Über die Struktur der frührömischen Gesellschaft läßt sich mit Gewißheit eigentlich nur sagen, daß es einen König (*rex*) gibt. Das beweisen republikanische Institutionen wie der *interrex* (er sorgt beim Tod beider Konsuln für die Wahl von Nachfolgern) und der *rex sacrorum* (er erbt die sakralen Funktionen des Königs). Höchstwahrscheinlich steht diesem König als beratendes Gremium eine Ältestenversammlung (Senat) zur Seite.

Ähnliche Unwissenheit bestimmt unser Bild der Außenpolitik dieser Periode: Offenbar hat Rom in Latium keine unbedeutende Stellung; daß es aber bereits in der Königszeit Führer eines Bundes der Latiner ist, dürfte eine Rückprojektion der späteren Machtstellung durch die römischen Geschichtsschreiber sein.

5.2.4 Die römische Republik bis 146 v.Chr.

5.2.4.1 Roms innere Entwicklung bis 146 v.Chr.

Der römischen Tradition zufolge wird die Monarchie unter ihrem letzten Vertreter TARQUINIUS SUPERBUS (dessen Historizität weniger umstritten ist als die seiner sechs Vorgänger) im Jahr 510/9 vor allem durch die Bemühungen des L.IUNIUS BRUTUS gestürzt. Die moderne Forschung ist der Ansicht, die Beseitigung des Königtums sei vielmehr dem entschlossenen Vorgehen der Oberhäupter der patrizischen *gentes* zu verdanken, der Aristokratie also, die entsprechend in den folgenden

5.2 Römische Geschichte bis 146 v.Chr.

Jahrhunderten die Macht auch nicht wieder abgibt, sondern sie lediglich unter den aus ihren Reihen jährlich neu zu wählenden Beamten zirkulieren läßt (Annuitätsprinzip).

Die Datierung der Königsvertreibung auf das Jahr 510/9 wird heute als bewußte Parallelisierung mit der Abschaffung der Tyrannis in Athen angesehen, doch bleiben auch die kritischsten Ansätze der modernen Forschung innerhalb der 1.Hälfte des 5. Jh.

Die politische Struktur der frührepublikanischen Gesellschaft sieht wahrscheinlich so aus: Die Bürgerschaft tritt in 30 *curiae* geordnet zusammen (*comitia curiata*), um unter anderem über Krieg und Frieden zu entscheiden. Je 10 *curiae* bilden eine der drei *tribus (Tities, Ramnes* und *Luceres)*. Daneben gibt es eine regionale Einteilung des Stadtgebiets in vier ebenfalls *tribus* genannte Bezirke: *Suburana, Palatina, Esquilina* und *Collina.*

Mehrere Familien bilden eine *gens* (Sippe), doch scheint deren Rolle nicht so bedeutend zu sein wie die der Familie; ihr Oberhaupt ist der *pater familias* – die altertümliche sprachliche Form deutet auf ein hohes Alter dieser Institution hin. Er hat (ursprünglich) absolute Gewalt (*patria potestas*) über die Familienmitglieder. Ein großer Teil der Bevölkerung ist als *clientes* (Schutzbefohlene) von den mächtigen Familienoberhäuptern abhängig. Die Klientel besteht in einem direkten, persönlichen Verhältnis zwischen *patronus* und *cliens;* der Patron ist in vielfacher Weise zum Schutz des Klienten (unter anderem vor Gericht) verpflichtet, der Klient zur Aufwartung und zum öffentlichen Auftreten im Gefolge des Patrons; vermutlich trägt die Klientel der Frühzeit Züge eines Personenverbandes. In der klassischen und späten Republik lockern sich diese Bindungsverhältnisse immer mehr und bekommen einen völlig anderen Charakter. Offenbar hat es aber neben den *clientes* immer auch nicht klientelgebundene freie Bauern gegeben, denn die Auseinandersetzung zwischen diesen sogenannten Plebeiern und den aristokratischen Patriziern (Ständekämpfe) bestimmt Roms innere Entwicklung im 5. und 4. Jh.

Die tiefere Ursache der *Ständekämpfe* dürfte in einem zu dieser Zeit stattfindenden Wandel der Militärtechnik zu suchen sein: Der adlige Reiter- und Einzelkampf wird vom Kampf in der Schlachtreihe mit einer großen Zahl schwerbewaffneter Fußsoldaten abgelöst. Disziplin und ein gewisses Vermögen (da sich jeder selbst auszurüsten hat) sind die Voraussetzung dafür, ein neues politisches Bewußtsein und steigende politische Ansprüche dieser Soldaten die Folge. Schließlich sind die Patrizier gezwungen, den Plebeiern Mitsprache bei der Auswahl der Konsuln (die zugleich die Feldherren sind) zuzugestehen. Der Abstimmungsmodus wird aber so gewählt, daß die Patrizier zusammen mit den bestausgerüsteten (d.h. reichsten) Plebeiern die

Mehrheit erzielen können. Diese von der römischen Tradition bereits dem König SERVIUS TULLIUS zugeschriebene Zenturienverfassung der *comitia centuriata* (diesem Konzept liegt ursprünglich die Heeresversammlung zugrunde), gliedert sich in 193 *centuriae* (Hundertschaften): 18 Zenturien (patrizische) Reiter, 80 Zenturien (plebeiische) Fußsoldaten der ersten (Vermögens-)Klasse, 20 der zweiten, 20 der dritten, 20 der vierten, 30 der fünften Klasse und 5 Zenturien für Handwerker, Spielleute und Besitzlose. Die letzte Zenturie der *proletarii* oder *capite censi* umfaßt den Großteil der Wählerschaft, vielleicht sogar die Hälfte. Da bei der Abstimmung mit der obersten Vermögensklasse begonnen und der Vorgang abgebrochen wird, sobald eine Mehrheit erreicht ist, kommt die Masse der ärmeren Bevölkerung nicht einmal zur Stimmabgabe (nach einer späteren Reform der Zenturiatkomitien zwischen 241 und 220 kann eine Mehrheit frühestens erst nach acht Zenturien der zweiten Klasse erreicht werden). Die ursprüngliche Volksversammlung (*comitia curiata*) wird für die praktische Politik bald beinahe bedeutungslos, ihre Funktion wächst den *comitia centuriata* zu.

Ein anderer Aspekt der Überlegenheit der Patrizier ist ihr exklusives Recht auf das Einholen göttlicher Zustimmung (*auspicium*) zu staatlichen Aktivitäten. Die von den Plebeiern langsam aufgebaute Gegenorganisation steht daher zunächst außerhalb des geltenden Staatsaufbaus und ist gegen diesen gerichtet. Ihr wichtigster Bestandteil sind zunächst die (zwei oder drei, später zehn) Volkstribunen (*tribuni plebis*), deren mögliches Einschreiten (*intercessio*) zugunsten eines von einem Magistrat bedrängten Plebeiers allmählich als *ius intercedendi* institutionalisiert wird. Die Tribunen gelten als unverletzlich (sakrosankt) und leiten die nach den lokalen Einheiten (den *tribus*) gegliederte Versammlung der Plebs (*concilia plebis tributa*); diese und die ebenfalls nach Tribus gegliederten *comitia tributa* (Versammlung des Gesamtvolks) gewinnen zunehmend an Gewicht.

Um 450 setzen die Plebeier durch, daß die wichtigsten Rechtsgrundsätze veröffentlicht und so der exklusiven Kontrolle und Auslegung durch die Patrizier entzogen werden (Zwölftafelgesetze). Kurz danach erhalten sie durch die *lex Canuleia* das Recht auf Eheschließung (*conubium*) mit den Patriziern. Im Jahr 367 wird in den *leges Liciniae Sextiae* festgelegt, daß von den zwei Konsuln einer Plebeier sein solle. Ob es vor 367 einen oder mehrere Obermagistrate gibt und wann sich die zwei Konsuln durchsetzen, von denen in den *leges Liciniae Sextiae* bereits die Rede ist, ist unklar. Mit Sicherheit läßt sich aber sagen, daß in der Folgezeit die römische Magistratur neben dem Prinzip der Annuität auch jenes der Kollegialität kennt. Spätestens seit 367 bildet sich auch eine neue Oberschicht aus Patriziern und jenen plebeischen Familien, die einmal einen Konsul gestellt haben (Nobilität). Als *homo*

5.2 Römische Geschichte bis 146 v.Chr.

novus wird der bezeichnet, dessen Familie noch nie (oder seit mehreren Generationen nicht mehr) einen Konsul gestellt hat.

Als Folge der Ständekämpfe ergibt sich eine Kompetenzverteilung, die gegen Ende des 4. Jh. klar zu erkennen ist: Die Zenturiatkomitien wählen die kurulischen Beamten (also Praetoren und Konsuln, die über das *imperium* verfügen, d.h. über weitgehende Befehlsgewalt), entscheiden über Krieg und Frieden, Gesetzesanträge, Kapitalverbrechen und Berufungen gegen Strafmaßnahmen der Beamten.

Die beiden Konsuln befehligen das Heer, berufen Senat und Volksversammlung ein und leiten diese auch. Sie können die Maßnahmen ihrer Kollegen oder ihrer untergeordneten Beamten beeinspruchen und sind berechtigt, einen Diktator zu ernennen, der in Krisensituationen für höchstens sechs Monate mit fast uneingeschränkter Macht agieren darf. Die Praetoren haben ursprünglich ähnliche Rechte wie die Konsuln; seit 367 ist der *praetor urbanus* für die Rechtssprechung in der Stadt zuständig, der *praetor peregrinus* für die rechtlichen Angelegenheiten der Fremden.

Die Zensoren teilen die Bevölkerung alle fünf Jahre in die Vermögensklassen ein, verpachten die staatlichen Einnahmen aus Steuern und Abgaben und vergeben die öffentlichen Aufträge. Seit 312 ernennen sie aus den ehemaligen Magistraten die Senatoren und üben über sie eine Sittenaufsicht aus.

Die Aedilen (zwei kurulische, gewählt von den Tributkomitien, und zwei plebeiische, gewählt von den *concilia plebis*) sind für die Marktaufsicht, die Getreideversorgung und die öffentlichen Spiele verantwortlich.

Die Quaestoren verwalten die Staatskasse (*aerarium*).

Die zehn ausschließlich plebeiischen Volkstribunen werden von den *concilia plebis* gewählt. Sie leiten diese Versammlungen, schützen die Plebeier vor Übergriffen der Beamten und können Einspruch gegen Gesetzesanträge und Senatsbeschlüsse erheben. In dem Maße allerdings, in dem sie anerkannter Teil des Staatsaufbaus werden, verlieren sie ihre oppositionelle Rolle und werden im Lauf des 3. Jh. zunehmend zum willfährigen Instrument der Senatsaristokratie. Das ändert sich erst wieder zur Zeit der Gracchen in der 2.Hälfte des 2. Jh. (vgl. Aigner unten 120ff.).

Wichtigstes Organ des politischen Prozesses ist der Senat; in Widerspruch zu oder in Übereinstimmung mit seinen Initiativen wird in Rom Politik gemacht. Die Senatoren sind zuständig für die Aufstellung und Versorgung der Legionen und für die Leitung der Außenpolitik; daneben überwachen sie die finanzielle Gebarung des Staates und die Gesetzgebung. Durch die große Zahl seiner Mitglieder, die ihm überdies auf Lebenszeit angehören, hat der Senat gegenüber den jährlich wechselnden Konsuln das Übergewicht; außerdem sind die Konsuln gehalten, alle ihre Entscheidungen mit dem Senat abzusprechen.

Zu Beginn des 3. Jh. kommt der Prozeß der Gleichstellung von Patriziern und einflußreichen Plebeiern zu einem vorläufigen Abschluß. Im Jahr 300 verschafft die *lex Ogulnia* den Plebeiern Zugang zu den Priesterkollegien; im gleichen Jahr legt eine *lex Valeria de provocatione* fest, daß gegen eine von einem Magistrat verhängte Todesstrafe vor der Volksversammlung berufen werden kann. Im Anschluß an die Samniterkriege (vgl. unten 110f.) führen innere Auseinandersetzungen, ausgehend von einer hohen Verschuldung vieler Plebeier, zur *secessio plebis,* einer Art Generalstreik der Plebs (zwei weitere überlieferte *secessiones plebis* von 494 und 449 sind wahrscheinlich nicht historisch). Der Ausgleich wird 287 in der *lex Hortensia* vereinbart, die den Beschlüssen der *concilia plebis* Gesetzeskraft verleiht und so den Leitern dieser Versammlung, den Tribunen, gesetzgeberische Initiative gibt. Durch die sich immer stärker annähernden Interessen der führenden Plebeier und der Patrizier ist das revolutionäre Potential dieser Maßnahme entschärft. Dazu trägt auch bei, daß die Zahl der Tribus (der Stimmkörper der *comitia tributa* und der *concilia plebis*) nicht über die bereits im Jahr 241 erreichten 35 angehoben wird und Neubürger und Freigelassene nur in die vier städtischen Tribus eingeschrieben werden (die letztere Vorgangsweise ändert sich durch Reformversuche nur vorübergehend); somit wird für die grundbesitzende Aristokratie mit ihrer ländlichen Klientel das Abstimmungsergebnis angesichts der 31 ländlichen Tribus mit ihrer vergleichsweise niedrig gehaltenen Mitgliederzahl immer leichter manipulierbar.

In der Folgezeit bleibt das politische System lange relativ stabil; allerdings deutet der erfolgreiche Versuch des C. FLAMINIUS, Besitzlosen gegen den Willen des Senats 232 die Besiedlung des *ager Gallicus* (vgl. unten 111) zu ermöglichen, die spätere Bedeutung der Bodenfrage bereits an (vgl. Aigner unten 120f., 124, 129). Die stärksten innenpolitischen Auswirkungen hat jedoch Roms schnell wachsendes außenpolitisches Engagement, seit mit dem Ende des 1. Punischen Krieges große Territorien außerhalb Italiens unter Roms direkten Einfluß kommen und nicht mehr in das Bundesgenossensystem eingegliedert werden: Sizilien 241/227, Sardinien und Korsika 227, *Hispania citerior* und *ulterior* 197, Makedonien 148, Achaia (an Makedonien angeschlossen) 146, Africa 146. Die Verwaltung der Provinzen mit ihren vielfältigen, meist schamlos genutzten Möglichkeiten der Bereicherung begünstigt die Bildung großer Vermögen bei wenigen Einzelnen und bringt neue Probleme mit sich. Um die Homogenität des Senatorenstandes weiter zu gewährleisten, werden auf Betreiben des C. FLAMINIUS durch die *lex Claudia de nave senatorum* 219/8 den Senatoren Handelsgeschäfte in größerem Umfang verboten. Die Senatoren verwenden teilweise Strohmänner zur Durchführung ihrer Geschäfte und weichen ansonsten auf Grunderwerb in großem Maßstab aus. Eine Schicht nichtsenatorischer wohlhabender Männer zieht die Geschäfte an sich, die den Senatoren verboten sind. Die Ausbildung dieses Ritterstandes (*equites*, vgl. oben 102) führt zunehmend zu Problemen, da er nicht in dem Maße wie der Senat durch sein Eigeninteresse an die politische Ordnung gebunden ist.

Die Reihenfolge der Bekleidung der Ämter (*cursus honorum*) hatte man schon lange als verbindlich erachtet. Nachdem einzelne Politiker diese in den vorangegangenen Jahrzehnten immer wieder verletzt hatten, werden Reihenfolge und Mindestalter im Jahr 180 durch die *lex Villia annalis* gesetzlich festgelegt: Quaestor, Aedil (frühestens mit 37 Jahren), Praetor (frühestens mit 40), Konsul (frühestens mit 43). Zwischen der Ausübung zweier Ämter muß ein ämterloser Zeitraum von zwei Jahren liegen.

Zur selben Zeit beginnt aber auch die schon angesprochene Bodenfrage virulent zu werden. Während bis 177 aus strategischen Gründen vor allem in Norditalien immer wieder Kolonien gegründet werden, kommt dieser Vorgang mit der ‚Befriedung' Italiens zum Stillstand. Dadurch verschwindet ein soziales Sicherheitsventil; außerdem sind nicht die ärmeren Schichten, sondern nur reiche Grundbesitzer zur durchaus legalen Inbesitznahme des brachliegenden Landes (*ager occupatorius*, vor allem in Unteritalien) wirtschaftlich imstande. Dazu kommt noch, daß zu diesen unteren sozialen Schichten auch immer mehr Kleinbauern stoßen, die die langen Militärdienstzeiten vor allem der spanischen Kriege wirtschaftlich nicht überstanden haben.

Der Mißwirtschaft in der Verwaltung der Provinzen versucht man 149 durch die Einrichtung ständiger Gerichtshöfe zu begegnen, vor denen Bundesgenossen und Provinzbewohner (vertreten durch römische Bürger, mit denen sie in einem Nahverhältnis stehen) erpreßte Gelder zurückverlangen können (*lex Calpurnia de pecuniis repetundis*).

5.2.4.2 Roms Außenpolitik von den Anfängen der Republik bis 146 v.Chr.

Der Druck der Aequer und Volsker, die sich angesichts des nachlassenden Einflusses der Etrusker in der 1. Hälfte des 5. Jh. nach Latium auszubreiten beginnen, zwingt die Latiner, sich enger zusammenzuschließen. Im Verlauf der langen Abwehrkämpfe entsteht eine Bundesstruktur, innerhalb derer Rom allerdings erst allmählich eine hervorragende Rolle zu spielen beginnt. Unter dieser Annahme aber werden die überlieferten Datierungen sowohl des *foedus Cassianum* 493 (Gleichstellung von Römern und Latinern in Ehe- und Handelsrecht) als auch des ersten Vertrages mit Karthago 509 (Rom und Karthago legen die Grenzen ihrer Einflußgebiete fest) problematisch, da beide Verträge eine römische Hegemonie in Latium voraussetzen. Daher plädieren manche Forscher für eine Herabdatierung des Karthago-Abkommens auf 348 (in Übereinstimmung mit DIODOR) und des *foedus Cassianum* auf nicht später als 350.

Von einer römischen Expansion nach Norden kann zunächst jedenfalls nicht die Rede sein. Die jahrzehntelangen Auseinandersetzungen zwischen Rom und seinem unmittelbaren etruskischen Nachbarn Veii verlaufen äußerst wechselvoll (Niederlage der Fabier an der Cremera) und enden erst 396 mit der Eroberung Veiis.

Der bereits erwähnte *Galliereinfall* zwischen 389 und 386 bringt Rom nahe an den Rand des Untergangs; große Teile der Stadt werden zerstört. Gemeinsam mit den Latinern kann Rom die Gallier und Volsker zurückschlagen; bei den Vorstößen nach Etrurien muß Caere 353 bei Wahrung seiner lokalen Autonomie Abhängigkeit und Heerfolge (ohne Stimmrecht in den römischen Versammlungen) akzeptieren *(civitas sine suffragio)*. Im Verlauf dieser kriegerischen Unternehmungen treten offenbar Spannungen zwischen Rom und den anderen Mitgliedern des latinischen Bundes auf; jedenfalls erheben sich 340–338 fast alle gegen Rom. Nach dem überwältigenden Sieg Roms verlieren die Latinerstädte ihre Souveränität; einige werden völlig in den römischen Staatsverband integriert (z.B. Aricia und Lanuvium), andere werden *civitates sine suffragio*. Antium wird als Flottenstützpunkt zur Kolonie. Nur wenige Städte, die sich nicht erhoben haben bzw. rechtzeitig übergetreten sind, behalten ihren vorherigen Status (z.B. Tibur und Praeneste).

Durch diese Ausdehnung von Roms direktem Einflußbereich ergeben sich neue außenpolitische Möglichkeiten. In Kampanien leiden die griechischen Siedlungen an der Küste und die schon früher unter oskischen Einfluß geratenen Städte des Binnenlands seit der Mitte des 4. Jh. unter ständigen Angriffen oskischer Stämme des Apennin (ihr Sammelname: Samniter). Vielleicht auf ein Hilfsgesuch einer der Städte hin greifen die Römer in diese Auseinandersetzungen ein und eröffnen so die Reihe der *Samnitischen Kriege* (der erste 343–341 wird als legendär angesehen, der zweite dauert von 326–304, der dritte von 298–290). Vor allem wegen ihrer Beweglichkeit sind die Samniter zunächst militärisch überlegen (321 Schlacht bei den Caudinischen Pässen), die Römer passen sich aber schnell an und setzen die Samniter zusätzlich durch die Anlage von Kolonien wie Luceria in Apulien (315) und Venusia (291) von Süden her unter Druck. Letztere mit ihren 20.000 Siedlern und der Sieg bei Sentinum 295 bringen den Umschwung in einem Kampf, der mittlerweile gegen eine Vielzahl von

5.2 Römische Geschichte bis 146 v.Chr.

Stämmen geführt wird; darunter im Norden gegen Sabiner, Etrusker und Kelten, im Süden gegen Samniter und Lukaner. Unmittelbar nach den Samniterkriegen siegen die Römer auch gegen mit den Etruskern verbündete Kelten (283 Schlacht am Vadimonischen See); deren Gebiet an der Adria (*ager Gallicus*) bleibt als Brachland lange Zeit eine Art Pufferzone zwischen römischem und keltischem Einflußbereich in Norditalien.

Ein unbedeutender Anlaß (das vertragswidrige Einfahren römischer Schiffe in den Golf von Tarent) führt bereits im folgenden Jahr 282 zu einer Auseinandersetzung mit der mächtigen griechischen Stadt Tarent. Diese ruft, alten Gewohnheiten folgend, einen Heerführer aus dem Mutterland (in diesem Fall den äußerst fähigen König PYRRHOS aus Epirus) zu Hilfe. Ausschlaggebend in dem folgenden Krieg mit den Römern ist, daß nur wenige Bundesgenossen der Römer (Lukaner und Samniter) dies zum Anlaß für eine Erhebung gegen Rom nehmen. Daher wirken sich die verlustreichen Pyrrhos-Siege bei Heraklea am Siris 280, bei Ausculum 279 und, nach einem erfolglosen Zwischenspiel in Sizilien gegen die Karthager, 275 bei Maleventum (später Beneventum) nicht kriegsentscheidend aus. PYRRHOS kehrt 272 nach Epirus zurück.

Als Vergeltung wird der Bund der Samniter aufgelöst; an seine Stelle treten bilaterale Verträge der Stämme mit Rom. Annexionen und Koloniegründungen in den folgenden Jahren (Beneventum, Aesernia, Paestum, Brundisium) sichern Roms Machtstellung weiter ab.

Südlich einer Linie Pisa – Rimini ist nun die ganze Halbinsel unter römischer Kontrolle. Roms militärische Stärke wird durch den Rückhalt ergänzt, den es im Bundesgenossensystem hat und der es ihm ermöglicht, auch für längere Zeit in der Defensive auszuhalten.

Auf dem eigentlichen römischen Kerngebiet (Latium, Kampanien und ein Streifen bis zur Adria) gibt es neben einigen militärisch wichtigen Kolonien römischen Rechts (*coloniae civium Romanorum*) wie Ostia und zahlreichen kleinen Städten mit nur geringen Rechten (*municipia*) die *civitates sine suffragio*, die Heerfolge leisten müssen, im Lauf der Zeit aber auch das volle römische Bürgerrecht bekommen. In ursprünglichem Feindesland waren die Kolonien latinischen Rechts (*coloniae Latinae*) mit römischen Bürgern besiedelt worden; sie sind das Rückgrat der römischen Herrschaft über Italien. Daß man sich in Rom dessen bewußt ist, zeigt deren bevorzugte Behandlung: wenn ein Einwohner einer latinischen Kolonie nach Rom übersiedelt, erhält er automatisch das Bürgerrecht.

Die meisten Gemeinden der römischen Einflußsphäre allerdings stehen zu Rom im Verhältnis der *societas*. Sie haben innere Autonomie, sind aber weder militärisch noch außenpolitisch eigenständig;

viele sind theoretisch gleichberechtigt (*foedus aequum*), manche hingegen ausdrücklich minderberechtigt (*foedus iniquum*). Das abgestufte System läßt keine vertraglichen Beziehungen zwischen den einzelnen Bundesgenossen zu, sondern nur zwischen diesen und Rom selbst. Die Isolation untereinander, das Verbot eigenständiger außenpolitischer Betätigung sowie Roms Politik der Statusverbesserungen und -verschlechterungen je nach Wohlverhalten der Bündner bringen es mit sich, daß die Bundesgenossen nie zu geschlossenem Vorgehen gegen Rom finden.

Die jüngsten Erfolge machen Rom weiteren militärischen Engagements geneigt: 270 befreien sie Rhegion noch von der Gewaltherrschaft kampanischer Söldner (Mamertiner = Marssöhne), 264 bringt sie vielleicht die Hoffnung auf leichte Beute im reichen Sizilien dazu, einer weiteren Gruppe Mamertiner in Messana Unterstützung zuzusagen. Diese hatten sich nach einer Niederlage gegen HIERON II. von Syrakus mit den von ihnen zu Hilfe gerufenen Karthagern überworfen und waren in einen Zweifrontenkrieg gegen die Karthager und HIERON geraten, der sich nun allerdings bald auf die Seite der Römer stellt. Das Eingreifen der Römer in Sizilien bedroht die Machtstellung der Karthager und führt zum *1. Punischen Krieg* (264–241).

Das Netz phoinikischer Städte und Handelsniederlassungen hatte sich unter dem Druck der griechischen Kolonisation des westlichen Mittelmeerraums zu einem Großreich unter Karthagos Führung zusammengeschlossen (zur Gründung von Karthago vgl. Galter/Scholz oben 14). Sein Einfluß erstreckt sich aber überall nur wenige Kilometer ins Landesinnere, da es so gut wie ausschließlich am Handel interessiert ist. Karthago wird überwiegend von einer Kaufmannsaristokratie regiert und hat neben einer jährlich wechselnden Beamtenschaft mit zwei Oberbeamten (*Sufeten*) zwei Ratskollegien, deren eines einen Exekutivausschuß zur Ausübung der Regierung aufweist. Charakteristisch für Karthago ist, daß es im Gegensatz zum römischen Milizwesen seine Kriege durch Söldner (Libyer, Iberer, Kelten, Griechen) führen läßt. Die Eigenständigkeit des Heeres und seiner karthagischen Führer gibt immer wieder zu Unruhen und Auseinandersetzungen Anlaß. Um und in Sizilien hat Karthago schon mit den Griechen jahrhundertelang gekämpft und reagiert daher jetzt entschlossen auf den römischen Übergriff.

Zu Beginn des Krieges siegt Rom in der Seeschlacht bei Mylae 260 und erobert 259 Korsika. Dann aber scheitert ein Landeunternehmen in Afrika, der Konsul M. ATILIUS REGULUS wird gefangen. Den Stellungskrieg in den folgenden Jahren in Sizilien um die Bergfestungen Heirkte und Eryx (Verteidigung durch HAMILKAR BARKAS) beendet der römische Seesieg bei den Ägatischen Inseln 241 durch C. LUTATIUS

5.2 Römische Geschichte bis 146 v.Chr.

CATULUS. Die Römer setzen harte Friedensbedingungen durch: hohe Geldzahlungen sowie die Räumung Siziliens und der Liparischen Inseln. 237 nützt Rom einen Aufstand der karthagischen Söldner zur Annexion Sardiniens. Alle diese Gebiete werden jetzt erstmals nicht in das abgestufte Bundesgenossensystem aufgenommen, sondern 227 als geschlossene Herrschaftsgebiete (*provinciae*) Praetoren unterstellt; Steuern und Ernteabgaben werden verpachtet.

Der Punische Krieg hat Roms Blickfeld nachdrücklich erweitert, und so geht man daran, in zwei Feldzügen nach Illyrien (229/8 gegen Königin TEUTA, 219 gegen DEMETRIOS von Pharos) die von dort ausgehende Beeinträchtigung des adriatischen Handels zu unterbinden. Die jüngst wieder aktiv gewordenen Kelten werden ebenfalls besiegt (225–222, Eroberung von Mediolanum). Das eroberte Gebiet wird durch Straßen und Kolonien abgesichert.

Karthago hat unterdessen Entschädigung für den Verlust Siziliens gesucht und ausgehend von seinem Einflußbereich im Südosten Spaniens seit 237 unter HAMILKAR BARKAS allmählich die gold- und silberreiche Halbinsel erobert. 226 erreicht Rom eine vertragliche Zusage HASDRUBALs, den Ebro nicht zu überschreiten; als Grund für den Ausbruch des *2. Punischen Krieges* (218–202) gilt den Römern HANNIBALs Eroberung Sagunts (ca. 150 km südlich der Ebro-Mündung), das seit langem ein Bündnis mit Rom hat. Auf die römische Kriegserklärung hin zieht HANNIBAL überraschend über die Alpen, kann die Kelten der oberitalienischen Tiefebene für sich gewinnen und den Römern dank seiner militärischen Fähigkeiten eine Reihe vernichtender Niederlagen beibringen: 218 am Ticinus und an der Trebia, 217 am Trasimenischen See (Tod des C.FLAMINIUS), 216 bei Cannae. Unteritalien, die Samniter und Capua gehen zu HANNIBAL über, Syrakus und PHILIPP V. von Makedonien stellen sich ebenfalls gegen Rom. Das Verhalten des letzteren löst den *1. Makedonischen Krieg* (215–205) aus (vgl. Panitschek oben 91). Die Wende kommt durch die Defensivstrategie des Diktators Q.FABIUS MAXIMUS CUNCTATOR, die Eroberung von Syrakus (212) und Capua (211), vor allem aber durch die feste Haltung der Latinischen Kolonien und der meisten Bundesgenossen. 205 schließt PHILIPP V. einen Separatfrieden. Seit 210 erobert P.SCIPIO AFRICANUS erfolgreich das barkidische Territorium in Spanien; HANNIBALs Bruder HASDRUBAL versucht Nachschub nach Italien zu bringen und fällt 207 in der Schlacht am Metaurus. 204 kehrt SCIPIO HANNIBALs Strategie um und setzt nach Afrika über, wo er den daraufhin zurückgekehrten HANNIBAL 202 in der Schlacht bei Zama entscheidend schlägt. In einem demütigenden Frieden verliert Karthago alle seine Besitzungen außerhalb Afrikas und beinahe seine gesamte Kriegsflotte; es darf außerhalb von Afrika keine Kriege mehr führen, innerhalb nur mit römischer Erlaubnis und muß 50 Jahre lang hohe Entschädigungen zahlen. Der numidische König MASINISSA wird durch ein auf Kosten Karthagos vergrößertes selbständiges numidisches Reich für seine militärische Hilfe belohnt. Die Konflikte zwischen ihm und Karthago sind vorprogrammiert. In Spanien treten die Römer endgültig das karthagische Erbe an (als *Hispania citerior* und *ulterior* seit 197 Provinz); nach einer ersten Phase der erfolgreichen Niederwerfung einheimischer Stämme erheben sich 154 Keltiberer und Lusitanier gleichzeitig. Die folgenden Kämpfe (bis 133) sind langwierig, äußerst verlustreich und bescheren den Soldaten kaum Beute.

Als PHILIPP V. von Makedonien im Anschluß an den 2. Punischen Krieg sich zusammen mit ANTIOCHOS III. daran macht, die Besitzungen des Ptolemaierreichs in der Ägäis anzugreifen, geht Rom dagegen im *2. Makedonischen Krieg* 200-197 vor (vgl. Panitschek oben 91f.). Das militärische Engagement ANTIOCHOS' III. in Griechenland nehmen die Römer in ihrer Rolle als selbsternannte Garanten der Freiheit der Griechenstädte zum Vorwand für eine Kriegserklärung im Jahr 191 (vgl. Panitschek oben 92). Daß die römischen Truppen nach Beendigung des Krieges sofort wieder nach Italien abziehen, beruhigt die Lage im Osten nicht, da Rom nun durch Gesandtschaften und romfreundliche Parteien zu regieren versucht und seine Bereitschaft erkennen läßt, bei ihm mißliebigen Entwicklungen auch direkt einzugreifen. So ist der Grund für den Krieg gegen PERSEUS von Makedonien *(3. Makedonischer Krieg* 171-168) vor allem der, daß Rom durch die tatkräftige Regierung des PERSEUS das von ihm geschaffene Gleichgewicht im Osten gefährdet sieht. Nach anfänglichen Mißerfolgen siegen die Römer endgültig in der Schlacht bei Pydna 168. Am Ende dieses Krieges steht kein Friedensvertrag, sondern die Auflösung des makedonischen Reiches in vier Teilstaaten, denen Verbindungen untereinander untersagt werden. PERSEUS' Verbündete und Freunde werden hart bestraft: In Epirus sollen 150.000 Menschen versklavt worden sein, Rhodos verliert wegen seiner Sympathien für PERSEUS seinen Festlandsbesitz und wird durch die Einrichtung von Delos als Freihafen wirtschaftlich schwer geschädigt. 168 wird ANTIOCHOS IV. auf demütigende Weise von einem römischen Legaten gezwungen, seinen erfolgreichen Feldzug gegen Ägypten abzubrechen. Die Folge solcher Politik sind immer wieder Aufstandsbewegungen in Griechenland (zunächst vom angeblichen Perseus-Sohn ANDRISKOS getragen, später vom Achaiischen Bund), die von Rom 146 mit der Zerstörung Korinths durch den Konsul L.MUMMIUS beendet werden.

In ähnlicher Weise zeigt sich Roms übersteigertes Bedürfnis, seine politischen Ordnungsvorstellungen durchzusetzen, in Afrika. Seit dem vertraglichen Ende der karthagischen Entschädigungszahlungen im

Jahr 151 war die Stadt wieder ins Blickfeld gerückt. Als die Karthager sich gegen MASINISSAs Repressalien erstmals zur Wehr setzen, hat das den *3. Punischen Krieg* zur Folge (149–146), der mit der völligen Zerstörung der Stadt durch P.CORNELIUS SCIPIO AEMILIANUS endet.

5.3 Zusammenfassung

Das herausragende Phänomen der beschriebenen Epoche ist der Aufstieg Roms von einer kleinen bäuerlichen Siedlung zur beherrschenden Macht des Mittelmeerraums, die in diesem Bereich keinen auch nur annähernd ebenbürtigen Gegenspieler hat. Unter den vielen Gründen für diesen Aufstieg soll hier ein Umstand herausgehoben werden: Rom gestaltet seine Beziehungen mit anderen Städten und Mächten von Anfang an in der Regel nicht als Beziehungen zwischen Gleichrangigen, sondern als solche zwischen einer Vormacht und ihren mehr oder weniger minderberechtigten Verbündeten. Die abgestuften Abhängigkeitsverhältnisse der Bundesgenossen machen diese untereinander uneinig und erhöhen die Stabilität des römischen Herrschaftssystems. Bei der Expansion Roms über die Grenzen Italiens hinaus bewähren sich die Homogenität der aristokratischen Führungsstruktur und ihre (im Gegensatz zur späten Republik) hohe Bereitschaft und zugleich große Fähigkeit, sich geänderten Verhältnissen anzupassen (vgl. die schnelle Adaption der Seekriegsführung im 1. Punischen Krieg). Der Expansionsprozeß erfordert ungeheure Anstrengungen und trägt so dazu bei, daß innenpolitische und soziale Konflikte, die bereits latent vorhanden sind und dann die Krise der späten Republik auslösen, noch nicht zum Ausbruch kommen.

5.4 Ausgewählte Literatur

1. A. ALFÖLDI, *Das frühe Rom und die Latiner* (engl. 1963. Übersetzung F. Kolb) Darmstadt 1977
2. G. ALFÖLDY, *Römische Sozialgeschichte*. Wiesbaden 1984
3. E. BADIAN, *Foreign Clientelae (264–70 B.C.)*. Oxford 1958
4. J. BLEICKEN, *Die Verfassung der römischen Republik*. Paderborn ²1978
5. P.A. BRUNT, *Italian Manpower 225 B.C.–A.D. 14*. Oxford 1971
6. K. CHRIST, *Krise und Untergang der römischen Republik*. Darmstadt ²1984
7. M. CRAWFORD, *Die römische Republik* (engl. 1978. Übersetzung B. und S. Evers) München 1984 (dtv Geschichte der Antike)
8. M.I. FINLEY, *Das politische Leben in der antiken Welt* (engl. 1983. Übersetzung W. Nippel) München 1986
9. W.V. HARRIS, *War and Imperialism in Republican Rome 327–70 B.C.* Oxford 1979

10. J. HEURGON, *Die Etrusker* (franz. 1961. Übersetzung I. Rauthe-Welsch) Stuttgart ²1977
11. I. KÖNIG, *Der römische Staat I. Die Republik*. Stuttgart 1992
12. Ch. MEIER, *Res publica amissa*. Frankfurt ²1980
13. R.M. OGILVIE, *Das frühe Rom und die Etrusker* (engl. 1976. Übersetzung I. Götz) München 1983 (dtv Geschichte der Antike)
14. Th. PEKARY, *Die Wirtschaft der griechisch-römischen Antike*. Wiesbaden 1976

Italien in republikanischer Zeit

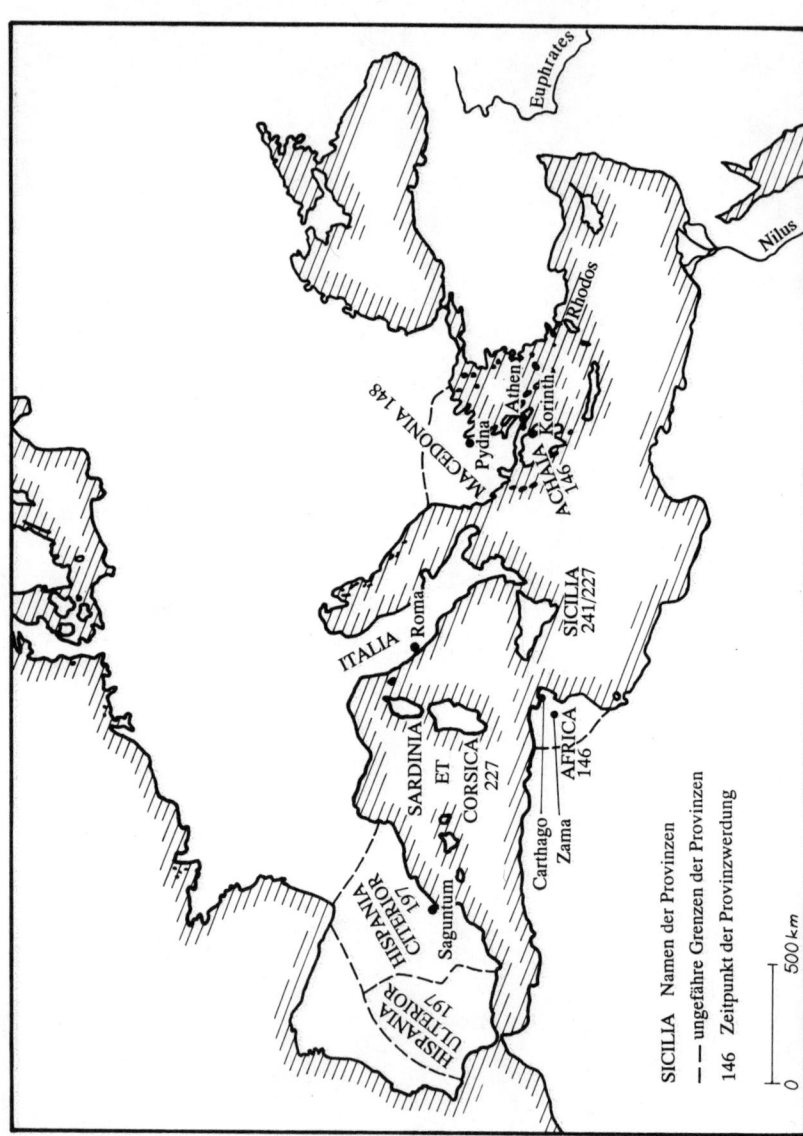

Die römische Expansion im Mittelmeerraum bis 146 v.Chr.

6 Von den Gracchen bis Kaiser Domitian

Heribert Aigner

6.1 Die Zeit der Bürgerkriege bis zum Prinzipat

6.1.1 Quellen

Epigraphik, Numismatik
Inschriften wie das *Monumentum Ancyranum* oder *Münzen* (*Aurei* CAESARs oder der Denar des IMP.BRUTUS) fallen gegenüber der *literarischen Überlieferung* kaum ins Gewicht. Diese ist durch politische Tendenz (Zeitgenossen) oder größere zeitliche Distanz von den Ereignissen in ihrem Wert vielfach gemindert.
Griechische Autoren
APPIAN von Alexandria (2. Jh.n.Chr.): *bella civilia*; PLUTARCH (1./2. Jh.n.Chr.): *vitae* der Gracchen, des Marius, Sulla, Lucullus, Sertorius, Pompeius, Crassus, Cicero, Cato, Caesar, Brutus und Antonius; CASSIUS DIO (2./3. Jh.n.Chr.): *Römische Geschichte* (erhalten 69 v.Chr. – 46 n.Chr.); NIKOLAOS von Damaskus (1. Jh.n.Chr.): *bios Kaisaros*.
Lateinische Autoren
CICERO (1. Jh.v.Chr.): Briefe und Reden; CAESAR (1. Jh.v.Chr.) und Fortsetzer: *bellum Gallicum, bellum civile*; SALLUST (1. Jh.v.Chr.): *bellum Iugurthinum, coniuratio Catilinae, historiae, epistolae ad Caesarem*; LIVIUS (1. Jh.v.Chr./1. Jh. n.Chr.): *epitomae*; VELLEIUS PATERCULUS (1. Jh.n.Chr.): *historia Romana*; SUETON (1./2. Jh.n.Chr.): *vitae Caesarum* (Caesar, Augustus); FLORUS (2. Jh.n.Chr.): *epitomae*; LUCANUS (1. Jh.n.Chr.): *Pharsalia*.

6.1.2 Sozialökonomische Verhältnisse

(a) Die Ausweitung der römischen Herrschaft eröffnet Händlern und Bankiers reiches Betätigungsfeld und bringt den vorrangig mit Geldgeschäften befaßten Rittern (*equites*) zunehmend politischen Einfluß. Die neuen Provinzen werden durch enorme Steuerbelastung ausgebeutet (vgl. unten 122).

(b) Die durch Kriegsgefangenschaft, Kauf und Menschenraub nach Italien strömenden Sklavenmassen verändern nicht nur die ‚völkische Substanz' des römischen Gemeinwesens, sie konkurrenzieren auch den Mittelstand und bewirken – wegen des überwiegenden Einsatzes in Latifundien – das ‚Abstiften' vieler Kleinbauern und deren Proletarisierung.

(c) Dies führt zur Schwächung der auf einem timokratischen Milizsystem aufbauenden Heeresstruktur und zu einer Verzerrung der Willensbildung in den Comitien: Die Proletarier sind zwar als römische Bürger voll stimmberechtigt, kommen aber praktisch nie zur Stimmabgabe, weil die Entscheidungen nach dem

Wahlmodus bereits in den – zahlenmäßig ausgelaugten – Centurien der ‚besitzenden Klassen' fallen.

(d) Die zunehmende Anwerbung von Proletariern in das Heer – gegen Abfindung mit Geld und Land – sowie die Ausgaben für verbilligtes Getreide und sonstige Spenden (*congiaria*) an Minderbemittelte in Rom führen zu gravierenden Belastungen der Staatskasse.

(e) Der Aderlaß an Römern und Italikern in den Bürgerkriegen und die vielen Freilassungen – besonders unter AUGUSTUS – führen zu einer ‚Kosmopolitisierung' auch der römischen Oberschicht. Wegen der höheren Durchlässigkeit der Gesellschaftsschichten eröffnen sich – über das Bürgerrecht – soziale Aufstiegschancen bei systemkonformem Verhalten auch für ‚romanisierte' Provinzialen.

6.1.3 Von den Gracchen bis Sulla

6.1.3.1 Innenpolitik

Im Zusammenhang mit dem *1. großen Sklavenaufstand* in Sizilien unter der Führung des Syrers EUNUS und des Kilikiers KLEON, welchen die Römer nur mit Mühe niederringen können (136–132), und mit den Schwierigkeiten auf dem spanischen Kriegsschauplatz (Numantia) sind die Reformversuche der Gracchen zu sehen.

TI. SEMPRONIUS GRACCHUS (seine Mutter ist die jüngste Tochter des älteren, seine Schwester die Gattin des jüngeren SCIPIO AFRICANUS) initiiert als Volkstribun die Erneuerung derjenigen Passage der *leges Liciniae Sextiae* (vgl. Doblhofer oben 106), derzufolge als Höchstmaß des in Nutzung genommenen *ager publicus* 500 *iugera* (1 *iugerum* 2523m² = etwa ein halbes Fußballfeld) für den einzelnen *possessor* bestimmt sind, mit dem Zusatz, daß für zwei erwachsene Söhne noch je weitere 250 *iugera* freigegeben sein sollen; die gesetzlich zulässigen 500 bzw. maximal 1000 *iugera* gehen dabei in das volle Eigentum der bisherigen Nutznießer über. Der nach diesen Bestimmungen zu konfiszierende Teil des *ager publicus* wird gleichsam in ‚Erbpacht' an arme Bürger gegeben (unveräußerliche Parzellen zu 30 *iugera*).

Gegen diesen Antrag erhebt ein anderer *tribunus plebis*, M. OCTAVIUS, in der Volksversammlung Einspruch, woraufhin ihn TI. GRACCHUS seines Amtes entheben läßt (*abrogatio* wegen Agierens gegen die Interessen der Plebs). Das Gesetz wird angenommen, mit der Ausführung werden *III viri agris dandis adsignandis iudicandis* beauftragt, d.h. ihnen obliegen die Zuteilung der Äcker und die Regelung der damit verbundenen Rechtsfragen.

6.1 Die Zeit der Bürgerkriege bis zum Prinzipat

Um nicht wegen *abrogatio* und *seditio* (Aufruhr) zur Verantwortung gezogen werden zu können, versucht TIBERIUS gegen den *mos maiorum* (die ‚ungeschriebene Verfassung' der Römer), seine unmittelbare Wiederwahl zum Volkstribunen in den *comitia tributa* durchzusetzen. Bei der Wahlhandlung kommt es zu einem von Senatoren inszenierten Tumult, in dessen Verlauf TI. GRACCHUS und ein Teil seiner Anhänger erschlagen werden; das Ackergesetz bleibt jedoch in Kraft.

Das Reformwerk des älteren GRACCHUS wird – allerdings nicht im letzten konsequent und zum Teil gegen die ursprünglichen Intentionen – von seinem jüngeren Bruder GAIUS SEMPRONIUS GRACCHUS fortgesetzt. Als Volkstribun bringt er im Jahre 123 folgende Gesetzesanträge durch:

(a) *lex agraria* (verbesserte Version von 133): Die Gründung neuer Kolonien wird initiiert.

(b) *lex militaris*: bringt Vorteile für den einfachen Soldaten (Teile der Ausrüstung werden vom Staat gestellt).

(c) *lex frumentaria*: Nach griechischem Muster soll an bedürftige Bürger zu geringem Preis Brotkorn abgegeben werden; dies bedeutet eine starke Belastung der Staatskassen und verringert zudem den Anreiz für Proletarier, wieder auf eigene Bauernanwesen zurückzukehren.

(d) *lex iudiciaria*: Die 149 v.Chr. durch eine *lex Calpurnia* eingerichtete *quaestio perpetua de pecuniis repetundis* (d.i. der ständige Gerichtshof für Klagen der Bundesgenossen und Untertanen gegen die Erpressungen durch römische Magistrate) wird von den Senatoren auf die Ritter übertragen, deren Bedeutung dadurch weiter steigt.

(e) *lex de provinciis consularibus*: Der Senat muß bereits vor den Wahlen bestimmen, welche Provinzen den – noch unbekannten – Konsuln als Wirkungsbereich zugewiesen werden sollen.

Obwohl ohne Widerstand für das Jahr 122 wiedergewählt, scheitert GAIUS mit dem Gesetzesantrag über die Verleihung des Bürgerrechts an die Bundesgenossen (*de civitate sociis danda*), weil er sich durch die Agitation und Lizitationspolitik eines Exponenten des Senats, des Volkstribunen M. LIVIUS DRUSUS, der die Gründung von gleich zwölf neuen Kolonien beantragt, aus der Gunst des Volkes gedrängt sieht.

Bei der Abstimmung über die *Colonia Iunonia* (Karthago) kommt es zu blutigen Zwischenfällen, worauf der Senat durch ein *senatus consultum ultimum* (121) den Ausnahmezustand verhängt. Der Consul L. OPIMIUS erstürmt den von den Anhängern des GRACCHUS besetzten

Aventin; dieser selbst läßt sich auf der Flucht von einem Sklaven töten. Die im Zuge der Aktionen der Gracchen und ihrer Gegner akut gewordenen Probleme und ihre vielfach mit Gewalt durchgesetzten Lösungsversuche sind symptomatisch für die innenpolitische Situation der Folgezeit; die Spannungen zwischen *Optimaten* und *Popularen* verstärken sich zusehends.

Diese Bezeichnungen stehen nicht für Parteien in heutigem Sinn, sondern für Gruppierungen um einflußreiche Personen des römischen Staates, die ihre Ziele (Ausübung von Herrschaft) entweder mit Hilfe der Autorität des Senats (Optimaten) oder auf direktem Weg über die Volksversammlungen (*comitia centuriata*, aber auch in immer stärkerem Maß durch *comitia tributa*) durchzusetzen versuchen (Popularen). Hinter den Optimaten steht ein großer Teil des grundbesitzenden Senatsadels, hinter den Popularen der ‚Geldadel' (Ritter); beiden gemeinsam ist das Interesse an der wirtschaftlichen Ausbeutung der Provinzen, was auch das stete Ringen um die Macht in den Gerichtshöfen *de repetundis* erklärt.

6.1.3.2 Außenpolitik

Das Jahr 133 bringt Erfolge Roms: In Spanien kann der lange und verlustreiche Kleinkrieg nach der Eroberung von Numantia durch P. CORNELIUS SCIPIO AFRICANUS MINOR beendet werden, und in Kleinasien erlangt Rom nach dem Tode ATTALOS III., der Pergamon testamentarisch den Römern vermacht hat, den Attalidenstaat als Basis für eine neue Provinz, die nach dem Aufstand des ARISTONIKOS 129 mit dem programmatischen Titel *Asia* eingerichtet wird (vgl. Panitschek oben 89). Die wirtschaftliche Ausbeutung beginnt erst nach der Einführung des Zehnten durch die *lex Sempronia* 123/22; die Einhebung erfolgt durch Steuerpächter, welche die Jahresertragssumme der Provinz im vorhinein erlegen und dann – unter großem Gewinn für die eigene Tasche – im Lande selbst durch Unterbeamte (die ‚Zöllner' der Bibel) eintreiben.

Daneben wird der Staat durch eine Reihe auswärtiger Kriege (z.T. von ehrgeizigen Magistraten begonnen) in Atem gehalten: z.B. Unterwerfung der Balearen (123/22); Kämpfe gegen die Ligurer, Japuden, Dalmater (119–117); Ausweitung des römischen Einflußgebietes nach Norden; um 121 Einrichtung der Provinz *Gallia Narbonensis*; Kriege gegen Karner, Taurisker und andere Kelten der Ostalpen; Kämpfe in Sardinien (115–112). In ernste Schwierigkeiten jedoch gerät Rom an zwei verschiedenen Schauplätzen, nämlich

(a) in Afrika durch den *Iugurthinischen Krieg* (111–105) und

6.1 Die Zeit der Bürgerkriege bis zum Prinzipat

(b) im Norden und Nordwesten durch den germanisch-keltischen Landnahmezug der Kimbern und Teutonen, denen sich die Ambronen und Helvetier angeschlossen hatten (113–101).

ad a) IUGURTHA, ein Neffe des um Rom wohlverdienten Königs MASINISSA von Numidien, bemächtigt sich nach dessen Tod auf skrupellose Weise der Herrschaft über das in drei Teile geteilte Königreich. Als dabei auch Italiker getötet werden (112: Eroberung von Cirta), wird IUGURTHA auf Druck der öffentlichen Meinung in Rom der Krieg erklärt, dieser jedoch zunächst durch bestechliche und unfähige Befehlshaber recht kläglich geführt. Als auch der persönlich integre Q. CAECILIUS METELLUS trotz einiger Erfolge keine Entscheidung gegen die besonders durch ihre überlegene Reiterei sehr beweglichen Truppen IUGURTHAS und seines Schwiegervaters BOCCHUS von Mauretanien herbeiführen kann, schenkt das Volk in Rom sein Vertrauen einem *homo novus*, dem aus dem Ritterstand kommenden und vor Numantia durch besondere Kriegstüchtigkeit bekanntgewordenen C. MARIUS, der 107 Konsul und zugleich mit dem Kommando in Numidien betraut wird. Er siegt 106 in zwei Schlachten und bekommt 105 durch seinen Quaestor L. CORNELIUS SULLA den König in seine Gewalt; dieser wird nach dem Triumph des MARIUS hingerichtet (104).

ad b) Im Zuge ihrer Wanderbewegung (Ostalpen, Gallien bis Nordspanien) bringen die *Kimbern* und die mit ihnen verbündeten Stämme den z.T. von ebenso ehrgeizigen wie militärisch unbegabten Feldherrn geführten konsularischen Heeren Roms mehrere empfindliche Niederlagen bei: z.B. 113 bei *Noreia* (im steirisch-kärntnerischen Grenzgebiet) dem Konsul CN. PAPIRIUS CARBO; 109–107 in Gallien; 105 bei Arausio. Den Umschwung führt auch hier C. MARIUS (seit 104) mit den Siegen von Aquae Sextiae (102) gegen Ambronen und Teutonen und von Vercellae (101) gegen die Kimbern (zusammen mit Q. LUTATIUS CATULUS) herbei.

Die militärischen Erfolge des C. MARIUS werden häufig auf seine *Heeresreform* zurückgeführt, die vor allem in der Schaffung eines Berufsheeres anstelle des bisherigen Milizaufgebotes und in der Einführung der Kohortentaktik bestanden haben soll. Für eine solche Auffassung gibt es keine antiken Quellenbelege, und auch die Anwerbung von – sonst dienstbefreiten – Proletariern für die Legionen im Iugurthinischen Krieg kann nicht als ‚Reform' angesprochen werden, weil daneben die allgemeine Dienstpflicht der römischen Bürger bis in die Kaiserzeit bestehen bleibt und die Maßnahme an sich nicht neu ist. Die – früher seltene – Verwendung von *capite censi* im Militärdienst wird allerdings seit MARIUS, weil als praktisch bewährt, stillschweigend zum Regelfall und führt zu einem Stand von proletarischen *Berufssoldaten*, denen als Entgelt für ihre Leistungen Ländereien und/oder Geldabfindungen in Aussicht gestellt werden; deren Beschaffung entwickelt sich zu einem Hauptproblem der späten Republik, ebenso wie die starke Bindung dieser Berufssoldaten an ‚ihren' Feldherrn, dem sie sich weit stärker als dem Staat verpflichtet fühlen. Truppen werden zu einem – oft selbständig agierenden – entscheidenden Machtfaktor dieser Zeit. Das *Berufsheer* ist jedoch erst eine Schöpfung des AUGUSTUS.

Ein parallel mit der Schlußphase des Kimbernkriegs in Sizilien ausgebrochener *Sklavenkrieg* (104–100) wird vom Prokonsul M. AQUILLIUS niedergeworfen.

6.1.4 Marius contra Sulla

6.1.4.1 Innenpolitik

Im Jahre 100 bringen L. APPULEIUS SATURNINUS als Volkstribun und C. SERVILIUS GLAUCIA als Prätor – beide Popularen – in enger Anlehnung an gracchische Vorbilder eine Reihe von Gesetzen ein, deren Ziel die Versorgung der Veteranen des MARIUS mit den ihnen versprochenen Landgütern ist. Es entsteht eine Front von Radikalen gegen die diesmal vereinigten Senatoren und Ritter, die sich nach Terrorszenen auf beiden Seiten durchsetzen: Nach Verhängen des *senatus consultum ultimum* muß C. MARIUS (zum sechsten Mal Konsul) gegen seine eigenen ‚Parteifreunde' (und Interessen) mit Waffengewalt einschreiten; eine regelrechte Schlacht auf dem *Forum Romanum* endet mit der Kapitulation von SATURNINUS und GLAUCIA, die darauf von fanatischen Gegnern gelyncht werden. Wegen der Parteilichkeit der Rittergerichte stellt ‚der letzte der großen Volkstribunen', M. LIVIUS DRUSUS (91) den Antrag, die Gerichtsbarkeit dem Senat zurückzugeben, diesen aber durch die Aufnahme von 300 Rittern auf die ‚Normalzahl' von 600 zu bringen, und dazu einen eigenen Gerichtshof (*quaestio*) für bestechliche Richter zu schaffen. Dazu beantragt er noch, den Italikern, die sich ihm möglicherweise (mit Ausnahme der Umbrer und Etrusker) in einem eidlich bekräftigten Freundschaftsvertrag verbündet hatten, das Bürgerrecht zu verleihen.

Über diese Anträge, verbunden mit einem Getreide- und Ackersowie einem Koloniegesetz, läßt DRUSUS widerrechtlich en bloc (*per saturam*) abstimmen. Den Widerstand der Opponenten bricht er mit Gewalt. Seine Gesetze werden aber vom Senat für ungültig erklärt, er selbst endet durch Meuchelmord.

Der Tod dieses ihres Anwalts im Streben um die Erringung des Bürgerrechts als Ausgleich für ihre Leistungen dem römischen Staat gegenüber – besonders in Kriegszeiten – bedeutet für die Italiker das Signal zum Abfall und führt zum Ausbruch des sogenannten *Bundesgenossenkrieges* (*bellum sociale* oder *bellum Marsicum*, 91–88). Die

Marser, Paeligner, Picenter und andere gründen einen Bundesstaat (Hauptstadt Corfinium) mit eigener Münze und zwingen den Römern einen erbitterten und verlustreichen Kampf auf, der diese nötigt, zum erstenmal Freigelassene in größerer Menge zu rekrutieren. Als auch die Etrusker und die Umbrer abzufallen drohen, entschließt sich Rom zum Nachgeben: eine *lex Iulia* verleiht den bisher loyal gebliebenen Bundesgenossen das Bürgerrecht, durch die *lex Plautia Papiria* und eine *lex Pompeia* (beide 89) wird diese Vergünstigung auf alle Föderierten (*socii*) südlich des Po ausgedehnt, sofern sie sich binnen 60 Tagen melden. Der Schwung der ‚Rebellen' ist damit gebrochen, dazu kommen militärische Erfolge der römischen Feldherrn CN. POMPEIUS STRABO (Vater des POMPEIUS MAGNUS) und L. CORNELIUS SULLA. Obwohl die letzten Flammen des Bruderkrieges noch nicht gelöscht sind, als sich Rom bereits in eine neue Auseinandersetzung verwickelt sieht, die ein Vierteljahrhundert währen soll, darf als prinzipielles Ergebnis der Eintritt der Italiker in die römische Bürgerschaft und auch in die herrschenden Stände angesehen werden, wobei die italischen Gemeinden autonome Körperschaften bleiben und als *municipia civium Romanorum*, aber unter Schonung ihrer Eigenart, konstituiert werden.

6.1.4.2 Außenpolitik

1. Mithradatischer Krieg (88–84): Der Unwille der Einheimischen gegen die römischen Steuerpächter in der Provinz Asia findet im expandierenden Königreich Pontus eine Stütze, dessen Herrscher, MITHRADATES VI. EUPATOR, von Ephesos aus den Befehl erläßt, alle Römer und Italiker, deren man habhaft werden könne, an einem Tag zu ermorden. Diese sogenannte Vesper von Ephesos (88) fordert angeblich 80.000 Tote. Darüberhinaus entsendet MITHRADATES ein Heer unter dem Feldherrn ARCHELAOS nach Griechenland, um auch dort als Befreier vom römischen Joch aufzutreten.

In Rom wird daraufhin trotz des noch schwelenden Bundesgenossenkrieges der Krieg gegen den König beschlossen. Dabei kommt es zu einem folgenschweren Eklat: der Senat erteilt dem amtierenden Konsul L. CORNELIUS SULLA den Oberbefehl, das Volk hingegen, vom Tribunen P. SULPICIUS RUFUS aufgewiegelt, bestimmt den alternden, aber von Ehrgeiz und Begierde nach dem anscheinend lukrativen Feldzug getriebenen C. MARIUS zum Anführer. SULLA, der gerade Nola belagert, marschiert auf diese Nachricht hin gegen Rom, wobei ihn auch sein Heer, das um die in Aussicht stehende asiatische Beute besorgt ist, zu diesem Schritt drängt. Es ist dies der erste *Marsch römischer Truppen gegen die Hauptstadt*, die in einem Handstreich genommen wird; MARIUS und die wichtigsten seiner Anhänger fallen der Ächtung anheim und flüchten. SULLA zieht nach Festigung der Senatsherrschaft gegen MITHRADATES. Doch bereits wenige Monate später wird MARIUS auf Betreiben des Konsuls L. CORNELIUS CINNA zurückgeholt (87) und er errichtet, nachdem er seinerseits die Stadt eingenommen hat, ein Schreckensregiment mit *Proskriptionen*, das erst mit seinem Tod – kurz nach Antritt des 7. Konsulats am 13.1.86 – endet.

CINNA schickt SULLA ein Heer unter der Führung des C. VALERIUS FLACCUS nach, um jenem den Oberbefehl abzunehmen, doch wird FLACCUS selbst auf dem Marsch von dem Legaten C. FLAVIUS FIMBRIA, der die Gunst der Soldaten durch Versprechungen gewonnen hat, abgesetzt und getötet; FIMBRIA führt danach auf eigene Faust – als Konkurrent SULLAs – erfolgreich Krieg mit Mithradates.

SULLA hat inzwischen (87) das zum König abgefallene Athen belagert, erstürmt und besiegt, danach ARCHELAOS bei Chaironeia und Orchomenos (86). Da er aber zur Bekämpfung seiner Kontrahenten in Rom Rückenfreiheit braucht, knüpft er Verhandlungen mit MITHRADATES an, die zum Frieden von Dardanos (85) führen: der König muß alle seine kleinasiatischen Eroberungen (Großkappadokien, Paphlagonien, Galatien, Bithynien und Asia) herausgeben, 2.000 Talente Kriegskosten zahlen und SULLA 70 oder 80 Schiffe zur Rückkehr nach Italien zur Verfügung stellen.

Schließlich gelingt es SULLA, FIMBRIA seine beiden Legionen abspenstig zu machen, worauf dieser im Tempel des Asklepios in Pergamon Selbstmord begeht. Die Provinz Asia wird für ihren Abfall streng bestraft und muß 20.000 Talente Kriegskontributionen und im voraus die Steuer für fünf Jahre zahlen, was zu einer gewaltigen Verschuldung führt, da SULLA das Geld, das er für die Auseinandersetzung mit den Marianern dringend benötigt, rücksichtslos eintreibt. Diese haben Italien und die westlichen Provinzen – nach Durchführung des endgültigen Ausgleichs mit den Italikern (85) – fest in der Hand, allerdings nur so lange, bis SULLA im Frühjahr mit 1.600 Schiffen und 40.000 Mann bei Brundisium landet, das ihm sogleich die Tore öffnet. CN(AEUS) POMPEIUS, der später den Beinamen MAGNUS bekommt, führt SULLA eine aus den picentischen Klienten seines Vaters geworbene Privatarmee zu, während die Truppen seiner Gegner, vom ‚asiatischen Gold' verlockt, zu SULLA abfallen. Dieser erobert die Stadt Rom nach der *Schlacht am Collinischen Tor* (82) zum zweitenmal und sucht sie nun seinerseits mit Proskriptionen heim, deren unmittelbare Folge eine gewaltige Besitzumschichtung ist, da SULLA auf den eingezogenen Ländereien seine Veteranen ansiedelt; zugleich erhalten die Sklaven der Proskribierten die Freiheit (sog. *Cornelii*) und bilden zusammen mit jenen eine sichere Stütze seiner Macht.

Ende des Jahres 82 wird SULLA auf unbestimmte Zeit zum *dictator rei publicae constituendae* ernannt und entfaltet eine umfassende gesetzgeberische Tätigkeit, wobei er naturgemäß vor allem die oligarchischen Interessen wahrnimmt. Einige wichtige Reformen sind:

(a) Die legislative Gewalt der Comitien wird eingeschränkt.
(b) Volkstribunen haben keinen Zugang zur weiteren Ämterlaufbahn mehr (diese Bestimmung wird im Jahr 75 durch eine *lex Aurelia* wieder aufgehoben).
(c) Die Gerichte werden den Senatoren wieder zurückgegeben und die Kriminalgerichtshöfe (*quaestiones*) ausgebaut.
(d) Die Magistrate müssen während ihrer Amtszeit in Rom bleiben und dürfen erst als Promagistrate in die Provinzen (*lex Cornelia de provinciis ordinandis*).
(e) Der Senat wird durch eine Volkswahl aus dem Ritterstand um 300 Mitglieder vergrößert (jetzt 600).
(f) Die Wahl der Priesterkollegien – mit Ausnahme des *pontifex maximus* – wird dem Volk entzogen.
(g) Erhöhung der Anzahl der Amtsträger durch die *lex Cornelia de magistratibus*: 8 Praetoren, 20 Quaestoren, je 15 Pontifices, Auguren und Aufseher über die sibyllinischen Bücher (*XV viri sacris faciundis*).

In Asien entfacht der ehrgeizige Proprätor L. LICINIUS MURENA den *2. Mithradatischen Krieg* (83–81), den er auf Befehl SULLAs nach unrühmlicher Führung im 3. Jahr mit einem Friedensschluß beendet.

Im Jahr 79 legt SULLA überraschend – vielleicht aus Krankheitsgründen – die Diktatur nieder und zieht sich als Privatmann nach Puteoli zurück, wo er bereits 78 an einem aussatzähnlichen Leiden stirbt.

6.1.5 Vom Tode Sullas bis zu Caesars Konsulat

6.1.5.1 Innenpolitik
Unmittelbar nach SULLAs Tod unternimmt der Konsul M. AEMILIUS LEPIDUS den erfolglosen Versuch, die neue Verfassung umzustürzen.

Gefährlicher ist die Abfallbewegung des Marianers Q. SERTORIUS in Spanien, der dort als Proprätor von 82 bis 72 eine von Rom fast unabhängige Machtposition aufbaut, indem er den einheimischen Keltiberern römische Kriegstechnik beibringt und gegen ihn entsandten Heeren erfolgreich Widerstand leistet. Nach seiner Ermordung hat POMPEIUS wenig Mühe, die ‚Separatisten' zu besiegen, doch zeigt dieser Krieg exemplarisch, daß ein entschlossener und fähiger Heerführer das römische Staatswesen von den Provinzen her ins Wanken zu bringen vermag.

Inzwischen wird Italien vom bisher schwersten *Sklavenkrieg* (73–71) heimgesucht, dem nach seinem Urheber, einem thrakischen Gladiator, benannten SPARTACUS-Aufstand. Von Capua ausgehend, wird er bald Sammelplatz nicht nur vieler Sklaven, sondern auch anderer mit ihrer Lage Unzufriedener. Dabei ist zu beachten, daß das Ziel der Aufständischen offenbar nicht die Beseitigung der undiskutierbar fest verankerten Institution der Sklaverei war, sondern vielmehr, nach Erlangung der persönlichen Freiheit die bisherigen Herren ihrerseits zu versklaven. Nach Besiegung mehrerer gegen sie ausgeschickter Heere teilen sich die Aufständischen und werden schließlich vom Praetor M. LICINIUS CRASSUS, dem späteren Triumvirn, und von dem aus Spanien zurückkehrenden POMPEIUS entscheidend geschlagen. Beide Feldherrn entlassen ihre Truppen nicht und erzwingen mit diesem probaten Druckmittel für das Jahr 70 den Konsulat.

Im Geburtsjahr des AUGUSTUS (63) wird die Hauptstadt von der Verschwörung des L. SERGIUS CATILINA beunruhigt. Dieser, ein heruntergekommener Patrizier, zweimal – 66 und 64 – bei den Konsulwahlen durchgefallen, hat unzufriedene Elemente aus allen Ständen um sich versammelt und mit Versprechungen – Ämter und Provinzen, Landgüter, Schuldentilgung – Anhänger in ganz Italien gewonnen. Der Konsul M. TULLIUS CICERO deckt die Konspiration auf, läßt die wichtigsten Anhänger CATILINAs zum Tode verurteilen und sogleich im *Tullianum* hinrichten (CAESAR, der dem Umsturzversuch nahesteht, plädiert dagegen, CATO d.J. dafür). CATILINA selbst fällt in der Schlacht von Pistoria (62). Seine Bewegung hat die Kluft zwischen Optimaten und Popularen besonders deutlich aufgezeigt (vgl. oben 122).

6.1.5.2 Außenpolitik

Im *3. Mithradatischen Krieg* (74–63) hat zwar der Optimat L. LICINIUS LUCULLUS durch sein Feldherrntalent den König mehrfach besiegt (Tigranocerta 69, Nisibis 68), seine ‚philhellenische' Behandlung der überschuldeten Städte Kleinasiens bringt ihn jedoch in Konflikt mit den um ihre Einkünfte bangenden Rittern, die schließlich seine Ersetzung durch den damals ‚popularen' POMPEIUS erzwingen. Dieser hat, durch die *lex Gabinia* (67) mit einem außerordnetlichen Kommando (*imperium proconsulare maius*) ausgestattet, die den römischen (Sklaven-)Handel bedrohenden kilikischen Seeräuber in drei Monaten besiegt, wobei er die Gefangenen nicht töten läßt, sondern sie in mehreren Städten ansiedelt. Kilikien und Kreta werden neue Provinzen.

Im Jahre 66 erhält POMPEIUS durch die *lex Manilia* den Oberbefehl gegen MITHRADATES und dessen Schwiegersohn, den Armenierkönig

TIGRANES. Nach harten Kämpfen – auch Jerusalem wird 64 erobert – kann der Imperator nach dem Selbstmord des MITHRADATES (63) die Neuordnung des Ostens abschließen: Neben Syria, dem Judäa einverleibt wird, bildet auch Pontus zusammen mit Bithynien eine neue römische Provinz; eine Reihe von *Klientelfürstentümern* (Armenien, Paphlagonien, Kappadokien, Kleinarmenien – unter DEIOTARUS –, das dreigeteilte Galatien und andere mehr) schirmen den römischen Besitz gegen die Parther ab.

Der gefeierte Sieger kehrt gemächlich nach Rom zurück (Besuch beim berühmten stoischen Philosophen POSEIDONIOS in Rhodos) und entläßt überraschend seine Truppen. Er spürt aber bald die Folgen dieser ‚Unvorsichtigkeit': ohne den Rückhalt einer Armee kann er nicht einmal ein Ackergesetz zur Versorgung seiner Veteranen durchsetzen. Vom Senat enttäuscht, vereinigt er sich 60 mit dem durch die Ausbeutung der lusitanischen Silbergruben finanziell sanierten CAESAR und mit CRASSUS zum *1. Triumvirat,* einer – anfänglich geheimen – privaten Interessensgemeinschaft zur gegenseitigen politischen Förderung.

6.1.6 Vom Konsulat Caesars bis zur Schlacht von Actium

Die Folgezeit ist durch das Bestreben dieser Trias gekennzeichnet, zu vom Staat möglichst unkontrollierten Machtpositionen zu gelangen. CAESAR, Konsul des Jahres 59, bringt gegen den Widerstand seines Kollegen M. CALPURNIUS BIBULUS zwei Ackergesetze für die pompeianischen Veteranen und die bedürftige Plebs direkt vor die Comitien, wo sie tumultuarisch beschlossen werden. Er selbst läßt sich die Provinzen *Gallia Cisalpina* und *Illyricum* mit drei Legionen auf fünf Jahre übertragen; der Senat fügt eine 4. Legion und *Gallia Transalpina* hinzu.

Unter dem Vorwand, die Bundesgenossen zu schützen, besiegt CAESAR in Gallien 58 zunächst die Helvetier bei Bibracte und den Suebenkönig ARIOVIST (einen *rex et amicus populi Romani*) bei Vesontio und beginnt mit der systematischen Eroberung des freien Galliens (*bellum Gallicum:* 58–51).

Nach der Erneuerung des Triumvirats in Luca (56) setzen POMPEIUS und CRASSUS für 55 ihre Wahl zu Konsuln mit Gewalt durch und lassen sich ihrerseits wichtige Provinzen auf fünf Jahre übertragen: POMPEIUS Spanien und CRASSUS Syrien. Letzterer beginnt im Osten einen Krieg gegen die Parther erfolgreich (Eroberungen in Mesopotamien), erleidet aber 53 bei Carrhae eine vernichtende Niederlage und wird getötet (vgl. Panitschek oben 91).

CAESAR hat im Jahre 51 (52 Schlacht bei Alesia gegen den Averner VERCINGETORIX) Gallia Transalpina gänzlich ‚befriedet', weigert sich aber, sein Kommando niederzulegen, ehe er nicht durch ein weiteres Konsulat für seine Gegner unangreifbar geworden ist. Der Senat beauftragt 49 POMPEIUS (schon 52 *consul sine collega*) mit dem Schutz des Staates, worauf CAESAR schließlich mit seinen auf ihn eingeschworenen Truppen den Rubico überschreitet (*iacta alea est*) und damit den Bürgerkrieg (*bellum civile*) beginnt. Er erobert in 60 Tagen Italien und danach Spanien, die Rückendeckung des POMPEIUS, während dieser nach Griechenland flüchtet, wo er 48 von CAESAR bei Pharsalos entscheidend geschlagen wird (Ermordung auf der Flucht nach Ägypten).

Der Sieger erliegt zwar in Alexandrien seinerseits den Reizen KLEOPATRAS (VII.), was ihn aber nicht an Siegen gegen ihren Bruder, PTOLEMAIOS XII., und gegen PHARNACES, den König des Bosporanischen Reiches, hindert (47 Zela: *veni, vidi, vici!*). Aufstände in Italien und der Widerstand der ‚Pompeianer' werden systematisch unterdrückt (Entscheidungsschlachten: 46 bei Thapsus, 45 bei Munda). CAESAR erhält nun die Diktatur und den – vererbbaren – Imperatortitel auf Lebenszeit, zugleich das Recht, alle bisher vom Volk gewählten Magistrate zu ernennen, immer den Lorbeerkranz und bei Festen auch das Gewand des Triumphators zu tragen. Er gerät in den vielleicht nicht unbegründeten Verdacht, nach der Königswürde zu streben, was eine Verschwörung gegen ihn ins Leben ruft.

Deren Protagonisten, allen voran M. IUNIUS BRUTUS, C. CASSIUS LONGINUS und D. IUNIUS BRUTUS, handeln zwar angeblich im Interesse der Freiheit der *res publica*, als sie den Imperator an den Iden des März 44 bei einer Senatssitzung in der Curia des Pompeius ermorden, in Wahrheit scheint es ihnen aber um ihre eigene Freiheit zur Machtausübung im Staat gegangen zu sein, die durch die Dominanz CAESARs drastisch eingeschränkt war. Die Caesarmörder werden durch den Konsul M. ANTONIUS, einen treuen Gefolgsmann des Ermordeten, der selber nach der Herrschaft strebt, aus der Stadt vertrieben. Dieser sieht sich aber bald durch den 19-jährigen Großneffen und Adoptivsohn CAESARs, OCTAVIANUS (richtig: C. CAESAR DIVI FILIUS), in Schwierigkeiten gebracht, weil der Erbe das Testament seines ‚Vaters' in jeder Hinsicht anzunehmen gewillt ist. Er erzwingt durch geschicktes Agieren mit den Veteranen CAESARs (hohe Werbegeschenke) nicht nur den Konsulat, sondern überzeugt nach dem *Mutinensischen Krieg* (43) gegen M. ANTONIUS diesen und seinen neuen Verbündeten M. AEMILIUS LEPIDUS, den *magister equitum* CAESARs, so eindrücklich von seiner, OCTAVIANs, Machtposition, daß die beiden mit ihm 43 bei Bononia das offiziell durch die *lex Titia* etablierte *2. Triumvirat* abschließen, welches ihnen außerordentliche Vollmachten *rei publicae constituendae* überträgt. Nach blutigen Proskriptionen – prominentestes Opfer ist CICERO – werden BRUTUS und CASSIUS 42 bei Philippi von M. ANTONIUS (mit OCTAVIAN) besiegt und enden durch Suizid.

Konflikte zwischen den Machthabern, die im *Perusinischen Krieg* (40) kulminieren, werden durch den Vertrag von Brundisium (40) notdürftig beigelegt: ANTONIUS, der die Schwester OCTAVIANs heiratet, erhält als Einflußsphäre den Osten, der junge CAESAR den Westen und LEPIDUS Africa mit sechs Legionen. Im Vertrag von Misenum (39) wird außerdem SEXTUS POMPEIUS (der jüngere Sohn des MAGNUS) ins ‚Triumvirat' aufgenommen, um seine Flottenaktionen gegen die Getreidezufuhr Roms aus Sizilien und Africa zu beenden. Die nach Verlängerung des Triumvirats auf weitere fünf Jahre aufgeflammten Feindseligkeiten zwischen POMPEIUS und OCTAVIAN werden von dessen Freund und Feldherrn M. VIPSANIUS AGRIPPA in den Seegefechten von Mylae und Naulochos (36) zugunsten des jungen CAESAR entschieden. Dieser hat zugleich LEPIDUS seine Legionen abgeworben – der Entmachtete bleibt bis 12 v.Chr. *pontifex maximus* – und steuert durch Propaganda gegen den mit KLEOPATRA liierten ANTONIUS, der im Stile eines orientalischen Regenten über römische Gebiete verfügt, auf die entscheidende Konfrontation zu. Nach dem Schwur Italiens und der Westprovinzen für OCTAVIAN wird KLEOPATRA (nicht ANTONIUS) der Krieg erklärt, in welchem in der Seeschlacht bei Actium (31) die vorzeitige Flucht der Königin und das Geschick AGRIPPAs für OCTAVIAN entscheiden. Nach einem letzten Versuch von Widerstand in Ägypten, ihrem Zufluchtsort, begehen KLEOPATRA und ANTONIUS Selbstmord. Das Land der Pharaonen wird römische Provinz (vgl. unten 134).

6.1.7 Zusammenfassung

(a) Strukturschwierigkeiten – ein Riesenimperium wird praktisch wie ein Gemeindestaat verwaltet – können durch Vermehrung von ehrenamtlichen Magistraten nicht gelöst werden.

(b) Das Hilfsmittel der außerordentlichen Imperien und der – durch Kollegen nicht behinderten – mehrjährigen Provinzstatthalterschaften fördern den Trend zu Alleinherrschaft und persönlicher Bereicherung (vgl. CICEROs Reden *in Verrem*).

(c) Dieser Trend wird durch die nur ihrem Feldherrn verpflichteten Heere von Berufssoldaten, die dem Meistbietenden zulaufen und keine Bindung an den Staat oder politische Ideale haben, entscheidend unterstützt.

(d) Demgegenüber verlieren die althergebrachten Ordnungselemente des Staates (Comitien, Senat) immer mehr an Bedeutung (‚*res publica amissa'*). Die Kompetenzgrenzen zwischen *comitia centuriata* und *comitia tributa* verschwimmen zusehends.

(e) Ein Ausgleich der Gegensätze von *ordo senatorius* und *ordo equester* kommt nicht zustande und gelingt erst durch den Einbau des Ritterstandes in die Reichsverwaltung unter AUGUSTUS.

6.2 Die frühe Prinzipatszeit

6.2.1 Quellen

Griechische Historiographen
CASSIUS DIO (bis 46 n.Chr.); NIKOLAOS von Damascus; PLUTARCH: *vitae* (Galba und Otho); FLAVIUS JOSEPHUS: *bellum Iudaicum.*
Lateinische Historiographen (des 1. Jh. n.Chr.)
TACITUS: *annales* 14–68; *historiae* 69–70, *Germania, Agricola*; VELLEIUS PATERCULUS (bis 30 n.Chr.); SUETON: *vitae Caesarum* (Augustus bis Domitian); POMPEIUS TROGUS (Auszüge des IUSTIN).
Sonstige literarische Quellen (des 1. Jh.n.Chr.)
VERGIL: *Aeneis, Georgica*; HORAZ: *Oden, saturae*; OVID: *Metamorphosen, tristiae, amores*; IUVENAL: *satura*; MARTIAL: *Epigramme*; PLINIUS d.Ä.: *naturalis historia*; SENECA: *epistulae; divi Claudii apocolocynthosis*; STRABON von Amaseia (griechisch): *geographika.*
Epigraphik
Res gestae divi Augusti (Leistungsbericht des Augustus); *Tabula Hebana; Lex de imperio Vespasiani*; Stadtrecht der *colonia Ursonensis* etc.; neben solchen Inschriften öffentlich-rechtlichen Charakters geben zahlreiche Grab- und Ehreninschriften Aufschluß über die soziale Zusammensetzung der frühen Prinzipatszeit (gesammelt im *Corpus Inscriptionum Latinarum*) und bilden die Basis für die *Prosopographia Imperii Romani* (PIR[2] seit 1933).
Numismatik
Die Münzen werden zum wichtigsten Ausdruck kaiserlicher Propaganda, was sich im Herrscherporträt ebenso wie in Umschriften und allegorischen Darstellungen manifestiert. Außer in den Handbüchern von H. COHEN (*Description historique des monnaies*, Bd. 1 und 2, 1880) und der Sammlung *Roman Imperial Coinage* sind wichtige numismatische und dazu auch epigraphische und papyrologische Zeugnisse, nach Herrschern geordnet, zu finden in: V. EHRENBERG – A.H.M. JONES, *Documents Illustrating the Reigns of Augustus und Tiberius* (1949); E.M. SMALLWOOD, *Documents Illustrating the Principates of Gaius, Claudius und Nero* (1967); M. MCCRUM – A.G. WOODHEAD, *Select Documents of the principates of the Flavian Emperors* (1966).

6.2.2 Augustus

6.2.2.1 Innenpolitik

OCTAVIANS erste Sicherungsmaßnahme für seine Alleinherrschaft ist die Tötung CAESARIONS, des Sohnes CAESARS von KLEOPATRA. Nach einer Neuordnung des Ostens kehrt er nach Rom zurück, wo der Ianustempel zum Zeichen für den errungenen Frieden geschlossen wird. Der Senat erfährt durch OCTAVIAN eine ‚Säuberung', schwört auf seine

6.2 Die frühe Prinzipatszeit

acta (Verordnungen) und macht ihn zum *princeps senatus* (28/27): er ist in seinem 6. und 7. Konsulat in der Tat *potitus rerum omnium*, im Besitz der ganzen Macht (*res gestae* 34). Zu seinen wichtigsten Maßnahmen in dieser Zeit zählt die Ansiedlung und Belohnung von rund 120.000 Veteranen, und zwar nicht nur aus seinem Heer, sondern auch aus den Truppen des besiegten Gegners. Dadurch wird OCTAVIAN für die Soldaten der Garant für ihre persönliche Wohlfahrt und in ihren Augen zugleich der entscheidende Exponent des Gemeinwesens.

Als er zu Beginn des 7. Konsulats (27) die *res publica* aus seiner *potestas* in die Entscheidung von Volk und Senat zurückgibt, bittet ihn dieser, die Führung des Staates beizubehalten und verleiht ihm den Ehrentitel *Augustus* (griechisch: *Sebastos*), so daß er fortan IMPERATOR CAESAR AUGUSTUS heißt (das sind auch künftig die festen Bestandteile des Kaisernamens).

Die bis zu seinem Tode 14 n.Chr. schrittweise ausgebaute Herrschaftsstellung beruht auf verschiedenen Machtkomponenten, die er in einer Hand vereinigt:

(a) Das *imperium proconsulare maius* gibt ihm die oberste Aufsichts- und Befehlsgewalt über die Provinzen und die dort stationierten Truppen (*legiones* und *auxilia* = aus dem Lande rekrutierte Hilfstruppen).

(b) Die *tribunicia potestas*, die ihm seit dem Jahr 23 jährlich übertragen wird, verleiht ihm alle Rechte eines Volkstribunen, ohne daß er das Amt bekleidet (Vetomöglichkeit von Kollegen ausgeschaltet); mit dieser Amtsgewalt besitzt er jede Möglichkeit zu politischer Aktion in der Innenpolitik. In die *tribunicia potestas* kann er auch – zum Zeichen der Mitregentschaft – Kollegen aufnehmen (AGRIPPA, TIBERIUS); für seine Nachfolger im Prinzipat dient sie zur Zählung ihrer Regierungsjahre. Außerdem ist AUGUSTUS durch Senatusconsultum von allen Gesetzen entbunden (*legibus solutus*).

(c) Die Bekleidung verschiedener Priesterämter (wie Augur und Fetiale) verschafft AUGUSTUS auch Ingerenz im religiösen Bereich, der in Rom vom politischen nicht zu trennen ist. 12 v. Chr. wird er zum *pontifex maximus* gewählt, und von da an bleibt dieses oberste Priesteramt bis 382 n.Chr. in der Hand der Kaiser (Titulatur!).

(d) Dazu übernimmt er auch noch mehrmals den Konsulat, weiters gleichsam an Stelle der Zensur die *cura morum* (Sittenaufsicht) und kurzfristig auch die *curatio annonae*, um die Getreideversorgung zu sichern.

(e) Die Einkünfte aus den kaiserlichen Provinzen fließen in von Praefekten des Princeps verwaltete Kassen; der *Fiscus* ist als zentrale kaiserliche Kasse allerdings erst seit CLAUDIUS nachweisbar. Dazu kommt das riesige Privatvermögen (*res privata*), das nicht zuletzt durch die Einkünfte Ägyptens gespeist wird, denn diese ‚römische Provinz' ist de facto eine Krondomäne, verwaltet vom ritterlichen *praefectus Aegypti*.

(f) Schließlich ist noch die göttliche Verehrung des Kaisers zu nennen, die AUGUSTUS allerdings nur in den Provinzen – mit Einschränkungen – zuläßt (Tempel der Göttin *Roma* und des AUGUSTUS in Kleinasien und Athen).

Wichtige Maßnahmen seiner Regierungszeit sind:

(a) Die Abhaltung von drei *census* (28 v.Chr., 8 v.Chr., 14 n.Chr.): Dabei nimmt die Anzahl römischer Bürger von ca. vier auf fünf Millionen zu. Die Steigerung erklärt sich vor allem durch zahlreiche Freilassungen, sowie durch Bürgerrechtsverleihungen (an Hilfstruppen etc.); weniger ins Gewicht fällt dabei die nur für die Spitzen der Gesellschaft wichtige

(b) *lex Iulia de maritandis ordinibus* (18 v.Chr.), im Jahr 9 n.Chr. erweitert durch die *lex Papia Poppaea*, durch welche die stark zurückgegangene Heirats- und Kinderfreudigkeit der staatstragenden Schichten neu belebt werden soll (bei Kinderreichtum leichterer Zugang zu den Ämtern, bei Ehelosigkeit unter anderem Verbot der freien *testamenti factio*).

(c) Diese Bestimmungen sind nur Ausdruck eines betonten Rückgriffs auf die ‚altehrwürdige Sitte der Vorväter', den *mos maiorum*, in allen Lebensbereichen.

(d) Die Förderung von Literatur und bildender Kunst geht mit einer reichen Bautätigkeit Hand in Hand (Palatinische Bibliothek, Augustusforum mit dem Tempel des *Mars Ultor*, Grabmal und *Ara Pacis* auf dem Marsfeld etc.). Außerdem wird die Stadt in 14 Regionen gegliedert.

(e) Die Schaffung des *aerarium militare*, einer eigenen Kasse für die Versorgung der ausgewählten Soldaten, ist zusammen mit einer Dienstzeitregelung (16 bzw. 20 Jahre) ein wichtiger Schritt auf dem Weg zum stehenden Berufsheer. Durch das Einlegen einer gewaltigen Summe zur Stützung dieser Kasse – und zugleich auch der Senatskasse – bekommt der Princeps Armee und Staat noch fester unter seine Kontrolle (6 n.Chr.).

(f) Der Aufbau einer Dynastie wird von AUGUSTUS
    aa) durch die Heirat der Prätendenten mit seiner Tochter IULIA (AGRIPPA, später TIBERIUS),

bb) durch Adoption (der vom Kaiser adoptierte TIBERIUS muß z.B. seinerseits den Sohn seines Bruders DRUSUS, GERMANICUS, adoptieren), und

cc) durch Aufnahme in die *tribunicia potestas* und in das *imperium proconsulare maius* (AGRIPPA, TIBERIUS) vorbereitet.

So ist TIBERIUS zugleich Stiefsohn, Schwiegersohn und Adoptivsohn des Princeps und wird von diesem, als seine Enkel LUCIUS und GAIUS bereits 2 n.Chr. bzw. 4 n.Chr. sterben, notgedrungen als Nachfolger akzeptiert und ‚aufgebaut'.

dd) Die Beteiligung des TIBERIUS an den Zahlungen für das *aerarium militare* sichert jenem als Erben des Privatvermögens das Verfügungsrecht über diese ‚Vorschüsse', wodurch dem Senat kaum eine andere Wahl bleibt, als ihn als Nachfolger zu akzeptieren.

6.2.2.2 Außenpolitik

AUGUSTUS sagt von sich selbst (*res gestae* 3), daß er auf dem ganzen Erdkreis häufig Krieg geführt habe; in der modernen Literatur werden diese Angriffskriege nicht selten als für die Sicherung und ‚Arrondierung' des Imperiums notwendig hingestellt, um das Bild eines ‚Friedenskaisers' zu retten. In Spanien werden die Asturer und Cantabrer (26–19) endgültig unterworfen und im Jahr 20 die Parther durch geschicktes Verhandeln dazu gebracht, die von CRASSUS und M. ANTONIUS verlorenen Feldzeichen zurückzugeben. Auch die Aktionen gegen *Arabia Felix* und Nubien (25–22) können als Erfolge gelten, was man von den Unternehmungen im Norden (Germanien) nicht sagen kann: so können die Usipeter und Tencterer dem Legaten M. LOLLIUS eine empfindliche Niederlage (16) zufügen. Die anschließenden Feldzüge der beiden Stiefsöhne des Kaisers, TIBERIUS und DRUSUS, führen zur Eroberung des Ostalpenraumes und zur Einrichtung der Provinz *Germania*; DRUSUS dringt dabei bis an die Elbe vor, stirbt aber 9 v.Chr. nach einem Sturz vom Pferd. Doch erst die Schlacht im Teutoburger Wald, in welcher der Cheruskerfürst ARMINIUS drei Legionen unter der Führung von P. QUINCTILIUS VARUS vernichtet (9 n.Chr.), zwingt Rom – trotz weiterer Feldzüge gegen das freie Germanien –, sich mit der Rheingrenze zu begnügen und die Germanen ihrer eigenen Uneinigkeit zu überlassen.

6.2.3 Die Iulisch-Claudische Dynastie

Als AUGUSTUS 14 n.Chr. in Nola stirbt, ist das Reich in der neuen Herrschaftsform durch das Lebenswerk des ‚nüchternen Realpolitikers' so gefestigt, daß der 56-jährige TIBERIUS (14–37) keine Mühe hat, die Nachfolge im Prinzipat anzutreten.

Ein Aufstand der Legionen in Germanien und in Pannonien (mit Auswirkungen auch für Norikum), der vor allem höheren Sold zum Ziel hat, wird vom jüngeren DRUSUS und von GERMANICUS niedergeschlagen (vgl. Hainzmann unten 172f.); letzterer bekämpft in den Jahren 15 und 16 erneut ARMINIUS, ohne sich jedoch in den Schlachten am Angrivarierwall und bei Idistaviso entscheidend durchsetzen zu können (GERMANICUS stirbt 19, ARMINIUS 21); ein weiterer Aufstand in Nordafrika unter der Führung des Numidiers TACFARINAS (17–24) kann schließlich vom fähigen Feldherrn Q. IUNIUS BLAESUS beendet werden. Dieser ist der Oheim des Mannes, der eine entscheidende Rolle im Leben des Princeps spielt: L. AELIUS SEIANUS. Das beinahe krankhafte Mißtrauen des Kaisers, der sich auf seine Villa nach Capri zurückgezogen hat (26), ausnützend, hat er als Praefekt der Praetorianergarde, deren Schlagkraft durch die Zusammenziehung in ein eigenes Lager in Rom wesentlich gestärkt worden ist, eine fast unbeschränkte Gewalt, bis er im Jahr 31 der Verschwörung angeklagt und hingerichtet wird; sein Nachfolger ist MACRO.

Die Regierung des TIBERIUS ist neben sparsamer Verwaltung, Förderung der Provinzen und Ablehnung der göttlichen Verehrung seitens des Princeps gekennzeichnet durch das Aufkommen von *Majestätsprozessen* und eines damit verbundenen Spitzelwesens (*delatores*), dem zahlreiche Senatoren zum Opfer fallen. Deshalb wird der – vielleicht gewaltsame – Tod des TIBERIUS (37) von der Bevölkerung Roms begeistert begrüßt.

Als Nachfolger kommt nur der letzte Sohn des GERMANICUS, GAIUS CAESAR (37–41, genannt CALIGULA, d.h. Soldatenstiefelchen), in Betracht, der unter allgemeinem Jubel die Herrschaft antritt. Doch bald zeigt er sich als „Autokrat reinsten Wassers" (H. Bengtson): er vergeudet den Staatsschatz, verwandelt Provinzen in Klientelfürstentümer zurück (z.B. Pontus), unterhält blutschänderische Beziehungen zu seinen Schwestern und läßt sich selbst als Göttin (!) verehren. Eine Welle von Verhaftungen, Konfiskationen und Hinrichtungen geht über Senatoren und Ritter hinweg, was natürlicherweise Verschwörungen gegen den Kaiser provoziert; einer solchen, geführt von L. ANNIUS VINICIANUS, fällt der – vielleicht schon geisteskranke – CALIGULA schließlich zum Opfer (41).

Nach seinem Tod scheint sich nochmals die Möglichkeit zu eröffnen, zur *libera res publica* zurückzukehren oder einen Princeps aus einer anderen Familie zu wählen, doch die Praetorianer machen den Oheim des CALIGULA, CLAUDIUS (41–54), zum Kaiser. Dieser, ein körperlich behinderter, zurückgezogener Gelehrtentyp, zeigt neben seinen antiquarischen Interessen (Geschichte der Etrusker) auch viel Verständnis für die Verwaltung des Reiches (Verleihung des *ius honorum* an die

6.2 Die frühe Prinzipatszeit

Gallier) und für die Rechtssprechung (keine Majestätsprozesse mehr). Er errichtet nach hellenistischem Vorbild eine Kabinettsregierung, in der die Freigelassenen NARCISSUS (*ab epistulis*) und PALLAS (*a rationibus*) als ‚Minister' mit Kompetenz für Verwaltungs- bzw. Finanzagenden eine entscheidende Rolle spielen. In der Außenpolitik sind die (Wieder-) Eroberung Südenglands und die Einrichtung der Provinz *Britannia* (43) sowie die Umwandlung des bisher okkupierten *Noricum* (vgl. Hainzmann unten 173 sowie Anhang 197) in eine procuratorische Provinz (= kaiserliche Provinz ohne Legion, statt eines *legatus Augusti pro praetore* von einem *procurator* verwaltet).

Verhängnisvoll wirkt sich die Abhängigkeit des Princeps von seinen Frauen – er war viermal verheiratet – aus; besonders berüchtigt sind davon VALERIA MESSALINA (getötet im Jahr 48), die Mutter des BRITANNICUS, und ihre Nachfolgerin, die Nichte des Kaisers IULIA AGRIPPINA, deren einziges Ziel es ist, ihrem Sohn aus erster Ehe, L. DOMITIUS AHENOBARBUS = NERO (54–68), die Nachfolge in der Herrschaft zu sichern; sie läßt daher mit Hilfe des Praetorianerpraefekten AFRANIUS BURRUS Kaiser CLAUDIUS durch Gift aus dem Weg räumen (54). Damit ist der Weg frei für NERO, der, von Senat und Praetorianergarde anerkannt, nach der Beseitigung des BRITANNICUS (55) unangefochten den Thron innehat. Nach verheißungsvollem Regierungsbeginn unter dem Einfluß seines Lehrers, des stoischen Philosophen L. ANNAEUS SENECA (Selbstmord 65), zeigen sich beim neuen Kaiser zunehmend Züge von ‚Caesarenwahnsinn: er veranlaßt die Tötung seiner Mutter und seiner Gattin OCTAVIA und läßt sich im ganzen Imperium als Sänger, Dichter und Wagenlenker feiern; die Verschleuderung des Staatsschatzes sucht er durch Münzverschlechterung zu kaschieren. Nach dem – vielleicht von ihm verursachten – Brand von Rom (64) kommt es zur ersten großen *Christenverfolgung*. Die Verschwörung des C. CALPURNIUS PISO (65) und des L. ANNIUS VINICIANUS kann NERO noch unterdrücken, und auch die Ostpolitik (Partherkrieg unter dem bedeutenden Feldherrn DOMITIUS CORBULO) zeigt Erfolge; als sich aber im Jahr 68 der Statthalter der *Gallia Lugdunensis*, C. IULIUS VINDEX, erhebt und dem Legaten von *Hispania citerior*, SERVIUS SULPICIUS GALBA, die Herrschaft anträgt, ist – trotz Niederlage und Selbstmord des VINDEX bei Vesontio – das Ende nicht mehr aufzuhalten. Die Beliebtheit des Kaisers bei der *plebs urbana* schwindet zusehends, und als ihn der Senat zum *hostis publicus* (Staatsfeind) erklärt, bleibt dem von allen Verlassenen nur der Selbstmord (68). Mit ihm erlischt das julisch-claudische Haus; sein Andenken verfällt – wie schon zuvor bei CALIGULA – der *damnatio memoriae*.

6.2.4 Das Vier-Kaiserjahr (68/69) und die Flavische Dynastie

Im Streit um die Nachfolge zeigt sich, daß nicht mehr nur die Praetorianer in Rom, sondern auch die Legionen der großen Provinzen zu ‚Kaisermachern' werden können: Neben GALBA in Spanien treten A. VITELLIUS (ausgerufen von den Heeren Germaniens), M. SALVIUS OTHO (von den Praetorianern favorisiert) und T. FLAVIUS VESPASIANUS, der mit Hilfe des fähigen Generals C. LICINIUS MUCIANUS die Legionen des Ostens und die Donauarmee auf seiner Seite hat und im Juli 69 zum Herrscher akklamiert wird, als Kaiser auf. GALBA wird nach siebenmonatiger Regierung auf dem Forum erschlagen, OTHO unterliegt in der Schlacht bei Cremona (Bedriacum) dem VITELLIUS und begeht Selbstmord, während dieser seinerseits dem Legaten VESPASIANs, M. ANTONIUS PRIMUS, ebenfalls bei Cremona, unterliegt und in Rom getötet wird.

In den ersten Jahren seiner Herrschaft muß VESPASIAN (69–79) zwei gefährliche Aufstände niederkämpfen:

(a) In Germanien wird der Bataver IULIUS CIVILIS 70/71 von PETILLIUS CERIALIS zur Beendigung seiner Aufstandsbewegung gebracht, und

(b) in Judäa beendet der ältere Sohn des Princeps, TITUS, mit der Eroberung von Jerusalem (70) den von beiden Seiten mit äußerster Erbitterung geführten *Jüdischen Krieg* (ab 66); die Bergfestung Masada ergibt sich erst 73.

Die Maßnahmen des energischen und sparsamen VESPASIAN bringen unter anderen eine Restituierung der Truppendisziplin (neue Praetorianerkohorten) sowie eine Sanierung der Staatsfinanzen durch neue Kassen und Einnahmequellen (berühmt ist die Kloakensteuer: *non olet*); außerdem bringt der Princeps viele *homines novi* – auch aus den Provinzen – in den höheren Staatsämtern unter.

Durch die Mitregentschaft seines Sohnes TITUS hat VESPASIAN für die reibungslose Nachfolge gesorgt: als er stirbt (79), wird TITUS (79–81) unangefochten Kaiser. Die kurze Regierungszeit dieser von den Zeitgenossen hochgepriesenen Herrscherpersönlichkeit ist durch zwei Ereignisse überschattet:

(a) Ein neuerlicher Brand Roms macht umfangreiche Aufbauarbeiten nötig;

(b) durch den Vesuvausbruch des Jahres 79 werden unter anderem die Siedlungen Pompeii, Herculaneum, Stabiae und Oplontis zerstört. Dabei findet der bedeutende Naturforscher PLINIUS d. Ältere (Flottenkommandant von Misenum) den Tod.

6.2 Die frühe Prinzipatszeit

Anderseits gewinnt der Kaiser die Gunst des Volkes, indem er bei der Einweihung des *Amphitheatrum Flavium*, bekannt als Colosseum, glänzende Spiele veranstaltet. So ist die Trauer groß, als TITUS (,*amor ac deliciae generis humani*') nach schwerer Krankheit 81 stirbt.

Da er keinen Leibeserben hat, folgt ihm sein Bruder DOMITIAN (81-96). Der nicht unbegabte, aber offenbar glücklose Kaiser, der der Astrologie ebenso wie den Künsten ergeben ist, entwickelt bald Züge, die an CALIGULA und den späten NERO erinnern. Sein Ziel ist, alle weit zu überragen; darum läßt er sich als *dominus et deus* verehren und ist *censor perpetuus*. Zugleich muß aber seine gediegene Verwaltung der Provinzen und die gute Ordnung in der Rechtssprechung hervorgehoben werden. Die Eroberung von Britannien unter AGRICOLA, dem Schwiegervater des TACITUS, wird vorangetrieben, Germanien neu organisiert (89: Provinzen *Germania superior* und *inferior*; z.B. feste Legionslager in Mogontiacum, Castra Vetera) und dazu noch das Gebiet der sogenannten *decumates agri* erobert und durch Kastelle gesichert. In den Jahren 86-88 kommt es zu einer ersten Auseinandersetzung mit dem neu entstandenen Dakerreich unter König DECEBALUS, die mit dessen Unterwerfung beendet wird. Neben Kämpfen gegen die Jazygen (92/93) an der mittleren Donau ist besonders der Ausbau des Donaulimes (ursprünglich eine ‚Grenzstraße') als Befestigungslinie hervorzuheben.

Die ständige Furcht vor Verschwörungen treibt DOMITIAN in ein Schreckensregiment gegen verdächtige Senatoren, aber auch gegen die griechischen Philosophen, die generell aus Italien verbannt werden.

Schließlich fällt er doch einem von seiner Gattin DOMITIA angestifteten Komplott zum Opfer. Mit seinem Tod (96) geht die erste ‚dynastische' Phase des Principats zu Ende, in der – mit wenigen Ausnahmen – der Senat immer stärker zum Werkzeug imperialen Machtbewußtseins umgeformt worden ist.

6.2.5 Zusammenfassung

(a) Trotz Beibehaltung vieler Institutionen der Republik (Senat, Magistrate, Priesterämter etc.) wird das Imperium von einer nach außen nicht betonten, dafür aber umso effizienteren monarchischen Gewalt, gehandhabt vom Princeps, gelenkt; der Einfluß der Comitien ist weitgehend ausgeschaltet.

(b) Die Machtposition des Princeps beruht
aa) auf dem neuen stehenden Berufsheer,
bb) auf der überragenden Finanzgewalt (*fiscus, res privata*). Daraus und aus einer neuartigen Ämterkumulierung in seiner Hand resultiert eine umfassende *auctoritas*.

(c) In der Verwaltung des Reiches unterscheidet man
   aa) senatorische Provinzen (*provinciae inermes* bzw. *pacatae*) und
   bb) kaiserliche Provinzen (prokuratorische *ohne* und legatorische *mit* Legionen).
(d) Es kommt zur Entwicklung einer bezahlten hohen Beamtenschaft (früher ausschließlich ‚Ehrenämter').
(e) Die kaiserliche Verwaltung greift in immer stärkerem Maße auf die Ritter zurück (eigener *cursus honorum* neben dem senatorischen, z.B. Praefekten, Prokuratoren); in den ‚Hofämtern' etablieren sich Freigelassene mit großem Einfluß.
(f) Die Praetorianergarde in Rom und ihre Praefekten sind ein bedeutender Machtfaktor (besonders für die Nachfolge im Principat).
(g) Hinsichtlich dieser Nachfolge entwickelt sich deutlich ein dynastisches Denken.

6.3 Ausgewählte Literatur

1. H. AIGNER, *Die Soldaten als Machtfaktor in der ausgehenden römischen Republik.* Innsbruck 1974 (Innsbrucker Beiträge zur Kulturwissenschaft 35)
2. H. BENGTSON, *Die Flavier. Vespasian, Titus, Domitian. Geschichte eines römischen Kaiserhauses.* München 1979
3. K. CHRIST, *Krise und Untergang der römischen Republik.* Darmstadt 1979
4. W. DRUMANN, *Geschichte Roms in seinem Übergang von der republikanischen zur monarchischen Verfassung.* 2. Aufl. von P. GROEBE, Berlin 1899–1929, 6 Bände
5. R. DUDLEY, *Tacitus und die Welt der Römer*, Wiesbaden 1969
6. G. FERRERO, *Größe und Niedergang Roms.* Stuttgart 1908, 6 Bände
7. M. FUHRMANN, *Cicero und die römische Republik.* München/Zürich 1989
8. R. GARDTHAUSEN, *Augustus und seine Zeit.* Leipzig 1891, 6 Bände
9. M. GELZER, *Cicero. Ein biographischer Versuch.* Wiesbaden 1969
10. M. GELZER, *Die Nobilität der römischen Republik (1912). Die Nobilität der Kaiserzeit* (1915). ND: Stuttgart ²1983 (Teubner Studienbücher)
11. H. GESCHE, *Caesar.* Darmstadt 1976 (Erträge der Forschung 51)
12. H. GRASSL, *Untersuchungen zum Vierkaiserjahr. Ein Beitrag zur Ideologie und Sozialstruktur des frühen Prinzipats.* Wien 1973
13. H. KLOFT, *Liberalitas Principis. Herkunft und Bedeutung. Studien zur Prinzipatsideologie.* Köln/Wien 1970
14. E. KORNEMANN, *Tiberius.* Stuttgart 1960
15. Ch. MEIER, *Res publica amissa. Eine Studie zu Verfassung und Geschichte der späten römischen Republik.* Wiesbaden 1966
16. W. NIPPEL, *Aufruhr und Polizei in der römischen Republik.* Stuttgart 1988

6.3 Ausgewählte Literatur

17. H. SCHNEIDER, *Die Entstehung der römischen Militärdiktatur. Krise und Niedergang einer antiken Republik.* Köln 1977
18. E.M. ŠTAERMAN, *Die Blütezeit der Sklavenwirtschaft in der römischen Republik.* Wiesbaden 1969
19. D. STOCKTON, *The Gracchi.* Oxford 1979
20. R. SYME, *Die römische Revolution* (engl. 1939. ²1952. Übersetzung F.W. Eschweiler – H.G. Degen) Stuttgart 1957 (auch Goldmanns Gelbe Taschenbücher)
21. L. WIERSCHOWSKI, *Heer und Wirtschaft. Das römische Heer der Prinzipatszeit als Wirtschaftsfaktor.* Bonn 1984
22. Z. YAVETZ, *Caesar in der öffentlichen Meinung.* Düsseldorf 1979 (Schriftenreihe des Inst.f. Deutsche Geschichte, Univ. Tel Aviv, Bd. 3)
23. P. ZANKER, *Augustus und die Macht der Bilder.* München 1987

Das Imperium Romanum zur Zeit des Augustus

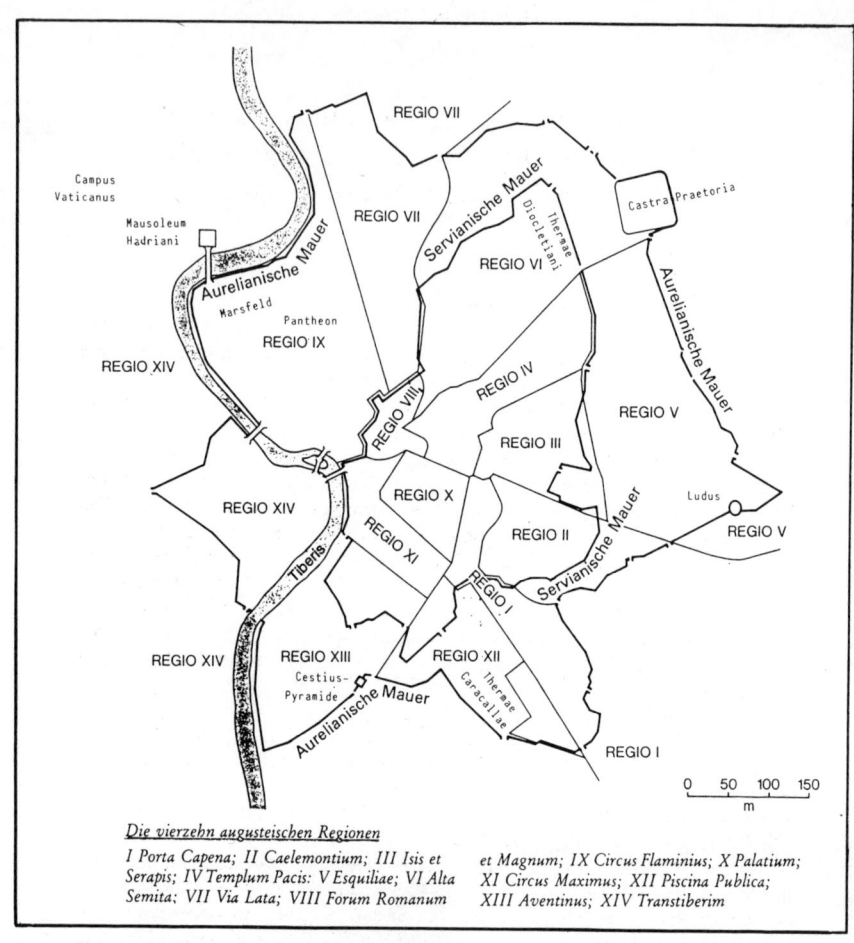

Die Stadt Rom nach der Regionengliederung des Augustus

7 Von den Adoptivkaisern bis zum Ende des Weströmischen Reichs

Ingomar Weiler

7.1 Die Adoptiv- und die Soldatenkaiser: Von Nerva bis zum Regierungsantritt Diocletians (96–284 n.Chr.)

7.1.1 Quellen

Antike Historiker und Schriftsteller
EUTROPIUS (4. Jh.), *Breviarium ab urbe condita*; FESTUS RUFIUS (4. Jh.), Abriß der Römischen Geschichte (bis 364 n.Chr.); ZOSIMOS (um 500), *Historia nea*; HERODIANOS (3. Jh.), *Geschichte des Kaisertums nach Marcus* (180–238); byzantinische Auszüge aus der Römischen Geschichte des CASSIUS DIO (3. Jh.). – *Historia Augusta* (4./5. Jh.), Kaiserbiographien von HADRIAN bis CARINUS (117–285); AURELIUS VICTOR (4. Jh.), *Kurzbiographien* von AUGUSTUS bis CONSTANTIUS II. (14–361 n.Chr.); *Epitome de Caesaribus* (bis 395 n.Chr.). Der Quellenwert der historiographischen und biographischen Überlieferung ist nicht unumstritten. Weitere literarische Quellen: *Panegyricus ad Traianum* und Briefe von PLINIUS dem Jüngeren (62 – ca. 114 n.Chr.); Briefe des FRONTO (2. Jh.); die philosophischen *Selbstbetrachtungen* des M. AUREL (121–180); die Reden des DION CHRYSOSTOMOS von Prusa (40–120 n.Chr.) und des AELIUS ARISTIDES (2. Jh.); *Beschreibung Griechenlands* von PAUSANIAS (2. Jh.); Schriften der christlichen Autoren wie MINUCIUS FELIX (2./3. Jh.), TERTULLIAN (2./3. Jh.), ORIGENES (2./3. Jh.) und EUSEBIOS (3./4. Jh.).

Wichtige Inschriften und Papyrustexte
Colonenreskript des COMMODUS (*saltus Burunitanus*); Grab-, Bau- und Ehreninschriften zahlreicher Kaiser und hochgestellter Persönlichkeiten. Senatsbeschluß über Gladiatorenspiele; *Res gestae divi Saporis* (= SCHAPUR I., 3. Jh.). – *Constitutio Antoniniana* (212 n.Chr. vgl. unten 150); Festkalender aus Dura Europos (3. Jh.); *Gnomon des Idios Logos* (2. Jh.).

Dazu kommen die zahlreichen monumentalen Überreste aus Rom und den Provinzen, vom *limes Romanus* und aus den Provinzstädten. Beispielsweise seien die historischen Reliefs der Säulen des TRAIAN und M. AUREL, die Meilensteine und die Limesfortifikationen, der Hafen von Ostia und die für die Kaisergeschichte so wichtigen *Münzen* genannt.

7.1.2 Sozialökonomische Verhältnisse

Für diesen Zeitraum gilt zunächst einmal, was für das gesamte Altertum charakteristisch ist: Es existieren große regionale Unterschiede. Auch im 2. und 3. Jh. wird das Imperium Romanum zu keinem einheitlichen Wirtschaftsraum, und die Versuche der Historiker, die sozialen Verhältnisse auf allgemeine Strukturmodelle zu reduzieren, stoßen auf erhebliche Schwierigkeiten. Dennoch lassen sich einige Trends beobachten. Die kaiserzeitliche Ökonomie weist insofern Symptome einer generellen Veränderung auf, als Romanisierung und Urbanisierung des Provinzialraums zu einem Aufschwung der agrarischen und vor allem der gewerblichen Produktion sowie des Handels beitragen, der zum einen für Italien zu einer Konkurrenzierung, zum anderen zur Ausbeutung der Provinzen führt. Der wachsende Handel, der seit der Kaiserzeit über eine deutlich verbesserte Infrastruktur mit einem Verkehrsnetz von etwa 75.000 Kilometern ausgebauter Straßen, großzügigen Hafenanlagen und ein weitgehend vereinheitlichtes stabiles Münzwesen verfügt, ist zugleich Ursache und Resultat dieses Wirtschaftsaufschwungs, den einige Gelehrte in die augusteische, andere in die antoninische Periode datieren. In der zweiten Hälfte des 2. Jh. werden Zeichen einer ökonomischen Krise sichtbar, die einen markanten Ausdruck in der ruinösen Inflation der Reichsprägung findet. Diese hat an der generellen Zerrüttung der Wirtschaft im Kaiserreich, das über kein einheitliches wirtschaftspolitisches Konzept verfügt, im Laufe der Herrschaft der Soldatenkaiser wesentlichen Anteil.

An der Spitze der sozialen Hierarchie, wie sie sich in der frühen Kaiserzeit herausbildet, steht die imperiale Führungs- und Oberschicht, gefolgt von der Munizipalaristokratie und einer heterogenen Bevölkerungsgruppe von Besitzbürgern, Soldaten sowie wohlhabenderen Freigelassenen, die von K. Christ als ‚Mittelschicht' zusammengefaßt werden. Daran schließt sich eine nicht minder inhomogene Unterschicht, die aus in der Stadt bzw. auf dem Lande lebenden armen Freigeborenen (*ingenui*), Freigelassenen (*liberti*) und Sklaven besteht (*plebs urbana* bzw. *plebs rustica*). Dieses grob vertikal und horizontal schematisierte Sozialgefüge unterliegt einem Wandel, der von den erwähnten ökonomischen Veränderungen nicht unabhängig bleibt, wie allein schon die Ausweitung der kaiserlichen Domänen und die Entstehung des Pachtsystems (*colonatus*) deutlich machen. Die mit dem Ende der Expansion des Reiches zurückgehende Zahl der Sklaven, an deren Stelle nun teilweise die Pächter (*coloni*) treten, ferner die Zunahme der Zahl der Freigelassenen, weiters der wachsende Gegensatz zwischen urbaner Oberschicht und Landbevölkerung und ab dem 2. Jh. zwischen *honestiores* (Senatoren, Ritter, Veteranen, Dekurionen) und den *humiliores*, der übrigen Volksmasse, sowie die Verleihung der *civitas Romana* durch die *constitutio Antoniniana* an fast alle Reichsbewohner im Jahr 212: Das alles sind charakteristische Symptome eines sozialen Wandels in der Prinzipatsära.

7.1.3 Die Adoptivkaiser und Commodus. Die Severer-Dynastie und die Soldatenkaiser

Verschwörung, Sturz und *damnatio memoriae* beenden die Herrschaft der flavischen Dynastie. Mit NERVA beginnt das sogenannte *Humanitäre Kaisertum*, das von den Adoptivkaisern repräsentiert wird. Die Kaiser NERVA, TRAIAN, HADRIAN und ANTONINUS PIUS haben keine leiblichen Söhne und versuchen daher, eine Regierungskontinuität jeweils durch ‚Adoption des Besten' zu sichern. Mit MARK AUREL und seinem Sohn COMMODUS sowie nach dem Fünfkaiserjahr 192/93 (HELVIUS PERTINAX, DIDIUS IULIANUS, PESCENNIUS NIGER, CLODIUS ALBINUS, SEPTIMIUS SEVERUS) dominiert dann wiederum das dynastische Prinzip, das auch nach der kritischen Periode des 3. Jh., der Zeit der mehr als 40 Soldatenkaiser (192/235–284), die Nachfolgeordnung weitgehend regelt.

7.1.3.1 Die innenpolitische Entwicklung. Die Verfassungsgeschichte

NERVA (96–98), einer der wenigen vom Senat bestellten Kaiser (PERTINAX 193, PUPIENUS und BALBINUS 238, QUINTILLUS 270, TACITUS 275), adoptiert den Spanier TRAIAN (98–117) und macht ihn mit dem Caesartitel zum Mitregenten, womit erstmals ein Provinzialrömer den Kaiserthron besteigt. TRAIANs innenpolitische Aktivitäten, die zum Teil im Schatten großer Feldzüge und Eroberungen stehen, gewähren dem Senat nach den Demütigungen durch DOMITIAN (vgl. Aigner oben 139) eine Erholungsphase und tragen mit dem Ausbau der Limesanlagen und einem binnenkolonisatorischen Siedlungsprogramm wesentlich zur Konsolidierung des Reiches bei. Die Bautätigkeit in Rom (Traiansforum mit Markthalle und Bibliothek), die Fortführung der von NERVA initiierten Kinderfürsorge (*alimentatio*) und die großzügige *panem et circenses*-Politik in Rom lassen ein sozialpolitisches Engagement erkennen, das (zusammen mit der Expansionspolitik) zwar für den Staat zu einer großen finanziellen Belastungsprobe führt, dem Kaiser aber den Ehrentitel *optimus princeps* einbringt. In seinem Todesjahr adoptiert er seinen Landsmann HADRIAN (117–38), dessen Verzicht auf weitere Eroberungen eine Phase der Konzentration auf die Innenpolitik einleitet. HADRIANs Ausgestaltung des Verwaltungsapparats mit der forcierten Einbindung des Ritterstandes, die Institutionalisierung eines kaiserlichen Beratergremiums (*consilium principis*) neben dem Senat und die Neuordnung des Rechtswesens – SALVIUS IULIANUS kodifiziert das Prätorenrecht und schafft damit das *edictum perpetuum*: allgemeingültige Formulierung der Grundsätze in der Rechtssprechung – begründen ein solides Fundament für eine innere

Festigkeit des Imperium Romanum. Das umfangreiche Bauprogramm des philhellenischen Herrschers sowohl in Rom (Pantheon, Mausoleum/Engelsburg und Pons Aelius; in Tivoli die Villa Hadriani) wie auch in Athen (Hadriansstadt, Bibliothek, Tempel des Zeus Olympios/Panhellenios) sind zugleich Ausdruck seiner Herrschaftsideologie und sollen die Stabilität nach innen sichern helfen.

Die Innenpolitik hat auch bei seinem Nachfolger ANTONINUS PIUS (138–61) Priorität. Kontinuierlich werden der Einfluß des *consilium principis* und die Iurisdiktion ausgebaut, ohne daß es zu größeren Spannungen mit dem Senat kommt; insbesondere gelingt es diesem Kaiser, mit seiner maßvollen Steuerpolitik die finanziellen Mittel für den Staat sicherzustellen, obwohl sowohl in Italien als auch in den Provinzen auf das obligatorische Krongeld (*aurum coronarium*) verzichtet wird. Die *liberalitas principis* findet in den nun auch für Mädchen bereitgestellten Unterstützungsgeldern (*alimenta*) einen markanten Ausdruck. Der von ANTONINUS PIUS bereits zum Mitregenten bestellte Adoptivsohn MARK AUREL (161–80) muß sich dann notgedrungen wieder verstärkt der Außenpolitik zuwenden. Sogleich nach seinem Regierungsantritt ernennt der neue Kaiser seinen Stiefbruder LUCIUS VERUS (161–69) zum gleichrangigen Augustus, der sich jedoch auf innenpolitischem Gebiet kaum zu profilieren vermag. M. AUREL sieht sich mit einer katastrophalen Epidemie im Reich, mit beachtlichen militärischen und fiskalischen Problemen und Invasionen germanischer Stämme bis nach Oberitalien und Aquileia konfrontiert; deswegen verlegt er unter anderem das Lager der *legio II Italica* an den norischen Limes (Lauriacum), was der Provinz einen höherrangigen Statthalter bringt (vgl. Hainzmann unten 177ff.). Er muß zu steuerpolitisch und wirtschaftlich unpopulären Maßnahmen Zuflucht nehmen. Auch Revolten in Obergermanien, Britannien und Ägypten sowie der Usurpationsversuch des im Orient mit einem *imperium maius* ausgestatteten AVIDIUS CASSIUS bringen den Kaiser, von dessen fast 20-jähriger Regierungszeit bestenfalls ein Zehntel ohne Krieg vergeht, in große Bedrängnis. Seine Freigebigkeit (Geldspenden, *congiaria*, und Spiele, *ludi circenses*), der Ausbau der Bürokratie, die zum Teil nach dem „Prinzip der ungleichen Kollegialität" (H.-G.Pflaum/ K.Christ) organisiert ist, indem ritterlichen Spitzenbeamten Freigelassene beigeordnet werden, sind nicht dazu geeignet, die Geldknappheit zu beheben und die beginnende Inflation einzudämmen. M. AUREL, der mit FAUSTINA zwölf Kinder hat, ernennt drei Jahre vor seinem Tod im Jahr 177 (er stirbt vermutlich nicht – wie oftmals behauptet – in Vindobona) seinen Sohn COMMODUS zum Mitregenten, eine Entscheidung, die sich politisch als Mißgriff erweisen sollte. Kaiser COMMODUS (180–92) bekommt mit seiner aufwendigen Hofhaltung in Rom, wohin er sich nach Beendigung der Markomannen- und Quadenkriege zurückzieht, die Finanznöte des Staates nicht in den Griff. Seine Innenpolitik liegt weitgehend in den Händen der Prätorianerpräfekten (ursprünglich Befehlshaber der Garde); dies und der Umstand, daß sein eigener Regierungsstil Züge einer orientalisch-absolutistischen Despotie sowie von Günstlingswirtschaft aufweist und er selbst dem ‚Caesarenwahnsinn' zu verfallen scheint, schüren die senatorische Opposition und die Palastintrige und führen schließlich zu einer unerträglichen Situation, in welcher der sich als Gladiator und Inkarnation des Herakles gerierende Herrscher ermordet wird.

Turbulente Zeiten mit den innenpolitischen Wirren des Fünfkaiserjahres (192/93) folgen. Wahrscheinlich in Carnuntum wird der spätere Sieger dieses wildentbrannten Nachfolgekrieges von Soldaten zum Kaiser ausgerufen: der Punier SEPTIMIUS SEVERUS (193–211). Nach Ansicht mancher Gelehrter beginnt mit ihm die Ära der Soldatenkaiser, nach anderen erstreckt sie sich über das halbe Jahrhundert von 235–284. SEPTIMIUS SEVERUS gibt vor, ein Sohn des MARK AUREL zu sein und verleiht seinem Sohn CARACALLA, den er zum Mitregenten (seit 196 Caesar, seit 198 Augustus) beruft, den Namen MARCUS AURELIUS ANTONINUS, um so durch eine dynastische Rekonstruktion seine Familie mit den Antoninen verbinden zu können. Unter SEPTIMIUS SEVERUS und den anderen Herrschern dieser als Severer bezeichneten afrikanischen Dynastie wandelt sich die Prinzipatsordnung vorerst in eine erbliche Militärmonarchie. Die Förderung der Armee, sichtbar in der Solderhöhung und der Veteranenversorgung, im Eherecht für Legionäre, in der Erlaubnis, neben dem Soldatenberuf als Kleinpächter zu leben und in der Aufstellung neuer Gardetruppen, drückt diese Trendwende ebenso aus wie der wohlmeinende Rat, den er angeblich seinen in der Herrschaft nachfolgenden Söhnen CARACALLA und GETA gegeben hat: „Bleibt einträchtig, bereichert die Soldaten und schert euch um all das andere den Teufel!" (Cassius Dio 77,15,2. Übersetzung: O. Veh). Er selbst kümmert sich allerdings sehr wohl auch „um das andere".

Italiens und Roms Sonderstatus gegenüber den Provinzen wird aufgehoben; die Apenninenhalbinsel wird ‚remilitarisiert', im Finanz- und vor allem im Rechtswesen, wo dem Kaiser hervorragende Juristen wie PAPINIAN und PAULUS zur Verfügung stehen, kommt es zu Reformen. Über ein kaiserliches Reskript, das unter anderem Steuerprivilegien in Flavia Solva (vgl. Hainzmann unten 169) regelt, informiert detailreich eine Inschrift aus Norikum. Das Privatvermögen des Kaisers wird vom Krongut getrennt und durch Konfiskationen vergrößert. Der Senat, in den immer häufiger auch Afrikaner und Orientalen aufgenommen werden, verliert ständig an politischem Einfluß, was sich in der Besetzung von Statthalterschaften und Kommandostellen mit Angehörigen des *ordo equester* auswirkt. Hier zeigt sich eine Entwicklung, die schon unter HADRIAN einsetzt und die sich auch in der Zusammensetzung des *consilium principis* auswirkt. Im Laufe des 3. Jh. werden die Senatoren schließlich aus immer mehr Spitzenfunktionen verdrängt, so daß ihnen allmählich nur mehr Verwaltungsagenden in Rom bleiben. Im Bemühen, Rom wenigstens auf dem Bausektor eine Bereicherung zu bescheren (Thermenanlagen, von CARACALLA ausgeführt, Palastbauten auf dem Palatin, Triumphbogen), mag man noch den Respekt vor der einst unumstrittenen Metropole erkennen. Auch in seinen versorgungspolitischen Maßnahmen für die *plebs urbana* dürfte sich dies widerspiegeln: Der *praefectus urbi* soll zusammen mit dem *praefectus annonae* den Lebensmittelbedarf für sieben Jahre im Jahr 211 zur Verfügung gehabt haben. Für die wachsende Unsicherheit im Imperium Romanum setzen die häufigen Einfälle von Fremdvölkern und in Italien der Bandenkrieg des BULLA FELIX (206/07) ein alarmierendes Signal.

Unter den innenpolitischen Maßnahmen der nach dem Dynastiegründer regierenden Severer, die mit einer kurzen Unterbrechung (217/218: MACRINUS, der erste römische Kaiser nichtsenatorischer Herkunft, und ein Sohn) bis 235 an der Macht bleiben (CARACALLA 211–17, ELAGABAL 218–222, SEVERUS ALEXANDER 222–35), ragt die *constitutio Antoniniana* (212/13) heraus. Dieses kaiserliche Edikt garantiert allen Reichsbewohnern die *civitas Romana*; ausgenommen davon bleiben neben den Angehörigen fremder Stämme, die sich Rom nicht unterworfen haben (*dediticii*), natürlich die Sklaven. Der Bürgerstatus wird damit auch auf die Fremden innerhalb des Imperium Romanum (*peregrini*) ausgeweitet, wodurch Rechtsunterschiede nivelliert werden. Dies bringt nicht nur steuerliche Vorteile für den Staat. Ansonsten erweist sich das Verhältnis der Kaiser zu Armee und Prätorianergarde als äußerst sensibel; Revolten und Meutereien bringen die Machtträger permanent in Zugzwang und bereiten so den Boden für die zahlreichen Usurpationen im 3. Jh., die selten einen politischen Neubeginn, sondern fast immer den Kaisermord bringen.

Einen zusätzlichen Unsicherheitsfaktor im innenpolitischen Spannungsfeld der Severerdynastie stellt der große Einfluß der syrischen Kaiserinnen dar, die aus dem Haus der Priesterkönige von Emesa stammen. IULIA DOMNA (*mater castrorum* und *mater patriae*), eine hochgebildete Dame, von der sich eine Porträtbüste im Museum Carnuntinum befindet, heiratet SEPTIMIUS SEVERUS. Ihre Schwester IULIA MAESA (*Augusta avia Augusti*) sowie deren Töchter IULIA SOAEMIAS und IULIA MAMAEA betreiben unter ELAGABAL (Sohn SOAEMIAS') und SEVERUS ALEXANDER (Sohn MAMAEAS) familiäre Machtpolitik, die an die berüchtigte Mätressenherrschaft der iulisch-claudischen Dynastie erinnert.

Eine der Hauptursachen für die Krisenjahre zwischen 235 und 284 ist die fehlende Herrschaftskontinuität. Die Quellen bezeugen über 50 Kaiser und Gegenkaiser. Nur wenigen von ihnen gelingt es, für mehrere Jahre allein an der Spitze des Staates zu stehen. Der Problemkatalog, mit dem sie dabei konfrontiert sind, ist beachtlich: Das Absinken des Senats in politische Bedeutungslosigkeit, das wachsende Desinteresse des Bürgers an Politik und Militärdienst, die Ansiedlung von Germanen auf Provinzialterritorium, das neue Bauernsoldatentum und die Barbarisierung der Armee, die vielen Usurpationen und partikularistischen Tendenzen (Versuche von Sonderreichsbildungen in Gallien, Britannien, Ägypten, Palmyra) zählen neben dem Druck von außen auf den immer durchlässiger werdenden *limes Romanus* zu den gravierendsten Belastungsproben. Die Soldatenkaiser, vielfach ehemals ranghohe Offiziere aus den Provinzen – einige besonders tüchtige kommen aus dem pannonisch-illyrischen Raum –, verfügen, wie gesagt, zumeist nicht über die nötige Zeit, wirkungsvolle Reformen zur Stabilisierung des Reichs durchzusetzen, das unter PHILIPPUS ARABS sein Tausendjahrjubiläum feiert (753 v.Chr. – 248 n.Chr.).

Am meisten erreichen in dieser Hinsicht noch die beiden Kaiser GALLIENUS (seit 253 Mitregent seines 260 von den Sasaniden gefangengenommenen Vaters VALERIAN; allein regiert er bis 268) und AURELIAN (270–75). Mit seiner Politik der Ämtervergabe beendet GALLIENUS die „Ära der senatorischen Amateurgenerale" (K. Christ), und auch in der Provinzialadministration dominieren nicht-senatorische Beamte. Seine Heeresreform bringt einen neuen Typ der Reiterei und die Stationierung von Bereitschaftstruppen für den raschen Einsatz in Krisenregionen, die nicht nur unter dem Aspekt größerer Mobilität, sondern auch als Vorstufe für die Reorganisation der spätantiken Armee als richtungsweisend gelten. AURELIAN, selbst unter GALLIENUS Kommandant einer Reitereinheit, setzt diesen Reformkurs fort. Seinem Versuch, den galoppierenden Währungsverfall durch eine Münzreform zu stoppen (auch darin war ihm GALLIENUS vorausgegangen), kommt nur ephemere Bedeutung zu. Hier wie in anderen Bereichen der Wirtschaft sowie der zivilen und militärischen Verwaltung erweisen sich die beiden Kaiser als die wichtigsten Wegbereiter des großen Reformwerks, das DIOCLETIAN und CONSTANTIN I. zu realisieren versuchen.

In der Zeit der Soldatenkaiser und darüberhinaus tritt schließlich auch das Verhältnis zwischen dem Staat und den Christen in eine entscheidende Phase. Zwar sind regionale Konflikte schon im 1. und 2. Jh. am Kaiserhof mit Aufmerksamkeit registriert worden (so unter

NERO, DOMITIAN, TRAIAN, M. AUREL), die systematischen Verfolgungen jedoch, bei denen es nicht mehr um einzelne Christenprozesse, sondern um eine auf kaiserlichen Edikten basierende prinzipielle Auseinandersetzung geht, beginnen unter den Severern und datieren dann vor allem in die Jahre 250/51 (DECIUS), 257/58 (VALERIAN), ehe sie im frühen 4. Jh. unter DIOCLETIAN und GALERIUS kulminieren. Das Christentum wird bis CONSTANTIN I. als Bedrohung für die innere Sicherheit im Imperium Romanum angesehen. Erst die Toleranzedikte (311, 313: Mailänder Edikt), die den christlichen Glauben zur *religio licita* erklären, und seine Deklaration als Staatsreligion (unter THEODOSIUS I. im Jahr 380) markieren den entscheidenden Wendepunkt in der ideologisch-politischen Auseinandersetzung zwischen Staat und Kirche.

7.1.3.2 Die außenpolitische Entwicklung von Nerva bis Diocletian (96–284)

Unter TRAIAN erreicht die römische Expansionspolitik ihren letzten Höhepunkt und zugleich Abschluß (vgl. Anhang unten 197). Nach zwei Dakerkriegen (101/2 und 105/6), die mit der Einnahme der Hauptstadt Sarmizegetusa (heute Várhely in Siebenbürgen) und dem Selbstmord von König DECEBALUS enden, wird *Dacia* als einzige Provinz jenseits der Donau dem Reich einverleibt (aufgegeben im Jahr 271/72). Etwa gleichzeitig annektieren die Römer das Gebiet der Nabatäer als *provincia Arabia*, und nach erfolgreichen militärischen Operationen TRAIANs gegen die Armenier und Parther werden gleich drei neue Provinzen eingerichtet: *Armenia* (114–17), *Assyria* (115–17) und *Mesopotamia* (115–17). Es sollte kein endgültiger römischer Triumph über die Parther bleiben, die seit ihrer Loslösung aus dem Seleukidenreich um die Mitte des 3. Jh.v.Chr. zu einem ‚Reibebaum' für Roms militärische Potenz geworden waren (vgl. Panitschek oben 87). Unter M. AUREL (161–66) und seinem Mitregenten L. VERUS, ferner unter SEPTIMIUS SEVERUS (194/95, 197–99) und CARACALLA (216/17) kommt es noch zu weiteren römisch-parthischen Kräftemessen. Erst mit dem Sieg des Sasaniden ARDASCHIR über den letzten Arsakiden ARTABANOS (224) ist die Parthergefahr gebannt. Doch die sie ablösenden Sasaniden erweisen sich, wie die folgenden Jahrhunderte bestätigen, als noch bedrohlichere Nachbarn im Osten.

Zurück zu TRAIAN. In seiner Ära erreicht das Imperium Romanum seine größte Ausdehnung: Es erstreckt sich von Britannien bis zum Kaspischen Meer und zum Persischen Golf, von Friesland bis Assuan. Sein Adoptivsohn HADRIAN verzichtet bewußt auf eine Fortsetzung dieser Expansionspolitik. Im Gegenteil, er gibt sogar die neuen Provinzen im Zweistromland auf und bemüht sich um eine Konsolidierung

7.1 Die Adoptiv- und die Soldatenkaiser

des Reichs durch Ausbau der Grenzfortifikationen in Afrika (*fossatum Africae*), am obergermanisch-rätischen Limes und in Britannien (*vallum Hadriani* auf der Solway-Tyne-Linie). Auf der britischen Insel hat HADRIANs Nachfolger ANTONINUS PIUS den Wall auf die Höhe von Edinburgh-Glasgow (*vallum Antonini*) vorverlegt, ansonsten aber in der Außenpolitik einen ähnlichen Kurs wie sein Vorgänger verfolgt.

Mit blutigen Erhebungen innerhalb der Reichsgrenzen sehen sich die beiden Herrscher mehrmals konfrontiert. Dazu zählen vor allem der große Judenaufstand unter BAR KOCHBA (132–35), der mit der Reorganisation der Provinz *Syria-Palaestina* und der Umbenennung Jerusalems in *Aelia Capitolina* – die Stadt darf von Juden nicht betreten werden – endet, ferner Revolten in Mauretanien (145–52) sowie der ägyptischen Fellachen (152–53). Trotz dieser und einiger weiterer Erhebungen vor allem an der Peripherie des Reichs gelten die Regierungsjahre von HADRIAN und ANTONINUS PIUS als eine der friedlichsten Zeiten des römischen Reichs.

Unter M. AUREL diktieren Kriege gegen äußere Feinde wieder weitgehend das politische Geschehen. Die großen Feldzüge gegen Markomannen, Quaden und Jazygen entlang des Donaulimes (166–75, 177–80), die wegen des weiten Vordringens germanischer und sarmatischer Stämme auf römisches Territorium notwendig werden, und die bereits erwähnten Partherfeldzüge stellen das durch innere Schwierigkeiten schwer erschütterte Reich (vgl. oben 148) vor eine gewaltige Belastungsprobe, die der Philosophenkaiser nur mit größter Anstrengung besteht. Seinen Plan, in Transdanubien prophylaktisch zwei neue Provinzen *Marcomannia* und *Sarmatia* einzurichten, realisiert der Kaiser nicht. Immerhin scheinen jedenfalls seine siegreichen Offensiven an der Donau (die ihn auch nach Carnuntum führen, wo er das 3. Buch seiner *Selbstbetrachtungen* verfaßt) und die von COMMODUS sofort nach dem Tod seines Vaters abgeschlossenen Friedensverträge mit den Markomannen und Quaden der Donauregion ruhigere Zeiten beschert zu haben.

Seit den Severern nimmt die Zahl der Kriegsschauplätze weiter zu: Von Britannien (208–11) über Germanien (187–88 Kämpfe in Obergermanien, 213 Alamanneneinfall, 233–35 Germanenkriege) bis weit in den Orient (Kriege mit den Parthern 194–95, 197–99, 216–17; mit den Sasaniden 231–33) ist es nach dem imperialen Verständnis Roms erforderlich, ständig zu versuchen, den Gegner durch militärische und diplomatische Aktivitäten in seine Schranken zu weisen. Nicht allen römischen Feldzügen und Gesandtschaften ist dabei Erfolg beschieden. Mehrfach müssen die Römer den Frieden durch eine gezielte Politik der Ansiedlung fremder Stämme auf Reichsterritorium (vgl. oben 151) und hohe Subsidienzahlungen benachbarte Völker erkaufen. Zwei

Krisenherde bringen Rom immer mehr in Bedrängnis: Das sind im Norden die germanischen Stämme, im Osten das neupersische Reich der Sasaniden; von ihnen aus wird der Druck auf den *limes* immer größer.

Vor allem unter dem zweiten König aus dem Sasanidenhaus, SCHAPUR I. (243–73), der sich ‚König der Könige' und ‚König der Iranier und Nicht-Iranier' nennt, muß Rom Demütigungen und die Beschränktheit seiner ‚Weltherrschaft', die trotz der unbestreitbaren Existenz des *limes* den *orbis Romanus* mit dem *orbis terrarum* identifizieren möchte, zur Kenntnis nehmen. Die Programmatik des universalen Anspruchs und ihre Widerspiegelung in Kaisertitulatur und Herrschaftssymbolik (der Kaiser als *rector* und *pacator orbis* mit dem Globus in der Hand; Rom als *caput mundi* im Sinne von VERGILs *imperium sine fine*) stellen ein politisches Credo dar, das kaum noch einen Bezug zur historischen Realität besitzt. SCHAPUR I. besiegt drei römische Kaiser (GORDIAN III., PHILIPPUS ARABS und VALERIAN) und demütigt Rom mit der lebenslangen Gefangennahme des letztgenannten Herrschers. Mit Stolz künden die *res gestae divi Saporis* in Naqsch-i-Rustam bei Persepolis vom sasanidischen Triumph.

Unter den Soldatenkaisern wächst die Belastung des Reichs auch durch die Zunahme germanischer Invasionen. DECIUS fällt in einer Schlacht bei Abrittus (251) gegen die Goten, denen dann CLAUDIUS II. bei Naissus (268) eine Niederlage zufügt. Seit der Mitte des 3. Jh. lösen die Einfälle der Alamannen, Franken, Iuthungen, Hermunduren, Heruler (sie kommen bis Olympia), Vandalen, Alanen und anderer Stämme einander ab. Siege und Niederlagen wechseln in rascher Folge. Sonderreiche lösen sich zeitweise aus dem Provinzialverband, in Gallien (258–73), in Britannien (288–96) und im Orient, wo ODAENATHUS und ZENOBIA ihren Machtbereich von Palmyra ausgehend über weite Gebiete Syriens, Arabiens und Ägyptens ausweiten (262–72). Alle diese Ereignisse tragen den Keim für Niedergang und Auflösung des Reichs in sich. Noch einmal gelingt es in dieser kritischen Phase Kaiser AURELIAN (270–75) durch eine Serie militärischer Erfolge, kurzfristig einige der großen Konflikte mit reichsfremden Völkerschaften beizulegen und territoriale Verluste zu vermeiden (ausgenommen die Räumung Dakiens im Jahr 271/72). Doch der Reformkaiser mit dem Titel *restitutor orbis*, dem es gegönnt ist, in Rom eine der letzten großen *pompae triumphales* zu feiern, traut diesem Frieden selbst nicht und organisiert das Großbauprojekt der Ummauerung Roms in einer Länge von fast 20 km.

7.2 Die Spätantike bis zum Ende des Weströmischen Reichs (284–476)

7.2.1 Quellen

Antike Historiker und Schriftsteller
Die traditionelle Form der nichtchristlichen Geschichtsschreibung vertritt AMMIANUS MARCELLINUS (ca. 330–400) mit seinen *res gestae* (erhalten für die Jahre 353–378). Über die Zeit ab AUGUSTUS, besonders ab 270–410 berichtet ZOSIMOS (um 500) in der *Historia nea* und für die Jahre von IOVIANUS (364/65) bis IUSTINIANUS (527–565) PAULUS DIACONUS (8. Jh.); PROKOPIOS (6. Jh.) bietet eine Geschichte Iustinians (Perser-, Vandalen- und Gotenkriege), ferner die *Anekdota* (Geheimgeschichte des Kaiserhofes) und eine Beschreibung der Bauten IUSTINIANS. Über die Goten berichten auch IORDANES (6. Jh.) und ISIDOR von Sevilla (6./7. Jh.), über die Franken GREGOR von Tours (6. Jh.). Fragmente des Werkes von PRISKOS (5. Jh.) gelten als bedeutsame Quelle zur Hunnengeschichte. Materialreich ist auch die byzantinische Weltchronik des ZONARAS (12. Jh.). Ergänzung finden diese Werke in den Kurzfassungen (*epitomai, breviaria*) von EUTROPIUS, FESTUS RUFIUS und AURELIUS VICTOR (dazu oben 145) sowie in der *Origo Constantini imperatoris* (Kurzbiographie). Informationen zur Spätantike liefern ferner die byzantinischen Lexika von PHOTIOS (9. Jh.) und die SUDA (10. Jh.). Verzeichnisse der Ämter des West- und Ostreiches (*notitia dignitatum*, um 425/30), der Provinzen (*laterculus Veronensis*, um 313), von Städten in Gallien (*notitia Galliarum*, um 400) sowie Stadtbeschreibungen (Rom zur Zeit CONSTANTINs, Konstantinopel um 425) bieten zahlreiche Fakten. Die nach einer Vorlage aus dem 4. Jh. erstellte *Tabula Peutingeriana* (12. Jh.) informiert über das antike Straßennetz mit Entfernungsangaben zu Städten und Siedlungen. – Christliche Historio- und Chronographie: OROSIUS (4./5. Jh.) verfaßt sieben Bücher *adversus paganos* (von Adam bis 417 n.Ch.), EUSEBIOS (etwa 260–340) eine *Kirchengeschichte* (von den Anfängen bis 324), eine *Weltchronik* (von Abraham bis 325; Fortsetzung bis 378 von HIERONYMUS) und eine *vita Constantini*. Kurzbiographien der Christenverfolger (*de mortibus persecutorum*) stammen von LACTANZ (3./4. Jh.). Zur *vita S.Severini* des EUGIPPIUS (6. Jh.) siehe Hainzmann unten 169.

Weitere literarische Quellen
Das ganze Corpus der Kirchenschriftsteller des 4. und 5. Jh. wie AUGUSTINUS, AMBROSIUS, GREGOR von Nazianz, GREGOR von Nyssa, IOHANNES CHRYSOSTOMOS, SALVIANUS, SYNESIOS von Kyrene (vgl. auch oben 145). Nichtchristlicher Provenienz sind die 1.500 Briefe des LIBANIOS (314–393), die Reden der Panegyriker wie THEMISTIOS (4. Jh.) sowie die Schriften des Kaisers IULIAN (361–63) und des SYMMACHUS (ca. 345–402). Zum Heerwesen vgl. die *epitoma rei militaris* von VEGETIUS (4./5. Jh.). Die poetischen und philosophischen Werke christlicher und nichtchristlicher Dichter wie AUSONIUS, CLAUDIANUS, RUTILIUS NAMATIANUS und PRUDENTIUS (alle 4./5. Jh.) sowie der Denker und Staatsmänner wie BOETHIUS (480–524) und CASSIODOR (ca. 490–580) ergänzen das literarische Quellenmaterial.

Epigraphik
Die Inschriften nehmen an Zahl ab dem 3. Jh. stark ab. Das bedeutendste Dokument: *Edictum Diocletiani* (über Preise und Löhne, 301). Spezifisch spätantike *Papyri* bieten das Isedorus- und das Abinnaeus-Archiv. Die historische Aussagekraft der späten *Münzen* nimmt ab. Als Sonderform gelten die überwiegend im Auftrag von Senatoren geprägten *Kontorniaten*.

Rechtstexte
Sie nehmen einen besonderen Rang als Quellengattung ein: der *Codex Theodosianus* (438), das *Corpus Iuris Civilis* (mittelalterliche Bezeichnung) (528–34).
Archäologie
Zu den *archäologischen Quellen* (vgl. oben 145), von denen exemplarisch auf die Villa von Piazza Armerina oder den Kaiserpalast von Split verwiesen sei, kommen vor allem die Zeugnisse des aufstrebenden Christentums.

7.2.2 Sozialökonomische Verhältnisse

Von einer Homogenisierung der Sozialstrukturen und des Wirtschaftsraumes im spätantiken Imperium Romanum kann keine Rede sein, auch wenn der wachsende Einfluß des Staates in diesen Bereichen so unverkennbar ist, daß sich zuweilen ein Vergleich mit dem zwangsstaatlichen Wirtschaftssystem der Ptolemaier aufdrängt (vgl. Panitschek oben 79). Lohn- und Preisdiktate, Verstaatlichungstendenzen, eine zunehmende Bürokratisierung, Zwangsverpflichtungen der Bauern zum Verbleib auf dem momentan bearbeiteten Boden und Arbeitspflicht, Mitgliedschaft in lebenswichtigen Handels- und Gewerbekorporationen sowie erzwungene Erblichkeit innerhalb einzelner Berufsbranchen: Das alles signalisiert eine Wandlung des Wirtschaftslebens. Die Ursachen für diese Veränderungen, die vielleicht schon im späten 2. Jh., jedenfalls in der Krisenzeit des 3. Jh. für die Bevölkerung spürbar werden, lassen sich nur teilweise präzisieren: Dazu zählen unter anderem der seit dem Ende der römischen Expansion ausbleibende Nachschub an Sklaven, die soziale Mobilität in Form von Land- und Stadtflucht, die Veränderung der Proportionen zwischen produktiven und unproduktiven Reichsbewohnern zugunsten der letztgenannten, d.h. die Zunahme an Beamten, Soldaten, Priestern und Mönchen, ferner die Verunsicherung des Handels durch Räuberbanden und Fremdvölker, bürgerkriegsartige Zustände und schließlich die Geldentwertung. Vor allem der Bevölkerungsrückgang auf dem Land führt zu ‚Hungerrevolten' in den Städten und steht wohl auch im Zusammenhang mit einer teilweisen Rückkehr zu primitiven haus- und naturalwirtschaftlichen Lebensformen.

Einzelne Kaiser wie AURELIAN (270–75), DIOCLETIAN (284–305) und CONSTANTIN I. (306–37) versuchen mit ihren wirtschaftlichen Maßnahmen Reformen zu erzwingen und erzielen dabei Teilerfolge. Eine Stabilisierung oder gar Wiederherstellung frühkaiserzeitlicher sozialökonomischer Bedingungen erweist sich als nicht realisierbar. Im agrarischen Bereich hat die Entstehung von Großgrundbesitz und Kolonat (siehe oben 146) sowie des Patrozinienwesens einen entscheidenden Anteil an der allmählichen Etablierung neuer Wirtschaftsformen. Hier wird für den schollengebundenen Bauern, entwichene Kolonen und andere sozial Schwache eine Schutzfunktion angeboten, die sich nur mangels einer staatlichen Zentralmacht erklären läßt und einen bedeutsamen Schritt auf dem Weg zur mittelalterlichen Feudalordnung setzt. Denn parallel mit dem Absinken der Bedeutung der antiken Städte und ihrer Rolle als Handels- und Gewerbezentren – M. Weber hat dafür den Begriff der ‚Entkommunalisierung' geprägt – konsolidieren sich auf dem Land befestigte Gutsherrenzentren, in deren Abhängigkeit und Schutz schollengebundene Bauern in Dörfern leben.

Die Differenzierung der traditionellen Drei-Schichten-Ordnung läuft wegen der Auflösungstendenzen in der Mittelschicht auf eine Polarisierung zwischen den mächtigen senatorischen Gutsherren, den *potentes*, und den mittellosen Massen, den *tenuiores*, hinaus, ohne daß es dabei zu einer sozialen Revolution kommt. Eine solche in den Aufständen der Bagauden (Gallien), der Quinquegentanier und Agonistiker/Circumcellionen (in Nordafrika) und der Goten (an der Donau) erkennen zu wollen, erscheint wegen deren regionaler Bedeutung unangemessen. Der *civis Romanus* wandelt sich unter massivem Druck ‚von oben' zum *subiectus*, zum Unterworfenen, der freie Bauer zum Abhängigen in de facto sklavenähnlicher Position (*quasi servus*). Mit der Integration fremder Völkerschaften und insbesondere mit der Übernahme von Elementen des germanischen Gefolgschaftswesens entstehen im Westen des Reiches allmählich frühmittelalterliche Sozialordnungen, während in der byzantinischen Welt die ausgebildeten sozialen Rangordnungen des römischen Imperiums weiterwirken.

7.2.3 Die Spätantike: Von Diocletian bis zum Ende des Weströmischen Reichs (284–476)

Mit dem schrittweisen Abrücken von der augusteischen Verfassungsstruktur, die dem Senat und anderen Kollegialorganen noch eine eingeschränkte Regierungsbeteiligung ermöglichte, und mit der Herausbildung eines absolutistischen Systems hat sich nach dem Muster hellenistisch-orientalischer Staaten allmählich eine Herrschaftsform etabliert, die man sich als ‚Dominat' zu bezeichnen gewöhnt hat. Zwar ist die Anrede des Kaisers als *dominus et deus*, wenn auch nicht in der offiziellen Titulatur, schon für DOMITIAN, und die Proskynese, der Kniefall vor dem Kaiser, bereits für GALLIENUS überliefert, doch erst in seiner Gesamtheit ist das Hofzeremoniell Ausdruck für die Perpetuierung der absolutistischen Monarchie. Seit Th. Mommsen verwendet man für die neue Regierungsform den Begriff ‚Dominat' als Antithese zum frühkaiserzeitlichen ‚Prinzipat'. Die Bezeichnung ‚Spätantike' hingegen kommt über die Kunstgeschichte (A. Riegl) ins altertumswissenschaftliche Vokabular.

7.2.3.1 Die innenpolitische Entwicklung. Die Verfassungsgeschichte

Die Erfahrungen der Krisenjahre und die Tatsache, daß DIOCLETIAN (284–305) als erster Herrscher nach der Ära der Soldatenkaiser für 20 Jahre die Regierungsgewalt in Händen behält, bieten eine Chance für die Realisation eines das gesamte Staatswesen betreffenden Reformentwurfs. An der Regierungsspitze kommt es ebenso wie in der Provinzialverwaltung, in der Steuer- und Wirtschaftspolitik sowie im Heerwesen zu prinzipiellen Strukturänderungen. Der neue Kaiser aus Illyrien, ein großer ‚Reglementierer', konstruiert einen theokratischen Schematismus, der den zwei *Augusti* (DIOCLETIAN, MAXIMIAN) und zwei *nobilissimi Caesares* (GALERIUS, CONSTANTIUS CHLORUS) die Regierungsgewalt überträgt. In dieser Tetrarchie sollten die *Augusti* nach zehn Jahren den *Caesares* den Platz räumen und zwei neue *Caesares* ernannt werden. Ferner sieht diese Konstruktion vor, daß religiöse und familiäre Bande die vier Regenten durch Adoption und Heirat sowie Zuordnung zu Iupiter und Hercules (*Iovii et Herculii*) zu einer Gemeinschaft verbinden sollten. Im Osten, zu welchem damals auch Norikum zählt (im Laufe des 4. Jh. erfolgt dann eine neue Grenzziehung), herrscht DIOCLETIAN mit seinem Caesar GALERIUS, im Westen MAXIMIAN mit CONSTANTIUS CHLORUS. Als neue Regierungssitze fungieren Nikomedien und Sirmium bzw. Thessaloniki im Osten, Mediolanum bzw. Aquileia und Augusta Treverorum bzw. Eburacum im Westen. Rom als Zentrum der Macht hat längst ausgespielt. Gemäß den neuen herrschaftsideologischen Ansprüchen wird der Kaiser seiner Umwelt bewußt entrückt. Sein Sitz gilt als *sacrum palatium*, sein Beratergremium, das das *consilium principis* ablöst, als *sacrum consistorium*.

Die Zahl der knapp 50 vorhandenen Provinzen wird durch Teilung etwa verdoppelt – auf österreichischem Territorium entstehen die Provinzen *Pannonia I.*, *Noricum ripense* und *mediterraneum*, *Raetia I* und *II* – und in zwölf Diözesen zusammengefaßt. Der Großteil der *Austria Romana* gehört zur *dioecesis Pannoniarum*, die die pannonischen und norischen Provinzen sowie Dalmatien umfaßt und einem *vicarius* untersteht (vgl. dazu Hainzmann unten 182). Der Antike wenig vertraut ist DIOCLETIANs Gedanke der Trennung zwischen ziviler und militärischer Gewalt. In die Kompetenz der zivilen Statthalter (die senatorischen *consulares*, *correctores*, die ritterlichen *praesides*) legt er die Iurisdiktion und andere administrative Agenden; *duces* befehligen die neu formierten Legionen – deren Sollstärke von 6.000 auf etwa 2.000 Mann reduziert wird. Neben weitgehend ortsgebundenen Wehrbauern, die im 4. Jh. später auch als *limitanei* bezeichnet werden, existieren auch die *comitatenses*, jene mobilen Elitetruppen, die GAL-

7.2 Die Spätantike (284 bis 476)

LIENUS als erster aufgestellt hat (vgl. oben 151). Die Gesamtstärke des neugeordneten Heeres schätzt man auf etwa eine halbe Million Soldaten, was gemessen an der Gesamtbevölkerung des Reichs „einen sehr geringen Prozentsatz (1 Prozent) an Waffentragenden" (A. Demandt) ausmacht.

Diese großen organisatorischen Erneuerungen und der permanente Geldmangel in der kaiserlichen Kasse erfordern effiziente steuer- und währungspolitische Maßnahmen. Als neue steuerliche Berechnungsgrundlage gelten nunmehr der wirtschaftlich nutzbare Boden (*iugum*) und eine Art Kopfsteuer (*caput*), die sich als *iugatio/capitatio* jedenfalls besser bewähren als die ebenfalls von DIOCLETIAN versuchte Währungsreform (als Grundlage dient eine Kupfermünze, die ihren Namen vom Geldbeutel, *follis*, übernimmt) und die gesetzliche Festlegung einer Obergrenze für Löhne und Preise trotz der Androhung der Todesstrafe (*edictum de pretiis*, 301). Alle diese dirigistischen Bemühungen kennzeichnen den spätantiken Zwangsstaat, dem es nach der Krise des 3. Jh. nochmals gelingt, die Lebensdauer des Imperium Romanum um eine beachtliche Zeitspanne zu verlängern.

DIOCLETIANs Reglementiersucht hat den Faktor Mensch zuwenig ins Kalkül genommen. Mit seiner Abdankung (305) setzen Nachfolgewirren ein, die zunächst Gegenstand eines wenig erfolgreichen Kaiserkongresses in Carnuntum (308) sind und aus denen letztlich CONSTANTIN I. (306–37) als Sieger hervorgeht. Nach Ausschaltung seiner Hauptkonkurrenten MAXENTIUS in der Schlacht bei der Milvischen Brücke (312: *in hoc signo vinces*) und LICINIUS bei Chrysopolis (324) setzt er – jetzt als *totius orbis imperator* – die diokletianischen Reformbemühungen mit einigen bedeutsamen Modifikationen fort. Dazu gehört die Umgestaltung des Präfektenamtes. Die *praefecti praetorio*, zunächst Befehlshaber der kaiserlichen Garde, erhalten im Laufe des Prinzipats immer mehr andere Agenden – zumeist sind sie auch Mitglieder des *consilium principis* – bis sie schließlich unter CONSTANTIN zur höchsten zivilen Instanz im Reich avancieren. Ihnen obliegt die Verwaltung der vier Präfekturen, in die das Reich nunmehr eingeteilt ist. Nach der *Notitia dignitatum* sind dies *Oriens*, *Illyricum*, *Italia* und *Galliae*. Zu den welthistorisch bedeutenden kaiserlichen Entscheidungen gehört die Gründung von *Constantinopolis* (330) als neuer Hauptstadt des Ostens, die mit eigenem Senat, prunkvoller baulicher Ausgestaltung und zentralen Verwaltungsfunktionen als *Roma nova* die alte Metropole am Tiber endgültig ablöst. Die Schwerpunktverlagerung in die orientalische Hälfte des Imperium Romanum ist damit vollzogen.

Im militärischen und ökonomischen Bereich geht CONSTANTIN, der auch das *sacrum consistorium* ausgestaltet, den Weg seines Vorgängers weiter, wenngleich er in der Münzpolitik mit der Wiedereinführung der Goldwährung (*solidus*) eine weitreichende Maßnahme setzt. In Abweichung von DIOCLETIAN greift er wieder auf das dynastische Herrschaftsprinzip (vgl. unten 195) zurück und ernennt testamentarisch drei Söhne und einen Neffen zu neuen Tetrarchen im *Oriens* (CONSTANTIUS II.), *Illyricum* (DALMATIUS), *Italia* (CONSTANS) und *Galliae* (CONSTANTIN II.). Mit seiner Religionspolitik gilt er als „erster Vertreter des byzantinischen Caesaropapismus" (A. Demandt), mit seiner programmatischen Entscheidung für Constantinopel als Wegbereiter einer dualistischen Entwicklung in Europa, das in das abendländische Mittelalter und das byzantinische Kaisertum zerfällt.

Am Ende des diocletianisch-constantinischen Reformwerks steht der absolutistisch-theokratisch strukturierte Machtapparat. Darüber vermag der gelegentliche Pluralismus an der Regierungsspitze nicht hinwegzutäuschen. Im Gegenteil: Usurpationen, Diadochenkämpfe sowie religiöse Konflikte (Arianismusstreit, Rückkehr zum paganen Polytheismus) im Inneren, ferner die Auswirkungen der vor allem durch das Auftreten der Hunnen ausgelösten Völkerwanderung im auswärtigen Bereich, bestimmen künftighin den Gang der Ereignisse. Aus der constantinischen Dynastie regiert CONSTANTIUS II. (337–61) am längsten (vgl. unten 195). Mit seinem Herrschaftsstil fördert er weiter die Ausgestaltung des byzantinisch-orientalisierenden Hofzeremoniells arianischer Prägung, was auch die Gegenmaßnahmen seines Nachfolgers IULIAN (361–63) nicht verhindern können. Der neue philosophisch gebildete Alleinherrscher reaktiviert die klassischen Traditionen, indem er republikanisch-frühkaiserzeitliche Ideale und vor allem die traditionellen antiken Kulte wiederbelebt, ein Vorhaben, das bei knapp 20-monatiger Regierungszeit von vornherein zum Scheitern verurteilt ist und das den Kaiser in christlicher Erinnerung als Apostaten (Abtrünnigen) weiterleben läßt.

Nach seinem frühen Tod liegt die Regierung des inzwischen weitgehend unregierbar gewordenen Imperiums für etwa 90 Jahre in Händen der Valentinianisch-Theodosianischen Dynastie (vgl. unten 196). Zu ihr zählen im Westen VALENTINIAN I. (364–75), GRATIAN (367–83), VALENTINIAN II. (383–92), HONORIUS (393/95–423) und VALENTINIAN III. (425–55), im Osten VALENS (364–78), THEODOSIUS I. (379–95), ARCADIUS (383/95–408) und THEODOSIUS II. (408–450). Mit dem Tod THEODOSIUS I. endet die Reichseinheit. Obwohl dem Vandalensohn und römischen Reichsfeldherrn STILICHO die Fürsorge beider zu *Augusti* ernannten Söhne (HONORIUS im Westen, ARCADIUS im Osten) übertragen wird und eine offizielle Aufspaltung des Reiches von THEODOSIUS I. nicht intendiert ist, wird die Existenz zweier Territorien mit zwei Hauptstädten (Mediolanum, Constantinopel) und

7.2 Die Spätantike (284 bis 476)

zweier kaiserlicher Kanzleien damit besiegelt. In dieser Schlußphase des Weströmischen Reichs beschränken die Kämpfe mit den Fremdvölkern beiderseits eines über weite Strecken nur noch symbolisch vorhandenen *limes Romanus* immer mehr das politische Handlungsvermögen.

Im Abschluß von Föderatenverträgen zwischen den römischen Kaisern und den auf Reichsboden ansässigen Germanen, die damit als völkerrechtliche Subjekte anerkannt werden, manifestieren sich die Konsequenzen dieser Einschränkung. Mit den neuartigen Vereinbarungen gewähren die Römer einzelnen Stammesverbänden auf Reichsterritorium weitreichende Autonomie; so erhalten die Westgoten im Jahr 382 im östlichen Pannonien Ackerland, Konsumgüter und Geld, sowie eigene politische Führung, wofür Kaiser THEODOSIUS als Gegenleistung deren Militärhilfe erwartet. Ein anderes Fanal für die Auflösung der Zentralgewalt im Westen sind die zahlreichen Plünderungszüge innerhalb des Reiches, in deren Verlauf auch Rom in Mitleidenschaft gezogen wird. ALARICH macht mit den Westgoten (410), GEISERICH mit den Vandalen (455) hier reiche Beute.

Auch ist es für den eingetretenen Wandel bezeichnend, daß die Kaiser der einstigen Reichszentrale nur mehr selten ihre Reverenz erweisen. Ihre notwendige Präsenz in Krisenregionen ermöglicht ihnen kaum noch den Aufenthalt in der ewigen Stadt; überhaupt wird der politische Aktionsradius der Kaiser durch die zahlreichen Usurpationen, Hofintrigen und Beamtenkorruption im 4. und 5. Jh. sowie durch die mächtigen germanischen Heermeister (*magistri militum*) entscheidend eingeschränkt. Vor allem seit mit VALENTINIAN II. (375–92; geb. 371) erstmals in der Spätantike ein ‚Kinderkaiser‘ auf den Thron gehoben wird, gewinnen zentrifugale Kräfte an Bedeutung. Ganze sechs Jahre zählt auch ROMULUS AUGUSTU(LU)S (475/76), als ihn sein Vater, der Pannonier ORESTES, *patricius* und *magister militum* unter Kaiser NEPOS (474/75; gest. 480) und einstmals auch Sekretär ATTILAS, zum Kaiser ausruft. Diesen letzten weströmischen Augustus schickt der Skirenfürst ODOAKER (476–93), von ORESTES um Hilfe gegen NEPOS gebeten, ins Exil nach Kampanien. Erst mit der Kaiserkrönung KARLs durch Papst LEO III. im Jahr 800 wird die imperiale Kaisertradition im Westen wieder aufgenommen.

Gründe für Roms Niedergang werden viele genannt. A. Demandt hat etwa 600 Meinungen dazu gesammelt und sie in sechs Kategorien eingeteilt. Fünf davon geben dabei endogenen Faktoren den Vorzug: 1. religiöse, 2. sozialökonomische, 3. naturwissenschaftliche, 4. innenpolitische und 5. kulturmorphologische Erklärungen. Unter Innenpolitik rubriziert der Verfasser Stichworte wie Militarismus, Despotie, Totalitarismus, Absolutismus, Verlagerung der Hauptstadt, Partikularismus, Korruption, Finanzmisere, Steuerdruck, Inflation, Systemschwäche, römisch-germanischer Antagonismus und ähnliches. Zum Abschluß dieses Kapitels zitiert der Althistoriker aus F. Dürrenmatts Komödie ‚Romulus der Große' resignierende Kammerdiener: „Wenn wir abtreten, kann man sagen: Jetzt ist die Antike zu Ende!"

7.2.3.2 Die außenpolitische Entwicklung in der Spätantike bis zum Ende des Weströmischen Reichs (284–476)

A. Demandts sechster Erklärungstyp für den Untergang des römischen Reichs gipfelt in der berühmten Katastrophentheorie A. Piganiols, wonach Rom nicht eines ‚natürlichen Todes' gestorben, sondern von außen her ‚ermordet' worden sei („La civilisation romaine n'est pas morte de sa belle mort. Elle a été assassinée"). Als ‚Mörder' des an sich nach Piganiol zu diesem Zeitpunkt durchaus noch gesunden Imperiums gelten dabei die Germanen. Ihnen wird vor allen anderen ins Reich eindringenden Fremdvölkern wie den Hunnen und anderen Reitervölkern Eurasiens die Hauptschuld angelastet. Mit der Installation des tetrarchischen Regierungssystems, mit der Trennung von ziviler und militärischer Gewalt und der Reorganisation des Heerwesens im Zuge der diocletianisch-constantinischen Reformen läßt sich trotz des durchorganisierten Verwaltungsapparates, der Auflösung der Sonderreiche und der Zahlung hoher Tribute diese äußere Gefahr nicht endgültig bannen, sondern bestenfalls lindern. Daran ändern auch erfolgreiche Kämpfe Roms im Osten gegen die Sasaniden (282/83), diverse Friedensverträge (287?, 298, 324; später noch 422) und einzelne Siege über die Alamannen und Franken am Rhein sowie über transdanubische Stämme kaum etwas. Um die Mitte des 4. Jh. sehen sich Roms Kaiser wieder einmal einem Zweifrontenkrieg gegenüber. Im Orient kommt es unter CONSTANTIUS II. und IULIAN erneut zu Kämpfen mit dem neupersischen Reich, und am Rhein bricht das römische Verteidigungssystem, das seit den Tetrarchen dem Germanendruck einigermaßen standhält, durch Übergriffe der Alamannen (352, 365/66), Franken und Sachsen (355) zusammen. Hier an der Rheingrenze gelingt es IULIAN nach der siegreichen Schlacht von Argentorate gegen die Alamannen (357) und wenige Jahre später dann VALENTINIAN I. (364–75), der auch den Donaulimes mit einbezieht, die Fortifikationen wiederherzustellen.

Eine neue Ära in der römischen Außenpolitik leitet die Überschreitung des Don durch die Hunnen ein (375). Wohl zurecht wird dieses Ereignis als Auftakt zur *Völkerwanderung* gedeutet. Der Vorstoß dieser Reiternomaden löst zunächst in der Schwarzmeerregion und an der unteren Donau Unruhen aus, welche innerhalb weniger Jahre auf weite Gebiete des Imperiums ausstrahlen und Rom in eine militärische Katastrophe treiben. Die besonderen Umstände, unter denen dies passiert,

7.2 Die Spätantike (284 bis 476)

sind kennzeichnend für die Regierungsschwäche des Kaisertums und das Zusammenwirken verschiedenster Faktoren. Kaiser VALENS (364–78), eben noch in einen neuerlichen Perserkrieg involviert, weist den von den Hunnen bedrängten Westgoten Provinzialboden in Thrakien zu (376). Doch Versorgungsprobleme und Beamtenkorruption führen zu Spannungen zwischen Westgoten und Römern, die sich bei Adrianopel auf dem Schlachtfeld entladen sollten (378). VALENS, der für diese Entscheidung die Ankunft seines in Alamannenkämpfe verstrickten Mitaugustus GRATIAN (367–83) nicht abwartet, verliert gegen die von Ostgoten, Taifalen, Alanen und auch Hunnen unterstützten Westgoten unter FRITIGERN Schlacht und Leben. Zu den für das Reich verhängnisvollen Konsequenzen dieser Niederlage, in der man auch ein Epochendatum für den Fall Roms gesehen hat, zählt der Umstand, daß der Balkanraum nunmehr zu einem Tummelplatz germanischer und hunnischer Kampfscharen wird. Aber dabei bleibt es nicht. Die den germanischen Stämmen entgegenkommende Kolonisationspolitik (siehe oben 161) beschert dem Reich mit seinen im westlichen Teil immer chaotischeren Zuständen ebensowenig Ruhe wie der Versuch, mit Hilfe der germanischen Heermeister in römischen Diensten der bedrohlichen Lage Herr zu werden. In ihrer oft privilegierten Stellung nützen die mächtigen germanischen Generäle im Solde der Römer wie MEROBAUDES, BAUTO, ARBOGAST, STILICHO und RICIMER vor allem die Regierungsschwäche mancher Kaiser und andere für sie günstige Umstände für selbständiges politisches Handeln, ohne dabei die Stabilität und Wiederherstellung des Reichsganzen zur obersten Maxime in der Außenpolitik zu machen. Die Mobilität der Völkerwanderungszeit unterliegt demnach im Jahrhundert (378–476) von Adrianopel bis zum Sturz des ROMULUS weitgehend eigenen Gesetzen; jedenfalls ist sie unabhängig vom Willen der römischen Kaiser und erfaßt insbesondere, wie der Gang der Ereignisse zeigt, die westliche Hälfte des Imperium Romanum: „Der Übergang der von den Hunnen vorwärtsgedrängten Ostgoten unter RADAGAIS über die Donau (405), der Einfall der Alanen, Vandalen, Quaden und anderer Gruppen nach Gallien (Ende 406 bei Mainz), der Fall Roms (410), die Ansiedlung der Westgoten in Aquitanien (418), die Formierung des Burgunderreichs am Rhein (413–36) und an der Rhone (443–534), die Eroberung Karthagos durch die Vandalen (439) und die Konsolidierung ihres nordafrikanischen Reichs (429–533), der große Abwehrerfolg gegen die Hunnen auf den Katalaunischen Feldern (451), die Ostgotenherrschaft in Italien (493–553) und die Stabilisierung des Westgotenreichs in Spanien (507–711) stellen die wichtigsten Etappen des Erosionsprozesses der römischen Macht dar" (nach K. Christ). Diese Reichsbildungen sind es auch, die die politische Landkarte des Mittelalters strukturieren.

7.3 Zusammenfassung

Vor dem ideologischen Hintergrund einer Umformung der *res publica amissa* in eine *res publica restituta* (vgl. Aigner oben 132ff.) gelingt AUGUSTUS ein Ausweg aus der ‚Krise ohne Alternative', wie der Desintegrationsprozeß der späten Republik auch bezeichnet wird (Ch. Meier). Mit der Kumulierung der wichtigsten Amtsgewalten einschließlich des militärischen Oberbefehls in der Hand des Monarchen kommt es zum schrittweisen Ausbau der Prinzipatsverfassung. Zunächst wird auch noch die Senatsaristokratie (weshalb Th. Mommsen auch von ‚Dyarchie' sprach) und ab den Flaviern und HADRIAN der Ritterstand als integrierender Teil der Reichsverwaltung betrachtet. Diese verfassungsrechtliche Ordnung ermöglicht es den Römern, die Ausweitung ihres Machtbereichs im ersten Jahrhundert des Prinzipats fortzusetzen, ein Expansionsprozeß, der unter TRAIAN als endgültig abgeschlossen gilt. Unter dem Adoptivkaisertum, zur Zeit der ‚humanitären' Kaiser – nach E. Gibbon (1776) „das glücklichste Zeitalter des Menschengeschlechts" –, erweist sich Rom als konkurrenzlose Metropole, von der aus sowohl die Administration dirigiert als auch der Romanisierungsprozeß, „der begrenzte Kulturtransfer" (P. Garnsey/R. Saller), des gesamten Mittelmeerbeckens und der angrenzenden Regionen gefördert wird.

Im späten 2. und dann ab dem 3. Jahrhundert, seit an Stelle der offensiven Expansionspolitik die Defensivkriege dominieren, tritt ein bemerkenswerter Wandel ein: Rom und Italien stehen nicht mehr im Zentrum der Macht; die Armee avanciert vor allem unter den Soldatenkaisern zu einem autonomen politischen Faktor (‚Kaisermacher'); zugleich verliert der Senatorenstand besonders ab der Severerdynastie sein Prestige in der Politik; wirtschaftliche Probleme und Aktivitäten der Völkerschaften jenseits des Limes setzen die Kaiser unter Zugzwang. Alle diese und noch andere Faktoren leiten eine krisenhafte Entwicklung ein, an deren Ende nach Dezentralisierung der Macht und „Pluralisierung der Reichsspitze" (J. Bleicken) eine theokratische Monarchie steht, für die Th. Mommsen als Antithese zum ‚Prinzipat' den Ausdruck ‚Dominat' vorgeschlagen hat. Auch wenn seine Charakteristik dieser spätantiken Regierungsform – „Neu ist darin sozusagen alles" – heute zu Recht kritisiert und demgegenüber Kontinuität betont wird (J. Bleicken, A. Demandt), so ist nun doch vieles im Staat ein Novum; weiter wird deutlich, daß die Erben des Imperium Romanum an einem Scheideweg angelangt sind: Es kommt nach mehreren Präludien zur Spaltung in ein oströmisches (byzantinisches) Kaisertum und zur Auflösung der Zentralgewalt im Westen.

7.4 Ausgewählte Literatur

1. G. ALFÖLDY, *Römische Sozialgeschichte*. Wiesbaden ³1984 (Wissenschaftliche Paperbacks 8)
2. H. BENGTSON, *Grundriß der römischen Geschichte mit Quellenkunde. Band 1: Republik und Kaiserzeit bis 284 n.Chr.* München 1967 (Hb der Altertumswissenschaft III 5)
3. J. BLEICKEN, *Verfassungs- und Sozialgeschichte des Römischen Kaiserreiches.* Paderborn 1978, 2 Bände (UTB 838, 839)
4. P. BROWN, *Die letzten Heiden. Eine kleine Geschichte der Spätantike* (engl. 1978. Übersetzung H. FLIESSBACH) Berlin 1986
5. A. CAMERON, *Das späte Rom. 284–430 n. Chr.* (engl. 1993. Übersetzung K. BRODERSEN) München 1994
6. K. CHRIST, *Römische Geschichte. Einführung, Quellenkunde, Bibliographie.* Darmstadt ⁴1990
7. K. CHRIST, *Geschichte der römischen Kaiserzeit von Augustus bis zu Konstantin.* München ²1992
8. K. CHRIST, *Der Untergang des römischen Reiches.* Darmstadt 1970 (Wege der Forschung, Band 269)
9. W. DAHLHEIM, *Geschichte der Römischen Kaiserzeit.* München 1984 (Oldenbourg Grundriß der Geschichte, Band 3)
10. A. DEMANDT, *Der Fall Roms. Die Auflösung des römischen Reiches im Urteil der Nachwelt.* München 1984
11. A. DEMANDT, *Die Spätantike. Römische Geschichte von Diocletian bis Justinian. 284–565 n.Chr.* München 1989 (Hb der Altertumswiss. III 6)
12. F. DE MARTINO, *Wirtschaftsgeschichte des alten Rom* (ital. 1979/80. Übersetzung B. GALSTERER) München 1985
13. P. GARNSEY – R. SALLER, *Das römische Kaiserreich. Wirtschaft, Gesellschaft, Kultur* (engl. 1987. Übersetzung H.-J. MAASS) Reinbek bei Hamburg 1989 (rowohlts enzyklopädie 501)
14. H. GRASSL, *Sozialökonomische Vorstellungen in der kaiserzeitlichen griechischen Literatur (1.–3. Jh. n.Chr.)* Wiesbaden 1982 (Historia Einzelschriften 41)
15. D. KIENAST, *Römische Kaisertabelle. Grundzüge einer römischen Kaiserchronologie.* Darmstadt 1990
16. D. NÖRR, *Imperium und Polis in der hohen Prinzipatszeit.* München 1966
17. W. SEYFARTH, *Römische Geschichte. Kaiserzeit*, Berlin-Ost ³1980, 2 Bände
18. M. STAHL, *Imperiale Herrschaft und provinziale Stadt.* Göttingen 1978 (Hypomnemata 52)
19. O. VEH, *Lexikon der römischen Kaiser. Von Augustus bis Justinian. 27 v. Chr. – 565 n.Chr.* Zürich-München 1976 (Lebendige Antike. Artemis)
20. P. VEYNE, *Brot und Spiele. Gesellschaftliche Macht und politische Herrschaft in der Antike* (franz. 1976. Übersetzung K. LAERMANN – H.R. BRITTNACHER) Frankfurt/Main-New York 1988
21. H. VOLKMANN, *Grundzüge der römischen Geschichte.* Darmstadt ⁸1982. (Neuauflage von H. BELLEN in Vorbereitung)
22. C. WELLS, *Das Römische Reich* (engl. 1984. Übersetzung K. BRODERSEN) München ³1988 (dtv Geschichte der Antike Nr. 4405)

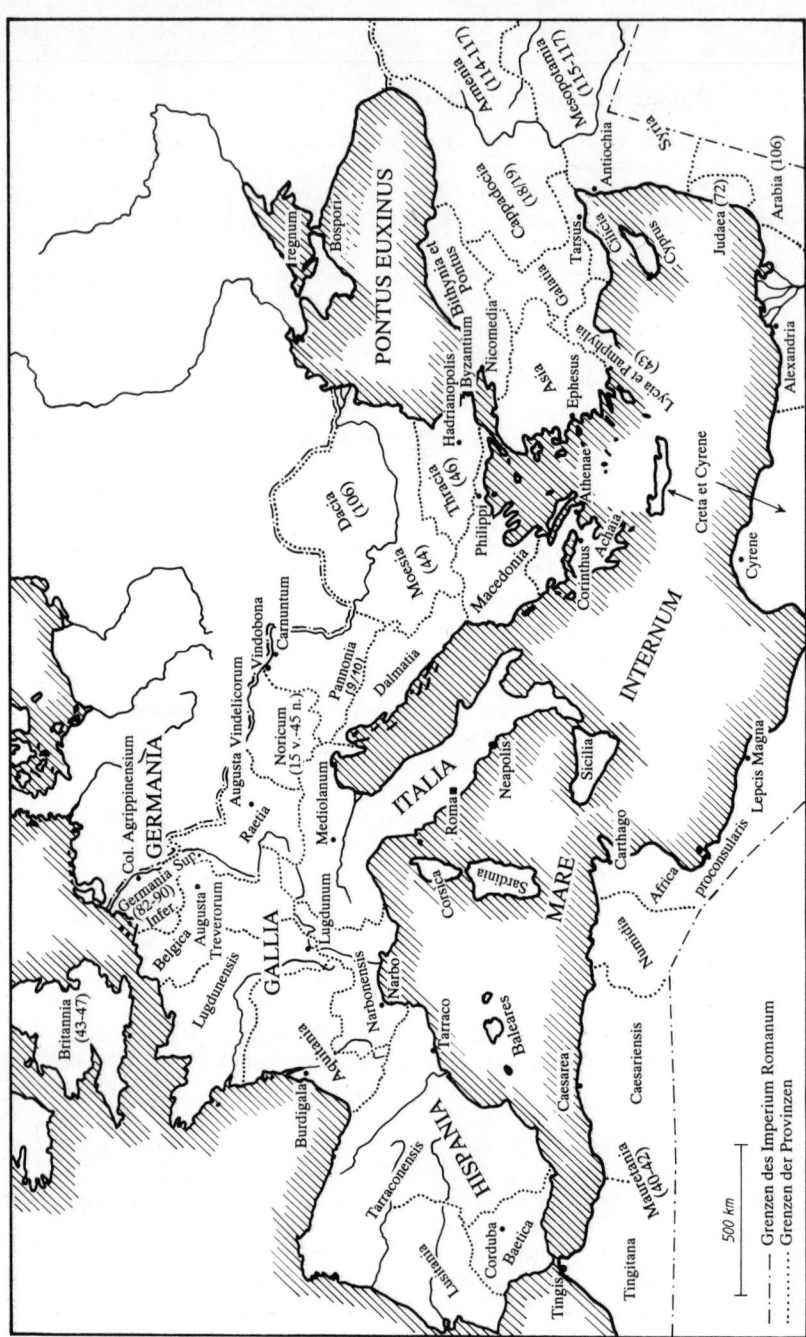

Das Imperium Romanum zur Zeit Kaiser Traians

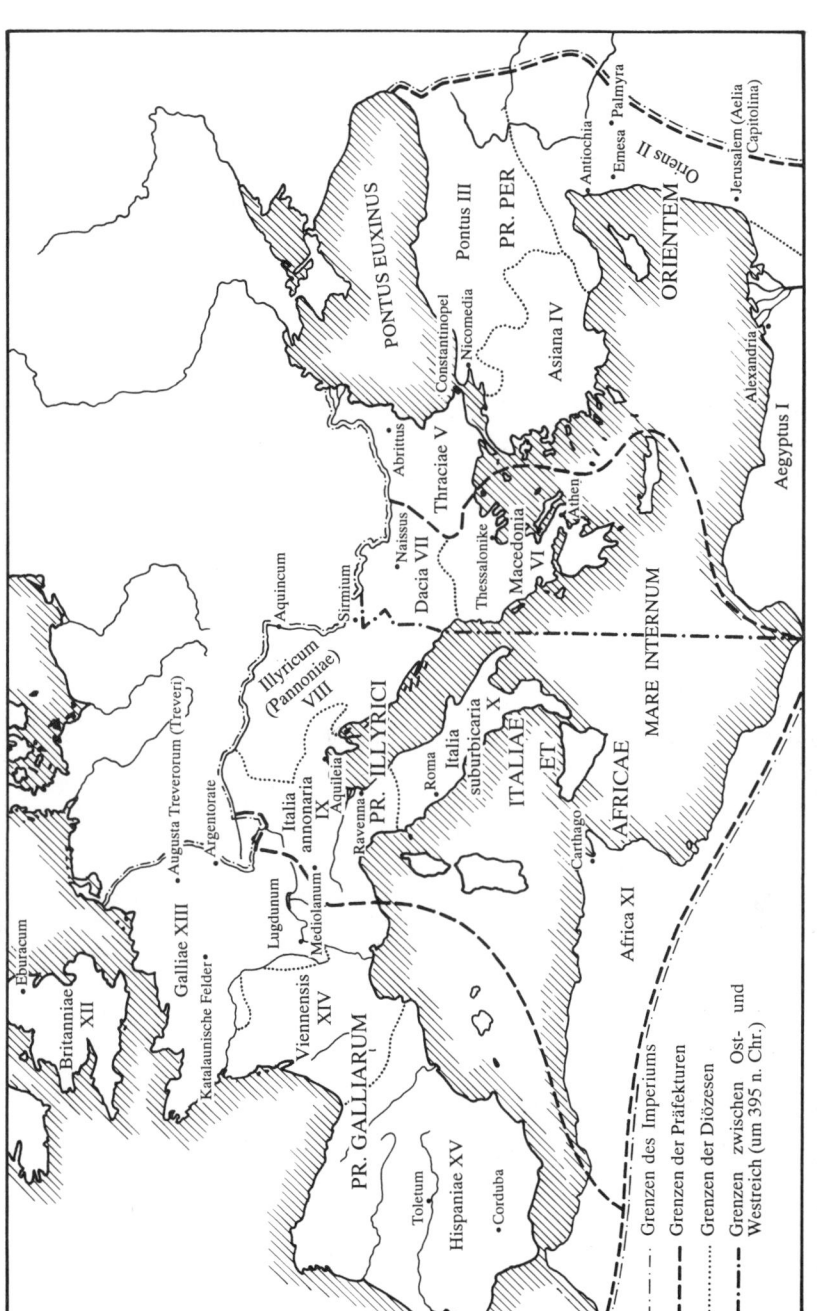

Das Imperium Romanum in der Spätantike

8 Geschichte der Austria Romana

Manfred Hainzmann

8.1 Quellen

Von einzelnen Streunotizen bei antiken Autoren abgesehen, sind so gut wie keine historiographischen Quellen zur Geschichte des Römischen Österreich erhalten. Ausnahme: EUGIPPIUS, *Vita sancti Severini*, zugleich das wichtigste Zeugnis für die Spätphase (2. H. 5. Jh.) Norikums. Zur Besatzungsgeschichte der Zeit des Dominats auch wertvolle Hinweise in der *Notitia dignitatum* (Verzeichnis der zivilen und militärischen Dienststellen, der Truppengattungen, Offizien und Behörden); topographische Angaben in der *Tabula Peutingeriana*. (Literatur: R. NOLL, *Eugippius. Das Leben des heiligen Severin*, Lateinisch / Deutsch. Berlin 1963. – E. WEBER, *Tabula Peutingeriana*. Tafelband und Kommentar, Graz 1976).

Epigraphische Quellen

Diese Lücke zu schließen vermag teilweise das epigraphische Material, mit folgenden Inschriftenklassen: Grab-, Weih-, Ehren-, Bauinschriften, Meilensteine; eine Gruppe für sich bilden die Kleininschriften (Sigilla/Graffiti/Dipinti = Stempel/Ritzungen/Malinschriften auf Gefäßen, Ziegeln u.a.); daneben seltene und nur fragmentarische Beispiele von sogenannten Urkunden (Militärdiplome, Stadtrechtsbestimmungen; Reskript aus der Severerzeit über die Privilegien des *collegium centonariorum* von Flavia Solva). Quellensammlungen: M. HAINZMANN – P. SCHUBERT, *Inscriptionum Lapidariarum Latinarum Provinciae Norici usque ad annum MCMLXXXIV repertarum Indices* (Illpron-Indices), Fasc. I–III, Berlin-New York 1986–1987. – A. SCHOBER, *Die römischen Grabsteine von Noricum und Pannonien*. Wien 1923. – E. VORBECK, *Zivilinschriften aus Carnuntum*. Wien 1980. – E. VORBECK: *Militärinschriften aus Carnuntum*. Wien 1980. – E. WEBER, *Die römerzeitlichen Inschriften der Steiermark*. Graz 1969. – G. WINKLER, *Die römischen Straßen und Meilensteine in Noricum-Österreich*. Aalen 1985.

Archäologische Quellen

Hinzu kommen massenhaft archäologische Zeugnisse wie Münzen (Schatz- und Streufunde), Mosaiken, Wandmalereien, Grabinventare und andere Kleinfunde (Keramik, Schmuck, Kleinplastik), zuletzt die Bau- und Sepulkraldenkmäler. Literatur: W. JOBST, *Antike Mosaikkunst in Österreich*. Wien 1985. – A. LIPPERT, *Reclams Archäologieführer: Österreich und Südtirol*. Stuttgart 1985. – H. VETTERS, *Austria Romana*, in: E. Zöllner (Hg.), Die Quellen der Geschichte Österreichs, Wien 1982, 13–24.

8.2 Sozialökonomische Verhältnisse

Die römische Okkupation Rätiens, Norikums und Pannoniens bewirkt zwar einen Wandel, aber sicher keine Umkehr der einheimischen Sozialstruktur. Denn auch bei den Kelten gibt es neben der Masse der freien (jetzt ‚peregrinen') Bevölkerung, die sich großteils im Klientelverhältnis zum Adel befindet, und den Hörigen (Sklaven?) sehr wohl eine adelige Führungsschicht, die nun – mit dem römischen Bürgerrecht ausgestattet – unter den neuen Machthabern in die ‚politischen' Führungspositionen der Munizipien überwechselt. Diese durch eine gezielte Bürgerrechtspolitik geförderte Munizipalaristokratie besitzt nicht nur von Sklaven bewirtschaftete Ländereien (*villae rusticae*), sondern pflegt auch engste wirtschaftliche und politische Kontakte zu den reichen Handelsgeschlechtern Oberitaliens, etwa zu den Barbii in Aquileia. Darüberhinaus bietet das neue Gesellschaftssystem der Römer vielseitige (soziale) Aufstiegsmöglichkeiten im Bereich des militärischen und zivilen Verwaltungsdienstes. So zählen die Noriker und Pannonier zu den bevorzugten Gardesoldaten in Rom.

Mit dem Ausbau des Fernstraßennetzes steigt der Import von Luxusgütern (Wein, Oliven, *garum*/Fischsauce; *terra sigillata*, Lampen aus Bronze etc.), nach denen die romanisierte Oberschicht selbst immer häufiger verlangt. Ermöglicht wird der wirtschaftliche Aufschwung der Donauprovinzen freilich erst durch den kräftigen Geldzufluß aus Rom, der nun das Handelsvolumen schlagartig ansteigen läßt. Während die Kelten zur Zeit des *Regnum Noricum* noch über eine eigene, von griechischen Typen beeinflußte Münzprägung verfügen und die Kontrolle über den lukrativen Eisenerzabbau ausüben, werden nach der Okkupation die norischen Erzgruben, welche ursprünglich wohl im Besitz der norischen Könige standen, der römischen Staatspacht unterworfen. Später überwachen eigene *procuratores ferrariarum* (vom Kaiser eingesetzte ritterliche Verwaltungsbeamte) diesen bedeutenden Wirtschafts- und Industriezweig. Dennoch wirft der Handel mit Eisenwaren (Halb- und Fertigprodukten) immer noch Gewinne für die norischen Händler ab, die auch andere einheimische Produkte wie z.B. Textilien (*burrus Noricus* = norischer ‚Lodenmantel'), Fibeln und Lampen exportieren. Die von Rom auferlegten Zölle werden anfänglich von Pächtern (*conductores*), später von den *procuratores vectigalis Illyrici* (kaiserlichen Prokuratoren des illyrischen Zolldistrikts, der neben Norikum noch Dalmatien, Pannonien und Obermösien umfaßt) verwaltet. Wie die übrigen in der Provinz eingehobenen Steuern fließen auch sie direkt in die Staatskasse.

Neben der norischen Textilerzeugung, die durch Bleietiketten (*tesserae*) und das *edictum Diocletiani* dokumentiert ist, und der vornehmlich für den Eigenbedarf arbeitenden Keramikproduktion besitzt die heimische Agrarwirtschaft einen hohen Stellenwert. Gerste, Hirse und Öl werden sogar gegen andere Produkte aus den Nachbarprovinzen eingetauscht, daneben zählen Pferde (‚Noriker') und Rinder zu den wichtigsten Exportgütern.

Als Handelszentrum auf norischem Boden erlangt im 1. Jh. v.Chr. die keltisch-römische Siedlung auf dem Magdalensberg Bedeutung. Ihre Nachfolge tritt in claudischer Zeit Virunum an, wie überhaupt Kärnten der bevorzugte Wirtschaftsraum bleibt, nicht zuletzt wegen seiner Metallvorkommen. Am Ende des Urbanisierungsprozesses bilden auch die entlang des Donaulimes gegründeten Städte wichtige Umschlagplätze für Importwaren aus den westlichen Provinzen (Gallien und Germanien), insbesondere Lauriacum und Carnuntum, deren Legionslager überdies eigene Wirtschaftszweige (Ziegeleien) unterhalten. Alles in allem erfreuen sich die Alpen- und Donauländer bis zur Severerzeit einer wirtschaftlichen Prosperität, die bloß durch den Markomanneneinfall kurzfristig unterbrochen wird. Dazu tragen nicht nur die urbanen Zentren bei; auch die Land- und Forstwirtschaft einschließlich des aus der Latènezeit (ca. 5. bis 1. Jh. v.Chr.) bekannten Weinbaus haben daran reichlichen Anteil.

8.3 Der Ostalpenraum in der Latènezeit

Nach den literarischen Quellen zu schließen, wird auch der Donauraum seit dem 4. Jh. von jenen keltischen Wanderungen erfaßt, deren Ausläufer bis in die südliche Balkanhalbinsel und sogar nach Kleinasien (Galaterreich) führen. Dabei strömen wiederholt keltische Stämme in die Alpentäler und Donauregionen, ohne dort freilich immer einen befestigten Vorort (*oppidum*) zu gründen. Darunter fallen die uns namentlich bekannten Stämme der Alouni (östlich des Inn), der Boii (Böhmen, Weinviertel) und vor allem der Norici (Kärnten, Steiermark), zu denen die Römer sehr bald wirtschaftliche und politische Kontakte knüpfen, gelten sie doch als Lieferanten des in ganz Italien begehrten *ferrum Noricum*. Als im Jahre 186 v.Chr. eine norische Schar die Alpen überquert, wissen die Römer dem weiteren Ausgreifen dieses Volksstammes nach Oberitalien durch die Gründung der Kolonie Aquileia (181 v.Chr.) rasch einen Riegel vorzuschieben. Dennoch scheint die friedliche Koexistenz beider Völker schon damals durch eine ‚staatliche Gastfreundschaft' (*hospitium publicum*, um 170 v.Chr.) zwischen Rom und dem *Regnum Noricum* ihren Anfang genommen zu haben.

113 v.Chr. fühlt sich der Konsul CN.PAPIRIUS CARBO veranlaßt, gegen die aus Jütland kommenden Kimbern, die auf ihren Plünderungszügen ins norische Land eingefallen waren, vorzugehen, erleidet jedoch bei Noreia (vermutlich in Kärnten gelegen) eine Niederlage. In der Folgezeit kommt es im Donauraum erneut zu Stammesbewegungen, bei denen etwa die vorhin erwähnten Boier ihren Herrschaftsbereich entlang der Donau und der *Bernsteinstraße* vorerst nach Südosten bis zum Siedlungsgebiet der Taurisker ausdehnen können, während sie gleichzeitig unter germanischem Druck Böhmen räumen. Auf diese Bedrohung hin dürfte der norische König VOCCIO Verbindung mit den Sueben aufgenommen und seine Schwester dem ARIOVIST als Ehefrau nach Gallien geschickt haben. Er ist es auch, der bald

danach CAESAR 300 norische Reiter im Kampf gegen die Senatsherrschaft zur Verfügung stellt. Um die Mitte des 1. Jh. v.Chr. werden die Boier schließlich von den unter BUREBISTAS geeinten Dakern großteils vernichtet. Nach dessen Tod zerfällt auch das Dakerreich; dies nützen die *Norici* zu einer Machterweiterung im Norden (Donautal) und im Osten (*Bernsteinstraße*, Wiener Becken, Westungarn).

Über die innere Organisation des sich damals erweiternden ‚Norischen Königreiches' sind keine zuverlässigen Aussagen möglich. Es bleibt dahingestellt, ob es sich dabei um eine Allianz gleichberechtigter Könige (R. Göbl), deren Namen mitunter auf Münzen überliefert sind, oder um eine „Hegemonie der Noriker und ihres Königs über gefolgschaftleistende *socii* und *clientes* von verschiedener, gestufter Abhängigkeit" (G. Dobesch) handelt.

8.4 Die römische Landnahme

Mit einem von TIBERIUS und DRUSUS geleiteten Zangenangriff gegen die Räter und Vindeliker beginnt Rom im Jahre 15 v.Chr. einen Eroberungsfeldzug gegen die Alpenvölker. Zwar kann AUGUSTUS seinen Plan, das freie Germanien bis zur Elbe dem Reich einzuverleiben, nicht verwirklichen (Pannonischer Aufstand und Niederlage des VARUS im Teutoburger Wald), doch gelingt es den Römern, die Reichsgrenze bis an die Donau vorzuschieben und ganz Rätien, Norikum und Pannonien zu besetzen. Anders als im benachbarten Rätien und Pannonien, deren Völker sich den römischen Legionen mit Waffengewalt entgegenstellten, scheint die im Jahre 15 v.Chr. oder knapp danach erfolgte Okkupation des norischen Königreiches, dessen Gebiet einen Großteil der heutigen Republik Österreich umfaßte, auf ‚friedliche' Weise erfolgt zu sein. Vermutlich haben nur die Ambisontes (an der Salzach?) – der einzige am Siegesdenkmal von La Turbie (im Hinterland von Monaco) erwähnte norische Stamm – bewaffneten Widerstand geleistet. Die Namen der keltischen Stämme überliefern uns der Geograph PTOLEMAIOS sowie Ehreninschriften für Angehörige des römischen Kaiserhauses (Fundort: Magdalensberg). Es sind dies die *Breuni* und *Brigantii* in Rätien (Nordtirol, Vorarlberg), die *Ambidravi, Ambilini, Ambisontes, Elveti, Laianci, Latobici, Norici, Saevates* und *Uperaci* in Norikum, weiters die *Boii* und *Taurisci* im angrenzenden Pannonien, wobei damals auch noch Vindobona und Carnuntum zu Norikum gehören. Für die Sicherung der unterworfenen Gebiete sorgen in allen drei Territorien römische Besatzungstruppen unterschiedlicher Stärke; auch das mit Rom ‚verbündete' Norikum ist davon nicht ausgenommen. Wird Rätien vorübergehend dem Rheinkommando und somit dem kaiserlichen Legaten Obergermaniens unterstellt, so beziehen in

Pannonien sofort drei Legionen Stellung, darunter die *legio XV Apollinaris* in Carnuntum, wo sie – mit Unterbrechung – bis 114 n.Chr. stationiert bleibt. Sie sichert von dort aus den Übergang der *Bernsteinstraße* ins Barbaricum und hält die seit der Mitte des 1. vorchristlichen Jahrzehnts in Böhmen und Mähren siedelnden Markomannen und Quaden in Schach.

8.5 Die Einrichtung der neuen Provinzen

Durch die römische Landnahme verlieren die Alpenvölker ihre Selbständigkeit. In den unter Militärverwaltung stehenden Territorien werden Jungmannschaften zwangsrekrutiert und Steuern (*tributa, vectigalia*) eingehoben, zugleich aber auch schon die ersten Einheimischen mit dem römischen Bürgerrecht ausgestattet. Von denjenigen norischen Hilfstruppen, die während der Okkupationsphase ausgehoben wurden, kennen wir vorerst drei. Es sind dies: *Cohors montanorum prima, cohors I Noricorum* und die *ala Noricorum*. Wann genau und unter welchen Bedingungen es zur Umwandlung in eine römische Provinz kommt, ist ein strittiger Punkt der Forschung. In Pannonien dürfte dies schon um 9/10 n.Chr. geschehen sein. Ob hingegen Rätien und Norikum erst unter Kaiser CLAUDIUS (41–54 n.Chr.) das Provinzialstatut erhalten, entzieht sich unserer Kenntnis (vgl. Aigner oben 137). Die vielen Bürgerrechtsverleihungen unter den Iuliern (so in Norikum) lassen indes eine frühere Provinzerhebung (unter AUGUSTUS oder TIBERIUS) nicht ganz unmöglich erscheinen. Fest steht, daß – nach Ausweis der Inschriften – sowohl Rätien als auch Norikum zunächst von einem *procurator Augusti* (kaiserlicher Statthalter ritterlichen Standes), die Provinz Pannonien aber wegen der dort stationierten Legionen von einem senatorischen *legatus Augusti pro praetore* (kaiserlicher Legat mit prätorischer Gewalt) verwaltet werden. Die Amtssitze dieser Provinzgouverneure liegen in Augusta Vindelicum (Augsburg, für Rätien), Virunum (Zollfeld, für Norikum) bzw. in Carnuntum (Petronell, für Pannonien).

Die Grenzen der neugeschaffenen *provincia Noricum/-ca* umfassen einen Großteil des heutigen Staatsgebietes von Österreich: Im Westen verläuft die Grenze entlang des Inn (Aenus), der Chiemgau ist also norisches Gebiet. Das obere Inntal und damit auch Veldidena (Wilten bei Innsbruck) werden zu Rätien geschlagen, während das Pustertal mit dem Hauptort Sebatum (St. Lorenzen) – heute auf italienischem Boden – ebenso zu Norikum zählt wie das nunmehr slowenische Territorium des Municipium Celeia (Celje/Cilli). Über den genauen Verlauf der norisch-pannonischen Grenze quer durch das oststeirische Hügelland und den Wienerwald können nur Vermutungen angestellt werden. Wie der Rhein in den beiden germanischen Provinzen, bildet in Norikum und Pannonien die Donau die natürliche Reichsgrenze zum Barbaricum, teilweise auch in Rätien.

Dem prokuratorischen Statthalter obliegt sowohl die Zivil- als auch die Militärverwaltung seiner Provinz. Zugleich fungiert er als oberste Gerichtsbehörde seines Sprengels, wenngleich ihm die Halsgerichtsbarkeit (*ius gladii*), die ansonsten den senatorischen Legaten (z.B. Pannoniens) automatisch zusteht, vom Kaiser nur in Ausnahmefällen verliehen wird. Er kontrolliert wohl das gesamte Steueraufkommen, ist also auch Leiter der Finanzverwaltung. Als Truppenkommandeur befehligt er alle norischen bzw. rätischen Auxiliareinheiten, Hilfstruppenverbände bestehend aus Infanterie (*cohortes*) und Kavallerie (*alae*). Um seinen vielfältigen Agenden als Statthalter nachkommen zu können, wird ihm ein vorwiegend militärisch (*beneficiarii procuratoris*) besetztes Büro (*officium*) zur Seite gestellt. Daneben verfügt der Statthalterer über eine bestimmte Anzahl von Freigelassenen und Sklaven (Kanzlei-/Archivpersonal). In bestimmten Abständen wird in die Provinzhauptstadt ein sogenannter Provinziallandtag (*concilium*) einberufen, zu dem sich die Abgeordneten der einzelnen Stämme und Städte versammeln, einerseits um ihre Beschwerden und Bitten vorzutragen, andererseits um den neuen Machthabern auf dem Wege des Kaiserkultes ihre Loyalität unter Beweis zu stellen. Tagungsort ist für Rätien Augusta Vindelicum (Augsburg), für Norikum Virunum und für Pannonien Savaria (Szombathely/Steinamanger).

Zur Festigung der Herrschaft über die neugeschaffenen Provinzen erweisen sich zwei Maßnahmen als besonders wirkungsvoll: Den strategischen Interessen dient der Ausbau eines weiträumigen Straßennetzes, welches nicht nur dem raschen und unbehinderten militärischen Nachschub zugute kommt. Die neuen Straßen bieten den italischen Händlern und Kaufleuten eine willkommene Gelegenheit, ihren Warenverkehr mit den Alpen- und Donauvölkern beträchtlich auszuweiten. Als wichtigste Nord-Süd-Verbindung läßt Kaiser CLAUDIUS die nach ihm benannte *Via Claudia Augusta* (von Tridentum [Trento] über das Etschtal und das Reschenscheideck nach Augusta Vindelicum) erbauen, womit nun erstmals eine Reichsstraße von Oberitalien aus direkt in das Alpenvorland führt. Ihr entspricht im Osten die nun ebenfalls militärisch gesicherte, schon seit der Bronzezeit benutzte Handelsroute zwischen Aquileia, Emona (Ljubljana/Laibach), Poetovio (Ptju/Pettau), Savaria, Scar(a)bantia (Sopron/Ödenburg) und Carnuntum, die *Bernsteinstraße*. Auch Norikum erhält jetzt mit der ‚Norischen Hauptstraße' eine neue Nord-Süd-Tangente; sie verbindet die Provinzhauptstadt Virunum mit Ovilava (Wels). Durch ihre Verlängerung über Santicum (Villach) und das Kanaltal nach Aquileia

8.5 Einrichtung der neuen Provinzen

eröffnet sich damit für den norischen Donauraum ein direkter Zugang zum größten Handelszentrum der nördlichen Adria. Erst im 2. Jh. ausgebaut wird die Limesstraße entlang des südlichen Donauufers.

Die Nachfolge der keltischen *oppida* treten römische Städte an, die – im Gegensatz zu ihren latènezeitlichen Vorgängern – in der Regel in der Ebene liegen. Wenn ein solcher keltischer Vorort zur römischen Stadt (*municipium* oder *colonia*) erhoben wird, scheint das bisherige Stammesgebiet als Territorium der neuen Stadt organisiert worden zu sein. Erst die Gründung von Städten mit Selbstverwaltungsrecht und die damit verbundene Bürgerrechtspolitik der römischen Kaiser schaffen die Grundlage für eine fortschreitende *Romanisierung* der Provinzen.

Die territoriale bzw. munizipalrechtliche Neuordnung Rätiens, Norikums und Pannoniens wird nicht durch einen einmaligen politischen Akt (etwa die Verleihung des Provinzialstatuts) in die Tat umgesetzt. Sie ist vielmehr als ein bis in die Severerzeit andauernder Prozeß zu verstehen, der sehr wohl auf die einheimischen Stammesgemeinden (*civitates peregrinae*) Rücksicht nehmen muß. So stellen denn auch die einzelnen Dorfgemeinden (*vici*) der ‚Bezirke' (*pagi*) die kleinsten Verwaltungseinheiten in der als übergreifende Gebietskörperschaft fungierenden Stadtgemeinde, an deren Spitze die *duumviri iure dicundo* (zwei Bürgermeister mit richterlicher Befugnis) und ihren stellvertretenden *aediles* (Stadträte für Inneres und Versorgung) stehen. An dritter Stelle finden wir die für die Stadtfinanzen verantwortlichen *quaestores*. Sie alle treten nach Ablauf ihres Amtsjahres in den Gemeinderat (*ordo decurionum*, auch ‚Stadtsenat' bezeichnet) ein, dessen Mitglieder den Munizipaladel der Provinz verkörpern. Neben den politischen Funktionären zählen aber auch die Kaufleute und Soldaten (insbesondere die auf dem Lande angesiedelten Veteranen) zu den Vermittlern römischer Kultur und Zivilisation.

Kaiser CLAUDIUS verleiht erstmals fünf norischen Siedlungen das Munizipalrecht: Aguntum (Dölsach bei Lienz), Celeia (Celje), Iuvavum (Salzburg), Teurnia (St. Peter in Holz) und Virunum (Zollfeld). Obwohl damals auch das rätische Brigantium (Bregenz) römisches Stadtrecht erhält, setzen in Pannonien die Städtegründungen erst unter den Flaviern ein (z.B.: Scar(a)bantia). Ebenfalls eine flavische Gründung ist das norische Flavia Solva (Leibnitz). Unter HADRIAN (117–138 n.Chr.) folgen dann noch Aelium Cetium (St. Pölten), Carnuntum und Ovilava. Die beiden letzten uns bekannten Stadtrechtsverleihungen aus der Regierungszeit CARACALLAs (211–217 n.Chr.) betreffen Lauriacum (Lorch) und Vindobona. Nicht nur die architektonische Anlage dieser neuen urbanen Zentren mit ihren öffentlichen Sakral- und Profanbauten ist ganz auf das Vorbild Rom ausgerichtet.

Wie überall in den italischen Städten werden sogleich eigene Kultverbände, z.B. das *collegium iuventutis* bzw. Zunftgenossenschaften, etwa das *collegium fab(ro)rum* der Handwerker oder das *collegium centonariorum* (Feuerwehr, vgl. das Reskript von Flavia Solva) ins Leben gerufen. Für den politisch bedeutsamen Kaiserkult sorgen eigens ernannte Kaiserpriester, das Kollegium der *seviri Augustales*. Im Zuge der kaiserzeitlichen Städtegründungen erlangt auch ein Teil der einheimischen Provinzbevölkerung das römische Bürgerrecht (wahrscheinlich die *civitas sine suffragio*, also das Latinische oder Halbbürgerrecht), welches unter anderem deshalb so begehrt ist, weil es die Voraussetzung für die Gemeindeämter und damit für die Aufnahme in den Gemeinderat bildet. Auf diese Weise schafft sich Rom in wenigen Jahrzehnten eine loyal gesinnte Bürgerschicht und räumt den Provinzialen überdies die Möglichkeit eines Aufstiegs in die höchsten Adelsstände (Senatoren- und Ritterstand) und damit in die höheren Verwaltungsposten des Reiches sowie am Kaiserhof ein. Zum privilegierten Personenkreis zählen neben den politischen Funktionären auch die nach 25-jähriger Dienstzeit ehrenvoll entlassenen Soldaten der Hilfstruppen (*auxilia*). Diese Soldaten erlangen nun kraft eines Militärdiploms (*diploma militare*) das volle römische Bürgerrecht (*civitas Romana*) zuzüglich des *conubium*, welches ihnen auch mit nichtrömischen Frauen eine rechtmäßige Eheschließung erlaubt. Gleichzeitig erhalten auch ihre Kinder das römische Bürgerrecht. Die Masse der Einheimischen behält freilich ihren peregrinen Rechtsstatus bei, zumindest bis zum Jahre 212 n.Chr., als Kaiser CARACALLA durch seine *constitutio Antoniniana* allen freien Reichsbewohnern das Bürgerrecht schenkt (vgl. Weiler oben 150).

Die Forschung ist sich noch uneinig darüber, ob das gesamte norische Provinzgebiet in einzelne Stadtterritorien aufgeteilt wurde, wo deren Grenze verlief und welcher Teil des norischen Bergbaugebietes – wenn überhaupt – als *patrimonium regni Norici* und damit als „eine große kaiserliche Domäne unmittelbar staatlicher Verwaltung unterstand" (G. Alföldy).

Im Nahbereich der großen Legionslager von Carnuntum und Lauriacum befinden sich eigene Territorien, die direkt vom Militär verwaltet werden. Dazu zählen auch die Lagervorstädte (*canabae*) mit ihren für die Versorgung des Heeres notwendigen Einrichtungen.

8.6 Die Ereignisse bis zu den Markomannenkriegen

Die römische Reichspolitik der gesamten Kaiserzeit wird im wesentlichen von zwei Faktoren bestimmt: Vom Verhalten der mit Rom

8.6 Ereignisse bis zu den Markomannenkriegen

verbündeten Klientelstaaten und unabhängigen Barbarenvölker jenseits der Reichsgrenzen bzw. von den Usurpationsversuchen mächtiger Statthalter oder Legionskommandeure im Inneren. Bereits im Jahre 14 n.Chr. registrieren wir eine mit dem Ableben des Kaisers AUGUSTUS in Zusammenhang stehende Meuterei der drei pannonischen Legionen und ihrer in Norikum (Magdalensberg) stehenden Detachements. Damals wird die *legio XV Apollinaris* von Emona nach Carnuntum verlegt. 19 n.Chr. flüchtet der von seinen Rivalen vertriebene Markomannenkönig MARBOD ins benachbarte Norikum. Ihm folgt bald darauf der vom Hermundurenfürsten VIBILIUS verjagte CATUALDA ins römische Exil. Doch auch die von VANNIUS geführten und von Rom unterstützten Quaden müssen um die Mitte des 1. Jh. ihr Gebiet (*regnum Vannianum*) nördlich der Donau verlassen. Ihnen wird im westlichen Pannonien (Burgenland, Leithagebirge) Land zugewiesen; es handelt sich dabei um die erstmalige Ansiedlung von Germanen in einer römischen Donauprovinz. Von den im Jahre 68 n.Chr. nach dem Tode NEROs ausgebrochenen Unruhen bleiben zwar Norikum und Pannonien, nicht jedoch Rätien verschont. Aus der archäologischen Evidenz ist ersichtlich, daß damals sowohl zivile (Cambodunum/ Kempten) als auch militärische Einrichtungen den Plünderungszügen der Rheinarmee zum Opfer fallen. Kurzfristig kommt es freilich auch an der norischen Westgrenze zu einem Truppenaufmarsch, als SEXTILIUS FELIX, der damalige Statthalter Norikums, den Flankenschutz gegen die auf Seiten des VITELLIUS stehenden Einheiten Rätiens organisiert. Bekanntlich leisten Norikum und Pannonien zuerst OTHO, danach aber VESPASIAN Gefolgschaft.

Mit den Feldzügen DOMITIANs gegen die Daker und Sarmaten einerseits und gegen die Sueben (Markomannen und Quaden) andererseits beginnt der systematische Ausbau des obergermanisch-rätischen und pannonischen Limes. Wegen des auf vier Legionen verstärkten Provinzheeres teilt Kaiser TRAIAN (98–117 n.Chr.) das pannonische Land in zwei Hälften: *Pannonia superior* (Oberpannonien, mit Statthaltersitz in Carnuntum) und *Pannonia inferior* (Unterpannonien, mit Statthalterresidenz in Aquincum/Budapest). HADRIAN (117–138 n.Chr.), der zwei ausgedehnte (Inspektions-)Reisen durch die Provinzen unternimmt, weilt im Winter 121/122 kurzfristig in Norikum. Seiner Wohltätigkeit verdanken Cetium und Ovilava das munizipale Stadtrecht. Vermutlich wird damals auch der am Rande des Legionslagers von Vindobona florierenden Zivilsiedlung das Selbstverwaltungsrecht übertragen; für Carnuntum steht dies jedenfalls außer Zweifel.

8.7 Der Markomannensturm

Von einzelnen kurzfristigen Unterbrechungen abgesehen, erleben die Donauprovinzen bis zum Regierungsantritt MARK AURELs (161–180 n.Chr.) eine Epoche der friedlichen Entwicklung. Neue Städte (vgl. oben 175) wurden gegründet, der Handel blüht, und auch auf dem Lande entfaltet sich reges Wirtschaftsleben. Hat seit den sechziger-Jahren des 2. Jh.n.Chr. die Bevölkerung zunächst unter einer von römischen Soldaten aus dem Orient eingeschleppten Seuche zu leiden, so wird sie Anfang der siebziger-Jahre nochmals durch den Einfall der Markomannen und Quaden in Mitleidenschaft gezogen. Das Ausmaß der Zerstörung, welche die bis Aquileia vordringenden Germanen anrichten, ist schwer abschätzbar; es dürften aber doch nur einige Städte (Iuvavum, Flavia Solva, Vindobona) und Legionslager bzw. Kohortenkastelle betroffen gewesen sein. Im übrigen scheint Rom die Gefahr eines Barbareneinfalls vorausgeahnt zu haben, zumal 165/166 n.Chr. in Oberitalien zwei neue Legionen ausgehoben und kurze Zeit später auch ein Sonderkommando *ad praetenturam Italiae et Alpium* (das Gebiet von Emona und den norischen Grenzraum betreffend) eingerichtet werden. Die Chronologie dieser Markomannenkriege bleibt im einzelnen unklar. Der unter MARK AUREL und LUCIUS VERUS zuerst von Aquileia, danach von Carnuntum aus organisierte Gegenfeldzug bringt zwar eine rasche Befreiung Rätiens und Norikums, bei ihren militärischen Verstößen ins Quadenland jedoch entgehen die römischen Truppen 172 n.Chr. nur durch ein ‚Regenwunder' der drohenden Niederlage. Daß die auf den 11. Juni datierten Carnuntiner Weihinschriften mit dieser Schlacht in Zusammenhang stehen, scheint nach neueren Inschriftfunden aus Pannonien eher unwahrscheinlich. Nach dem plötzlichen Tod des Kaisers um 180 n.Chr. sieht sich COMMODUS zu einem Friedensschluß mit den in ihr Kernland nördlich der Donau zurückgedrängten germanischen Stämmen veranlaßt. An diese Kämpfe gegen die Germanen erinnern die Darstellungen auf der Mark Aurel-Säule in Rom. Ob der Kaiser auch die Einrichtung einer Provinz *Marcomannia* bzw. *Sarmatia* vorsah, ist nicht geklärt.

8.8 Die Neuordnung der Provinzen Rätien und Norikum

Das wirksamste Mittel, neuerlichen Kriegszügen der Barbaren erfolgreich entgegenzutreten, scheint nun eine Verstärkung der Grenztruppen. In dieser Absicht verlegt Rom die beiden neu ausgehobenen italischen Legionen an die Donau, nämlich die *legio III Italica* nach Castra Regina (Regensburg) sowie die *legio II Italica* vorerst nach

Albing (Ennsmündung), später in das nahegelegene Lauriacum. Zugleich wird entlang der Donau eine Kette von Auxiliarkastellen und Wachttürmen errichtet, darunter auch einige nördlich der Flußgrenze (z.B.: Stillfried und Oberleiserberg). Durch archäologische Grabungen und Funde (Ziegelstempel, Militärdiplome) sind im Bereich des norischen Limes folgende Auxiliarformationen des 2. Jh. lokalisierbar (von West nach Ost): *cohors V Breucorum* in Ioviacum (Schlögen), *ala I Thracum* bzw. *ala I Tampiana* in Lentia (Linz), *cohors II Batavorum* bzw. *cohors I Aelia Brittonum* in Favianis (Mautern), *ala I Augusta* in Augustianis (Traismauer), *cohors V Breucorum* bzw. *cohors I Asturum* in Asturis (Zwentendorf), *ala I Commagenorum* in Commagena (Tulln); bereits auf pannonischem Gebiet lagen die Auxiliarkastelle von Klosterneuburg, Ala Nova (Schwechat) und Aequinoctium (Fischamend).

Die Aufstockung der Provinzialarmeen (*exercitus Raeticus / Noricus*) um jeweils eine Legion bedeutet zugleich eine Aufwertung dieser bis dahin prokuratorischen Provinzen. Daher wird nun ein kaiserlicher Legat prätorischen Ranges (*legatus Augusti pro praetore provinciae Raetiae/Norici*) mit der Statthalterschaft betraut. Das Standlager der Legion (Regensburg bzw. Lorch) bildet sein Hauptquartier. Den Legaten Rätiens und Norikums steht ein rascher Zugang zu einem Suffektkonsulat in Rom offen, da dieser Personenkreis auch für die nächsthöhere konsularischen Kommandostellen ausersehen ist. TACITUS (Agricola 9) nennt Noricum eine *provincia splendida spe consulatus*. Beide Statthalterschaften bilden somit den Ausgangspunkt für eine besonders ehrenvolle Laufbahn. Auch hat der neue Provinzgouverneur Anspruch auf einen umfangreichen Mitarbeiterstab (*officium consularis*). Einen Großteil davon stellen die aus Inschriften bekannten, von der Truppe abkommandierten *beneficiarii consularis*, welche in den jeweiligen ‚Außenposten' (*stationes*) ihren sicherheitspolitischen Aufgaben nachgehen und turnusmäßig abgelöst werden. Solche Benefiziarierposten gibt es beispielsweise in Atrans (Trojanapaß), Bedaium (Seebruck), Celeia, Larix (Camporosso) und in Santicum (Villach). Zu den übrigen Ordonanzen des Statthalters zählen die *cornicularii, frumentarii* und *stratores* sowie die Amtsschreiber (*librarii consularis*); für seinen Schutz sorgt die Leibwache der *equites et pedites singulares*.

Direkt dem Kaiser bzw. den kaiserlichen Ressortchefs unterstellt wird nunmehr die Finanzverwaltung unter der Leitung eines *procurator Augusti* mit Amtssitz in Virunum, ferner die Einhebung der fünfprozentigen Erbschaftssteuer durch einen ebenfalls in Virunum ansässigen *procurator vicesimae hereditatium* und die Postverwaltung (*cursus publicus*), welch letztere wie die Zollverwaltung (anfänglich *publicum portorium Illyrici*), überregional organisiert ist. Aufgrund der Anwesenheit hoher kaiserlicher Funktionäre gilt Virunum auch in dieser Periode als eine Art ‚Verwaltungszentrum' Norikums, wohingegen Ovilava trotz seiner Nähe zum ‚legatorischen Hauptquartier' in Lauriacum nicht jene herausragende Rolle gespielt haben dürfte, wie dies manche Gelehrte vermuten. Wahrscheinlich tritt in Virunum auch weiterhin der norische Landtag zusammen.

Die östliche Nachbarprovinz Oberpannonien wird ebenfalls von einem Provinzlegaten verwaltet, doch muß dieser im Unterschied zu seinem norischen Amtskollegen bereits den Konsulat bekleidet haben. Damit zählt diese (konsularische) Statthalterschaft zu den höchsten Karriereposten innerhalb der Reichsverwaltung: Von TRAIAN bis CARACALLA führt der pannonische Gouverneur das Kommando über insgesamt drei Legionen: die *legio X Gemina Pia Fidelis* von Vindobona, die *legio XIV Martia Victrix* (welche zuvor für einige Jahre in Vindobona einquartiert war) von Carnuntum sowie über die *legio I Adiutrix* von Brigetio (Szöny/Komorn).

8.9 Die Blütezeit unter den Severern (193–235 n.Chr.)

Für die Provinzen der oberen und mittleren Donau bringt die Dynastie der Severer (193–235 n.Chr.) die zweite, zugleich letzte längere wirtschaftliche wie kulturelle Blüte. Sie nimmt mit der 193 n.Chr. erfolgten Ausrufung des damaligen Statthalters von Oberpannonien (L. SEPTIMIUS SEVERUS) zum Kaiser ihren Anfang. Schon bald nach seiner Thronbesteigung verleiht SEVERUS dem Municipium Carnuntum den Titel einer *colonia Septimia*, welche Auszeichnung bald darauf auch dem norischen Ovilava zuteil werden sollte. Hingegen erhält Lorch erst von seinem Sohn und Nachfolger CARACALLA (211–217 n.Chr.) das neue Stadtrecht, muß sich aber wahrscheinlich mit dem Munizipalstatus begnügen. Obwohl sich SEPTIMIUS SEVERUS auf die loyalen Rhein- und Donautruppen stützen kann, gelingt es ihm erst nach einigen Jahren, seine Kontrahenten zu besiegen und den Widerstand unter der Zivilbevölkerung zu brechen. Solche ‚Staatsfeinde' sind offenbar auch in Norikum aktiv, denn ein Sonderbevollmächtigter des Kaisers, TI.CLAUDIUS CANDIDUS, wird in einer Inschrift als *dux terra marique adversus rebelles h(ostes) p(ublicos) item Asiae item Noricae* bezeichnet (CIL II 4114). CASSIUS DIO (LXXVI 9, 2f.) wiederum erzählt, daß unter SEPTIMIUS SEVERUS die Noriker gegen ihren damaligen Statthalter POLLENIUS SEBENNUS einen Prozeß anstrengten.

Eine besondere Fürsorge der Severer gilt dem Straßenbau in den Provinzen. Zahlreiche Meilensteine bezeugen die umfangreichen Restaurierungsmaßnahmen innerhalb des norisch- pannonischen Straßennetzes. Sowohl die Straße über den Radstädter Tauernpaß (ein transalpiner Verkehrsweg zwischen Teurnia und Iuvavum) als auch die *via iuxta amnem Danuvii* zwischen Ovilava und dem Grenzkastell Boiodurum (Passau) werden damals ausgebaut. Parallel zu dieser Maßnahme erfolgt eine Generalsanierung aller übrigen militärischen Anlagen des Donaulimes, darunter der Neubau des Legionslagers von Lauriacum. Den Legionssoldaten räumt SEPTIMIUS SEVERUS erstmals das Recht ein, bereits während des Militärdienstes eine gesetzliche Ehe zu schließen und gibt ihnen dadurch die Möglichkeit, im Lagerdorf (*canabae*) eine Familie zu gründen. Wie einzelne Mitglieder der kaiserlichen Familie gerät damals auch das Militär – aber nicht allein diese soziale Gruppe – in den Sog der sich über das Reich ausbreitenden orientalischen (Mysterien-)Kulte, allen voran des Mithraskultes (Mithräen als unterirdische Kultplätze sind bei fast allen Legionslagern nachgewiesen). Wie der neueste Fund einer Bronzetafel mit 98 Namen eines Mithraskollegiums aus Virunum zeigt, haben sich der neuen Religion auch viele Zivilisten angeschlossen. Ohne daß die einheimischen (keltischen) Götter völlig verdrängt worden wären, nehmen Weihungen an den *Sol invictus* (Mithras) und *Jupiter Dolichenus* (aus der syrischen Stadt Doliche) auffallend stark zu. Damit einher geht (in Carnuntum beispielsweise) eine lebhafte Immigration von Orientalen, meist Händlern und Kaufleuten (vgl. Weiler oben 149). Insgesamt trägt der durch Förderung des Militärs wachsende Geldzufluß (Soldzahlungen) zum allgemeinen wirtschaftlichen Aufschwung bei, der auch das provinzialrömische Kunstschaffen (Grabreliefs) neu belebt haben dürfte.

8.10 Die Lage unter den Soldatenkaisern (235–284 n.Chr.)

Für die Donauprovinzen bedeutet die Periode der Soldatenkaiser im Großen und Ganzen eine fortschreitende Destabilisierung. Nicht allein der pannonische Limes gerät durch verstärkte Angriffe vonseiten der Quaden, Sarmaten und neuerdings auch Goten in arge Bedrängnis. Im Westen erproben nun die Alamannen durch weite Vorstöße auf römisches Territorium ihre Kampfkraft. Hinzu kommt eine innenpolitische Krise wiederholter Usurpationen, die keine effizienten Gegenmaßnahmen zuläßt. Als die Truppen REGALIAN (260/261 n.Chr.) zum Gegenkaiser ausrufen, wird Carnuntum erneut Schauplatz der ‚Weltpolitik'. REGALIANs Usurpationsversuch dauert freilich nur wenige Wochen; Zeit genug aber für eine Münzemission (als Donativ für die Soldaten), deren Stücke (Rückseite mit dem Bild der kaiserlichen Gemahlin DRYANTILLA) heute zu den begehrtesten Fundobjekten aus dem Raum Carnuntum zählen. GALLIENUS (253/60–268 n.Chr.) versucht die Lage durch eine Heeresreform zu verbessern. Selbständig operierende Verbände (*comitatenses*) sollten auch die unbeweglichen Grenztruppen (*limitanei*) verstärken. Weitere organisatorische Maßnahmen betreffen die Reichsverwaltung, wobei der Kaiser die Senatoren von den Statthalterposten entfernt und diese ausschließlich mit Rittern (*viri perfectissimi*) besetzt. Daß es sich hierbei nur um ein Provisorium handelt und die senatorischen Legaten nominell immer noch der Provinzialverwaltung vorstehen, ist aus dem Statthaltertitel ersichtlich, der nun lautet: *agens vices praesidis provinciae* (Stellvertreter des Statthalters). Mit wechselndem Erfolg kämpfen schließlich auch die illyrischen Kaiser CLAUDIUS II. GOTHICUS, AURELIAN und PROBUS gegen die barbarischen Heerscharen. Selbst ein so tüchtiger Feldherr wie AURELIAN kann nicht verhindern, daß die Iuthungen Rätien und West-Norikum teilweise verwüsten; sie werden allerdings bei Pavia (271) geschlagen.

8.11 Die Spätantike im römischen Österreich

8.11.1 Diocletian und seine Reformen

Eine vorübergehende Konsolidierung der Verhältnisse gelingt endlich dem Kaiser DIOCLETIAN (284–305 n.Chr.) dank einem umfangreichen Reformprogramm (vgl. Weiler oben 158f.), im Zuge dessen die bisherigen Provinzen *Raetia, Noricum* und *Pannonia superior* in kleinere Verwaltungsterritorien unterteilt werden. So stehen den beiden rätischen Provinzen, *Raetia I* und *II* (die *Raetia secunda* umfaßt die der Donau zugewandte, nördliche Hälfte mit den Städten Augsburg und Regensburg; Vorarlberg gehört jedoch schon zur *Raetia prima*) nunmehr mit *Noricum mediterraneum* (Binnennorikum, südlich des Alpenhauptkammes) und *Noricum ripense* (Ufernorikum, nördlich bis zur Donau) auch zwei norische Verwaltungssprengel gegenüber, während Pannonien in insgesamt vier Bezirke zerlegt wird, wovon die beiden westlichen, *Pannonia I* (nördlicher Teil Oberpannoniens mit Carnuntum, Scar(a)bantia und Savaria) und *Savia* (südlicher Teil) an Norikum grenzen. Binnennorikum scheint damals an zwei Stellen eine Grenzkorrektur erfahren zu haben: Das Stadtgebiet der Kolonie Poetovio wird vermutlich Norikum angegliedert, im Westen hingegen das mittlere Eisacktal (im Frühmittelalter *vallis Norica* genannt) zu Rätien geschlagen. Ebenfalls unter rätische Verwaltung gestellt wird der schmale Grenzstreifen westlich des Inn, zumal laut Auskunft der *Notitia dignitatum* am Brückenkopf Pons Aeni (Pfaffenhofen) eine rätische Truppeneinheit Stellung bezieht. Norikum und Pannonien sind jetzt Teil der *dioecesis Pannoniarum* sowie der *praefectura Illyricum*, Rätien hingegen gehört zur Diözese bzw. auch gleichnamigen Präfektur *Italia*.

8.11 Die Spätantike im römischen Österreich

Der militärisch gespannten Situation Rechnung tragend, vollzieht DIOCLETIAN auch eine scharfe Trennung zwischen Zivil- und Militärverwaltung. Für die zivilen Amtsgeschäfte sind nun allein die *praesides* aus dem Ritterstand zuständig; zum Oberkommandierenden ‚Grenzgeneral' ernennt der Kaiser einen *dux*. Für eine Verlegung des ufernorischen Statthaltersitzes Lauriacum nach Ovilava gibt es bislang keine Anhaltspunkte. Virunum dürfte allem Anschein nach den Amtssitz des Statthalters von Binnennorikum gestellt haben. Das gut befestigte Carnuntum bildet fortan das militärische Hauptquartier für die Truppenverbände der *Pannonia prima et Noricum ripense*, zu denen jetzt auch eine *legio I Noricorum* (verteilt auf Favianis/Mautern und Adiuvense/Ybbs) zählt. Gemeinsam mit der für den westlichen Donaulimes (bis Boiodurum) zuständigen *legio II Italica* und den vielleicht erst ein wenig später aufgestellten Verbänden der *equites promoti*, *equites sagittarii* und *equites Dalmatae* sowie der *classis Lauriacensis* (Donauflotte), übernimmt sie den Grenzschutz entlang des norischen Donaulimes. Die pannonischen Streitkräfte verfügen schon seit der flavischen Zeit über eine eigene Donauflottille (*classis Flavia Pannonica*).

DIOCLETIANs Christenverfolgung ist auch an den Donauprovinzen nicht spurlos vorübergegangen. 304 n.Chr., im letzten Regierungsjahr des Kaisers, fällt ihr unter anderen der ehemalige *princeps officii* (Kanzleivorstand des Statthalters in Lauriacum) FLORIANUS mit einigen Gefolgsleuten zum Opfer. Sein Martyrium mag bereits die schon wenige Jahre später (Mailänder Toleranzedikt von 313 n.Chr.) staatlich geduldeten Christengemeinden Ufernorikums veranlaßt haben, in Lauriacum einen Bischofsitz zu gründen. Ob dieser schon 343 n.Chr. eingerichtet ist, in welchem Jahr erstmals norische Bischöfe (ohne nähere Herkunftsangabe) als Teilnehmer am Konzil von Serdica (Sofia) überliefert sind, muß offen bleiben.

8.11.2 Der Niedergang der römischen Herrschaft im Ostalpenraum

Unter dem Vorsitz DIOCLETIANs findet 308 n.Chr. in Carnuntum ein Kaiserkongreß statt, an dem auch MAXIMIAN und GALERIUS teilnehmen. Freilich wüßten wir auch davon nichts, wäre nicht zufällig jene Weihinschrift erhalten geblieben, welche die kaiserlichen Hoheiten – *Iovii et Herculii religiossisimi Augusti et Caesares* – anläßlich ihres dortigen Zusammentreffens dem *D(eus) S(ol) I(nvictus) M(ithras)* gestiftet haben. Diesem Vorbild nacheifernd lassen auch andere Statthalter Mithräen und Isisheiligtümer restaurieren, gleichsam als einen letzten Tribut an die heidnischen Götter; so etwa AURELIUS HER-

MODORUS (als *praeses* von Binnennorikum) den Mithrastempel von Virunum. Das constantinische Herrscherhaus scheint die Lage noch einigermaßen unter Kontrolle gehalten zu haben. 310 n.Chr. erringt der Grenzgeneral AURELIUS SENECIO im norisch-rätischen Grenzgebiet nochmals einen Sieg über die Alamannen und stiftet daraufhin in Bedaium der *Victoria* einen Altar. Ehreninschriften für Angehörige des Kaiserhauses zeugen von einer noch funktionierenden Provinzialverwaltung sowie von der ungebrochenen Loyalität der *Norici mediterranei* (zu verstehen als die in Binnennorikum ansässigen Volksstämme) gegenüber ihrer römischen Schutzmacht. Nicht selten begeben sich jetzt die Kaiser selbst auf Inspektionsreise in die Donauprovinzen. 341 n.Chr. erläßt Kaiser CONSTANS in Lauriacum ein Edikt zur Neuorganisation der ‚Präsidialkanzleien‘ und bekundet damit seine Anwesenheit in der ufernorischen Statthalterresidenz.

Haben zuvor VALENTINIAN I. (364–375 n.Chr.), der laut AMMIANUS MARCELLINUS persönlich den norischen Donaulimes inspiziert, und Kaiser GRATIAN (367–383 n.Chr.) ein weiteres Mal die Grenzkastelle und Befestigungsanlagen erneuert, so signalisiert die Schlacht bei Adrianopel (378 n.Chr.), bei der das von VALENS geführte Heer fast völlig vernichtet wird und der Kaiser selbst den Tod findet, den bevorstehenden Zusammenbruch Illyrikums. Die Folge ist, daß in den pannonischen Provinzen Ostgoten (unter ALATHEUS und SAFRAX) und Alanen – ihrerseits auf der Flucht vor den Hunnen – angesiedelt werden müssen. Ein 395 n.Chr. erfolgter massiver Angriff der Markomannen und Quaden verwüstet weite Teile Pannoniens. Sobald der Geldzustrom aus Italien und der Geldumlauf im Grenzland versiegen, ist die Provinz der Auflösung preisgegeben.

Auch Norikum und Rätien geraten gleichermaßen in den Strudel der Völkerwanderung. 401 n.Chr. zerstören die Vandalen Lauriacum. Zusammen mit den Ostgoten (RADAGAIS) dringen sie auch auf innernorisches Gebiet vor und brandschatzen vermutlich Flavia Solva. 407 n.Chr. wiederum muß Aguntum einen Angriff der Westgoten (ALARICH) abwehren. Seit den dreißiger Jahren des 5. Jh. bis zum Tode ATTILAS (453 n.Chr.) verwüsten Hunnen das Land. Immer häufiger müssen auch hier die Romanen (d.h. die einheimische, romanisierte Restbevölkerung) hinter den Mauern der wenigen noch intakt gehaltenen Grenzkastelle – wie Lauriacum oder Favianae – Zuflucht nehmen. Um ihren Schutz sowie um ihre Bekehrung zum Christentum bemüht sich in der 2. Hälfte des 5. Jh. SEVERIN, der ‚Apostel Norikums‘. Die römischen Grenztruppen sind längst zerschlagen, und auch die zivile Verwaltung funktioniert nicht mehr. So zeigen sich die Provinzialen für jede Hilfe dankbar, die ihnen SEVERIN zuteil werden läßt. Mit großem diplomatischen Geschick organisiert er die Versorgung und den Rückzug der notleidenden Bevölkerung, die inzwischen bereits den Rugiern (jenseits der Donau) tributpflichtig geworden ist, nach Süden. Einen anschaulichen Dokumentarbericht vom Wirken dieses Mannes und von der dramatischen Situation im Grenzland überliefert EUGIPP in seiner Heiligenvita (*Vita sancti Severini*), die er Anfang des 6. Jh. verfaßt. Bereits fünf Jahre nach dem Tode SEVERINs läßt ODOAKER 488 n.Chr. Ufernorikum räumen, obwohl er zuvor noch das Rugierreich in zwei erfolgreichen Feldzügen zerschlagen kann.

Etwas besser ergeht es den Romanen der norischen Südprovinz, insbesondere in Kärnten und Osttirol. Wie einst vor der römischen Okkupation, als die Kelten in ihren von Ringwällen ummauerten Höhensiedlungen (z.B. Magdalensberg) hausten, verschanzen sich die Leute nun innerhalb der neuerrichteten Fliehburgen (Lavant-Kirchbichl, Duel, Kadischen, Hoischhügel, Kanzianiberg, Hemmaberg und andere mehr) vor den räuberischen Banden. Virunum büßt seine Stellung als Vorort der Provinz ein, da inzwischen Teurnia – neben Virunum und Celeia der dritte Bischofsitz Binnennorikums – zur *metropolis Norici* gekürt wird.

Die Regierungszeit THEODERICHs (493–526 n.Chr.) bringt eine allerletzte Blüte. Aus dieser Epoche stammt das Mosaik in der ‚Friedhofskirche' zu Teurnia, dessen Stifter URSUS – als *v(ir) s(pectabilis)* – einer der letzten Statthalter der Provinz gewesen sein könnte. Die auf dem Boden der spätantiken Befestigungsanlage Teurnia neuentdeckte ‚Bischofskirche' sowie der am Hemmaberg ausgegrabene große Komplex frühchristlicher Kirchenbauten zeigen deutlich, wie sehr die neue Religion auch schon im Alpenraum Fuß gefaßt hat. Bestätigt wird dies ebenso durch die bislang jüngste römerzeitliche Grabinschrift (Fundort Molzbichl in Oberkärnten) des Diakon NONNOSUS, welche in das Jahr 532 n.Chr. datiert. Besteht während der Ostgotenherrschaft noch eine gewisse administrative Verbindung zu Italien, so geht mit ihrem Zusammenbruch auch Binnennorikum verloren, das alsbald, d.h. an der Wende vom 6. zum 7. Jh., von einwandernden Slawen und Awaren besiedelt wird.

8.12 Ausgewählte Literatur

1. G. ALFÖLDY, *Noricum*. London-Boston 1974
2. G. ALFÖLDY, *Die regionale Gliederung in der römischen Provinz Noricum*; in: Raumordnung im Römischen Reich. Zur regionalen Gliederung in den gallischen Provinzen, in Rätien, Noricum und Pannonien. (Hg.) G. GOTTLIEB, München 1989, 37–55
3. W. ALZINGER, *Das Municipium Claudium Aguntum. Vom keltischen Oppidum zum frühchristlichen Bischofsitz*, in: ANRW II/6, Berlin-New York 1977, 380–413

4. A. BETZ, *Aus Österreichs römischer Vergangenheit.* Wien 1956 (Neuauflage A. BETZ – E. WEBER, Wien 1989)
5. G. DOBESCH, *Die Kelten in Österreich nach den ältesten Berichten der Antike.* Wien 1980
6. F. GLASER, *Die römische Stadt Teurnia.* Klagenfurt 1983
7. F. GLASER, *Römerstadt und Bischofssitz.* Klagenfurt 1992
8. R. GÖBL, *Typologie und Chronologie der keltischen Münzprägung in Noricum.* Wien 1973
9. P. HAIDER, *Von der Antike ins frühe Mittelalter*, in: Geschichte des Landes Tirol. Band 1, Innsbruck 1985, 127–264
10. M. HAINZMANN – E. POCHMARSKI, *Die römerzeitlichen Inschriften und Reliefs von Schloß Seggau bei Leibnitz.* Graz 1994
11. N. HEGER, *Salzburg in römischer Zeit.* Salzburg 1974
12. E. HUDECZEK, *Flavia Solva*, in: ANRW II/6, Berlin-New York 1977, 414–471
13. W. JOBST, *Provinzhauptstadt Carnuntum. Österreichs größte archäologische Landschaft.* Wien 1983
14. M. KANDLER – H. VETTERS, *Der römische Limes in Österreich, ein Führer.* Wien 1986
15. A. MÓCSY, *Pannonia and Upper Moesia. A History of the Middle Danube.* London-Boston 1974
16. R. NOLL, *Frühes Christentum in Österreich. Von den Anfängen bis um 600 n.Chr.* Wien 1954
17. B. OVERBECK, *Rätien zur Prinzipatszeit*, in: ANRW II/5, Berlin-New York 1976, 658–689
18. G. PICCOTTINI, *Die Römer in Kärnten.* Klagenfurt 1989
19. G. PICCOTTINI, *Archäologischer Atlas von Kärnten.* Klagenfurt 1989
20. G. PICCOTTINI, *Führer durch die Ausgrabungen auf dem Magdalensberg.* Klagenfurt [4]1990
21. B. SARIA, *Noricum und Pannonien* (Forschungsbericht 1940–1950), in: Historia 1,1950,436–486
22. H. STIGLITZ – M. KANDLER – W. JOBST, *Carnuntum*, in: ANRW II/6, Berlin-New York 1977, 583–730
23. E. SWOBODA, *Carnuntum. Seine Geschichte und seine Denkmäler.* Graz-Köln [4]1964
24. H. VETTERS, *Lauriacum*, in: ANRW II/6, Berlin-New York 1977, 355–379
25. H. VETTERS, *Virunum*, in: ANRW II/6, Berlin-New York 1977, 302–354
26. H. VETTERS, *Das Problem der Kontinuität von der Antike zum Mittelalter*, in: Gymnasium 76, 1969, 481ff
27. G. WINKLER, *Die Reichsbeamten von Noricum und ihr Personal bis zum Ende der römischen Herrschaft.* Wien 1969
28. G. WINKLER, *Noricum und Rom*, in: ANRW II/6, Berlin-New York 1977, 183–262
29. *Vindobona – Die Römer im Wiener Raum.* Ausstellungskatalog. Wien 1977

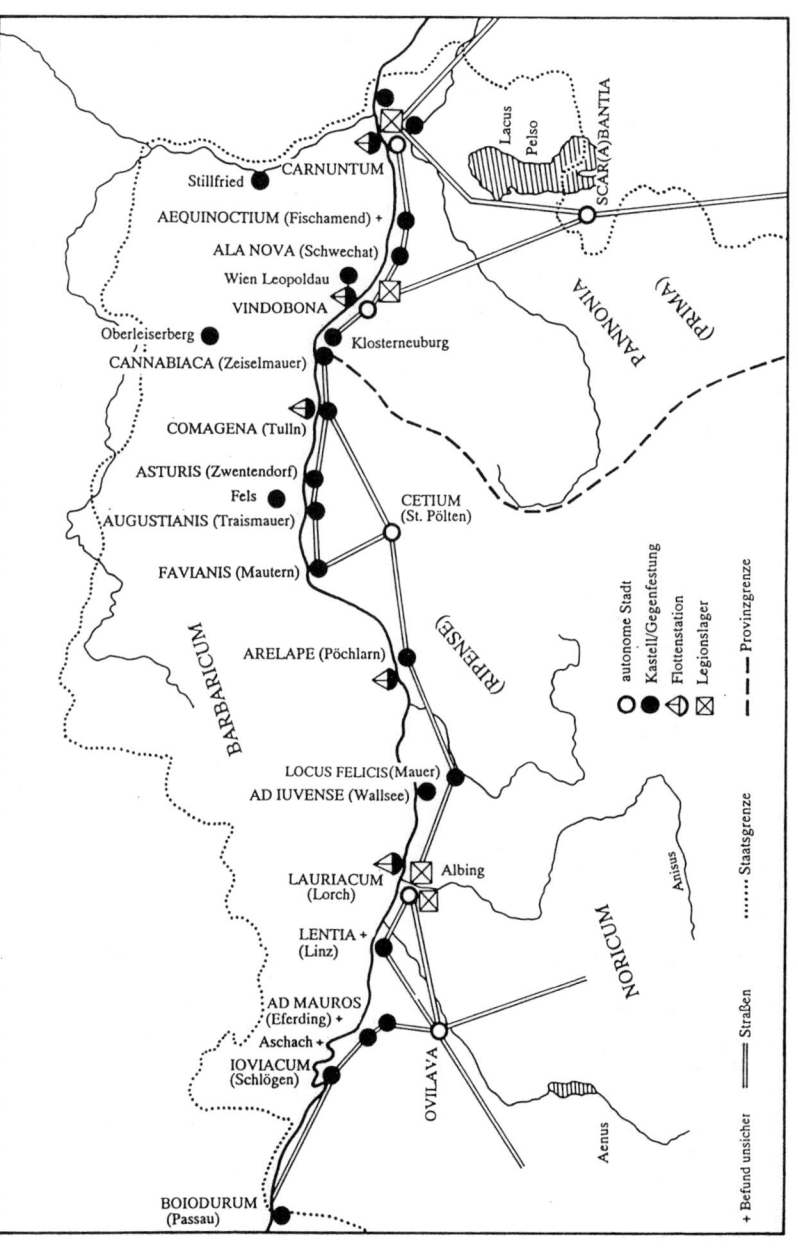

Der römische Limes in Österreich

9 Anhang

Für die chronologischen Herrscherverzeichnisse und die genealogischen Stammtafeln wurden vor allem das *Handbuch der Altertumswissenschaft* (siehe oben xviii), E. KORNEMANN, *Weltgeschichte des Mittelmeerraumes*. München 1948, 2 Bände, und K. SCHIPPMANN, *Grundzüge der Parthischen Geschichte*. Darmstadt 1980, zur Grundlage genommen. In den Listen nicht gezählte Herrscher (z.B. Amyntas II.) wurden wegen ihrer geringen Bedeutung übergangen. Die Redaktion der Listen hat Peter Panitschek durchgeführt.

Übersicht

9.1.	Herrscherlisten
9.1.1	Die Achaimeniden (559–330 v.Chr.)
9.1.2	Die Makedonenkönige bis Alexander III. (6.Jh.–323 v.Chr.)
9.1.3	Die Ptolemaier (306–30 v.Chr.)
9.1.4	Die Seleukiden (306–64/63 v.Chr.)
9.1.5	Die Antigoniden (306–168 v.Chr.)
9.1.6	Die Attaliden von Pergamon (283–133 v.Chr.)
9.1.7	Die Arsakiden (Parther) (247 v.Chr.–228/29 n.Chr.)
9.1.8	Die Sasaniden (ca. 224–651 n.Chr.)
9.1.9	Die römischen Kaiser (27 v.Chr.–565 n.Chr.)
9.2.	Liste der römischen Provinzen
9.3.	Genealogische Stammtafeln und Tabellen
9.3.1	Das iulisch-claudische Haus
9.3.2	Das Haus der Severer
9.3.3	Das Haus Diokletians und Konstantins
9.3.4	Die römische Verfassung
9.3.5	Die frühen Hochkulturen

1. Herrscherlisten

9.1.1 Die Achaimeniden (559–330 v.Chr.)

Kyros II. (der Große)	559–530
Kambyses	530–522
Dareios I.	522–486
Xerxes I.	486–465
Artaxerxes I.	465–425
Xerxes II.	425–424
Dareios II.	424–404
Artaxerxes II.	404–359/58
Artaxerxes III. Ochos	359/58–338
Arses	338–336
Dareios III.	336–330

9.1.2 Die Makedonenkönige bis Alexander III. (6. Jh.–323 v.Chr.)

Amyntas I.	Zweite Hälfte des 6. Jh.
Alexander I. Philhellen	ca. 495–ca. 450/40
Perdikkas II.	ca. 450/40–413
Archelaos	413–399
Orestes	399–396
Aeropos	396–393
Amyntas III.	393–370
Alexander II.	370–369
Ptolemaios	369–365
Perdikkas III.	365–359
Philipp II.	359–336
Alexander III. (der Große)	336–323

9.1.3 Die Ptolemaier (306–30 v.Chr.)

Ptolemaier und Seleukiden beherrschen ausschließlich dynastisch fundierte Staatswesen. Die Dynastie repräsentiert keine einheimische ethnische Gruppe.

Ptolemaios I. Soter	306–283 (seit 323 Satrap von Ägypten)
Ptolemaios II. Philadelphos	283–246 (ab 285 Mitregent)
Ptolemaios III. Euergetes I.	246–221
Ptolemaios IV. Philopator	221–203 (?)
Ptolemaios V. Epiphanes	203–181/80
Ptolemaios VI. Philometor	181/80–145
Ptolemaios VIII. Euergetes II. (Physkon)	145–116
Ptolemaios IX. Soter II.	116–107 und 88–80
Ptolemaios X. Alexander I.	107–88
Ptolemaios XI. Alexander II.	80
Ptolemaios XII. Neos Dionysos (Auletes)	80–51
Kleopatra VII.	51–30
Ptolemaios XIII.	51–48 (Mitregent)
Ptolemaios XIV.	47–44 (Mitregent)
Ptolemaios XV. (Kaisarion)	44–30 (Mitregent)

9.1.4 Die Seleukiden (306–64/63 v.Chr.)

Seleukos I. Nikator	306–280 (seit 320 Satrap von Babylonien)
Antiochos I. Soter	280–261
Antiochos II. Theos	261–246
Seleukos II. Kallinikos	246–225
Seleukos III. Soter	225–223
Antiochos III. (der Große)	223–187
Seleukos IV. Philopator	187–175
Antiochos IV. Epiphanes	175–164/63
Antiochos V. Eupator	164/63–162
Demetrios I. Soter	162–150
Alexander Balas	150–145
Demetrios II. Nikator	145–139/38 und 129–125
Antiochos VII. Sidetes	139/38–129
Antiochos VIII. Grypos	125–96
Seleukos VI. Epiphanes Nikator	96–95
Antiochos X. Eusebes Philopator	95–83
Demetrios III. Eukairos	95–88
Antiochos XI. Philadelphos	94
Philippos I. Philadelphos	94–83
Antiochos XII. Dionysos	87–84
Antiochos XIII. Asiatikos	69–64

Syrien ist von 83–69 unter der Herrschaft Tigranes I. (95 – ca. 55) von Armenien.

9.1.5 Die Antigoniden (306–168 v.Chr.)

Antigonos Monophthalmos	306–301
Demetrios Poliorketes	306–283 (306 König als Mitregent seines Vaters)
in Makedonien	294–287
Pyrrhos und Lysimachos	287–281
Ptolemaios Keraunos	281–279
diverse Prätendenten	279–276
Antigonos Gonatas	276–239
Demetrios II.	239–229
Antigonos Doson	229–222/21
Philipp V.	222/21–179
Perseus	179–168 (gestorben 165)

9.1.6 Die Attaliden von Pergamon (283–133 v.Chr.)
Den Königstitel führen die Attaliden seit ATTALOS I.

Philetairos	283–263	Statthalter (*epistates*) des Lysimachos, dann des Seleukos
Eumenes I.	263–241	‚Herrscher‘ (*dynastes*)
Attalos I. Soter	241–197	König ca.230 nach dem Sieg über die Galater
Eumenes II. Soter	197–160/59	
Attalos II.	160/59–139/38	
Attalos III.	139/38–133	

9.1.7 Die Arsakiden (Parther) (247 v.Chr.–228/29 n.Chr.)
Der Herrschaftsbereich der einzelnen Könige innerhalb der Reichsgrenzen ist bisweilen nicht klar zu umreißen. Insbesondere im letzten Jahrhundert bilden sich rivalisierende Machtzentren.

Arsakes I	247–(217 ?)
Arsakes II. (auch Artabanos I.)	217 (?) – ca.191
Phriapitios	ca. 191–176
Phraates I.	176–171
Mithradates I.	171–138
Phraates II.	138 – ca.128
Artabanos I. (II.)	128–124
Mithradates II.	123–86
Gotarzes I.	91–80
Orodes I.	80–77
Sanatrokes	77–68
Phraates III.	68–58
Orodes II.	57–37
Phraates IV.	38–2 v.Chr.
Phraatakes (auch Phraates V.)	2 v.Chr.–4 n.Chr.
Orodes III.	4–7
Vonones I.	7–12
Artabanos II. (III.)	12–38
Kämpfe verschiedener Thronprätendenten	
Gotarzes II.	38–51
Vologaeses I.	51–80
Von ca. 80 bis 129 regionale Machthaber, die um den Thron rivalisieren.	
Hauptgegner Osroes und Vologaeses II. (III.)	
Osroes	ca. 110–120
Vologaeses II. (III.)	111–147
Vologaeses III. (IV.)	148–190

9.1 Herrscherlisten

Vologaeses IV. (V.)   191–207
Vologaeses V. (VI.)   207–222
Artabanos IV. (V.)   213–227
Artavasdes   227–228 (229 ?)

9.1.8 Die Sasaniden (Neuperser) (ca. 224 n.Chr.–651 n.Chr.)

Die Dynastie behauptet, mit den Arsakiden verschwägert zu sein. Ardaschir I. regiert einige Jahre neben den Arsakiden.

Ardaschir I.	224–240
Schapur I.	240–272
Hormizd I.	272–273
Bahram I.	273–276
Bahram II.	276–293
Narseh	293–302
Hormizd II. (neben verschiedenen Prätendenten)	302–309
Schapur II.	309–379
Ardaschir II.	379–383
Schapur III.	383–388
Bahram IV.	388–399
Yazdagird I.	399–421
Bahram V.	421–439
Yazdagird II.	439–457
Hormizd III.	457–459
Peroz	459–484
Balasch	484–488
Kavadh	531–579
Hormizd IV.	579–590
Khusro II.	590–628
Vier verschiedene Herrscher und	Herrscherinnen
Yazdagird III.	632–651

9.1.9 Die römischen Kaiser (27 v.Chr.–565 n.Chr.)

Die iulisch-claudischen Kaiser (27 v.Chr.–68 n.Chr.)

Augustus	27 v.–14 n.Chr.
Tiberius	14–37
Gaius (Caligula)	37–41
Claudius	41–54
Nero	54–68

Das Vierkaiserjahr (mit Vespasian) (69–96)

Galba	68–69
Otho	69
Vitellius	69
(Vespasian	69–79)

Die Flavier (69-96)

Vespasian	69–79
Titus	79–81
Domitian	81–96

Die Adoptivkaiser (mit Commodus) (96–192)

Nerva	96–98
Traian	98–117
Hadrian	117–138
Antoninus Pius	138–161
Marcus Aurelius	161–180
Lucius Verus	161–169 (Mitregent)
Commodus	180–192 (ab 177 Mitregent)

Das Fünfkaiserjahr (mit Septimius Severus) (192/193)

Pertinax	193
Didius Iulianus	193
Clodius Albinus	193–197
Pescennius Niger	193–194
(Septimius Severus	193–211)

Die Severer (mit Macrinus) (193–235)

Septimius Severus	193–211
Caracalla	198–217
als Alleinherrscher	211–217
Geta	209–212
Macrinus	217–218
Elagabal	218–222
Severus Alexander	222–235

9.1 Herrscherlisten

Die sogenannten Soldatenkaiser (235–284)

Im Fachschrifttum werden gelegentlich auch die Severer zu den Soldatenkaisern gerechnet. Zusammen mit den Gegenkaisern hat man über 50 Kaiser gezählt.

Maximinus Thrax	235–238
Gordian I.	238
Gordian II.	238
Balbinus und Pupienus	238
Gordian III.	238–244
Philippus Arabs	244–249
Decius	249–251
Trebonianus Gallus	251–253
Volusianus	251–253
Aemilianus	253
Valerian	253–260 (gestorben 268)
Gallienus (als Alleinherrscher)	260–268
Claudius II. Gothicus	268–270
Quintillus	270
Aurelian	270–275
Tacitus	275–276
Florianus	276
Probus	276–282
Carus	282–283
Carinus	283–285
Numerian	283–284

Die Zeit der Tetrarchen (284–324)

Diocletian	284–305
Maximian	286–305/310
Constantius I. Chlorus	305–306
Galerius	305–311
Constantin I.	306–324
Licinius	308–324

Die Constantinische Dynastie (324–364) (mit Iulian Apostata und Iovianus)

Constantin I.	324–337 (als Alleinherrscher)
Constantin II.	337–340
Constantius II.	337–361 (Alleinherrscher ab 350)
Constans	337–350
Iulian	361–363 (Alleinherrscher)
Iovian	363–364

Die Valentinianisch-Theodosianische Dynastie (364–455)

Valentinian I. 364-375
Valens 364-378
Theodosius I. 379-395
Mit seinem Tod kommt es zur Reichsteilung:

Osten		Westen	
Arkadios	395-408	Gratian	367-383
Theodosius II.	408-450	Valentinian II.	375-392
		Flavius Eugenius	392-394
		Honorius	395-423
		Johannes	423-425
		Valentinian III.	424-455

Niedergang der weströmischen Zentralgewalt und Erstarken des byzantinischen Kaisertums (ab 450/455)

Osten		Westen	
Markianos	450-457	Petronius Maximus	455
Leon I.	457-474	Avitus	455-456
Anastasios I.	491-518	Maiorianus	457-461
Iustin I.	518-527	Libius Severus	461-465
Iustinian I.	527-565	Anthemius	467-472
		Olybrius	472
		Glycerius	473
		Iulius Nepos	474-480
		Romulus Augustulus	475-476
		(Odoaker als germanischer König in Italien	476-493)
		(Theoderich	493-552)

9.2 Liste der römischen Provinzen

241/27	Sicilia
227	Sardinia et Corsica
197	Hispania citerior et ulterior
148	Macedonia
146	Achaia an Macedonia angeschlossen
146	Africa
133/129	Asia (durch Testament an Rom, 129 Provinz)
121	Gallia Narbonensis
102	Cilicia
90/89 (?)	Gallia Cisalpina (bis 42 v.Chr.)
96/74	Cyrenaica (durch Testament an Rom, 74 Provinz)
64	Creta
63	Syria, Bithynia et Pontus
nach 58	Cyprus
51	Gallia (Comata)
46	Africa nova (Annexion von Numidia)
30	Aegyptus
25	Galatia
16	Organisation der Tres Galliae: Aquitania, Lugdunensis et Belgica
9/10 n.Chr.	Pannonia (Teilung in P. superior et P. inferior unter Kaiser Traian)
15 v.Chr. – ca. 45 n.Chr.	Noricum, Raetia
18/19 n.Chr.	Cappadocia, Commagene
42	Mauretania
43	Lycia
43	Britannia
44	Thracia
um 44	Moesia
44/72	Iudaea
69/79	Lycia et Pamphylia
82/90	Germania superior et inferior (seit Augustus militärischer Verwaltungsbezirk)
106	Arabia
107	Dacia (bis 271/72)
114	Armenia (bis 117)
115	Mesopotamia et Assyria (bis 117)

9.3 Genealogische Stammtafeln und Tabellen

9.3.1 Das iulisch-claudische Haus

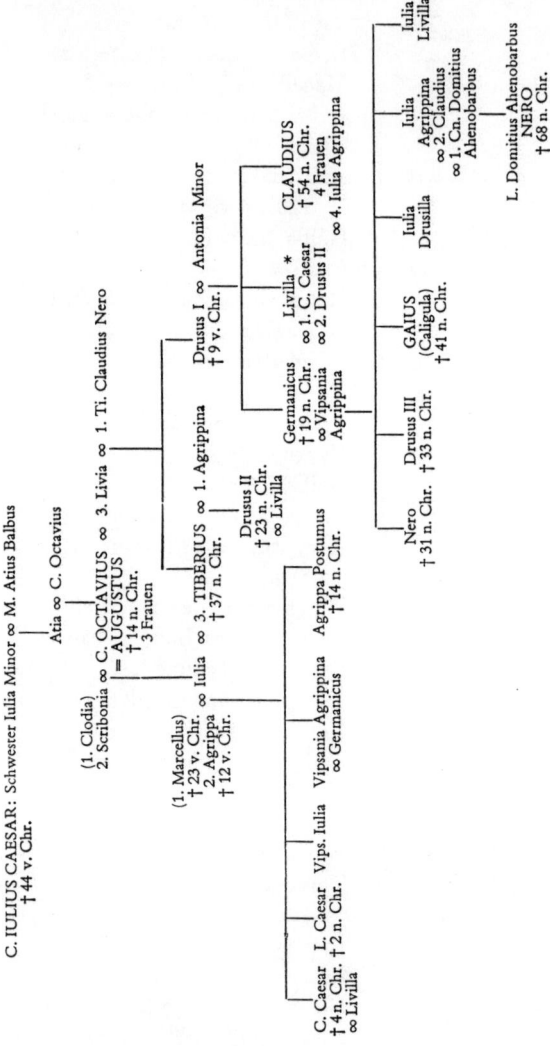

*Iulia Livilla d.Ä.: später verlobt mit dem Praetorianerpraefekten TI.AELIUS SEIANUS

(nach H.Bengtson, HbAW III/5,1 ²(1970) 404)

9.3.2 Das Haus der Severer

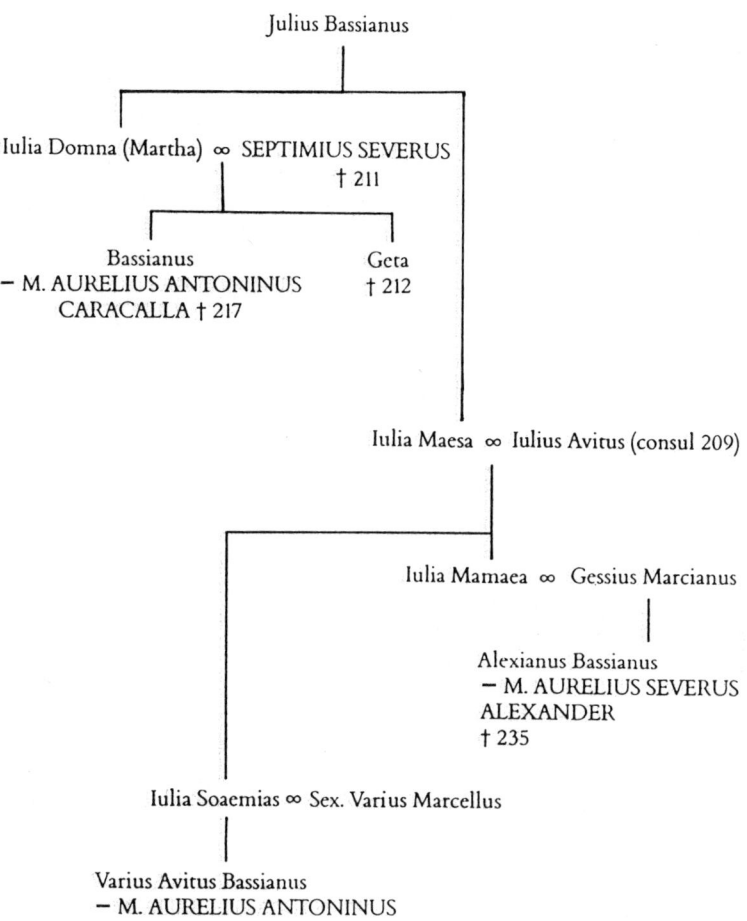

9.3.3 Das Haus Diokletians und Konstantins

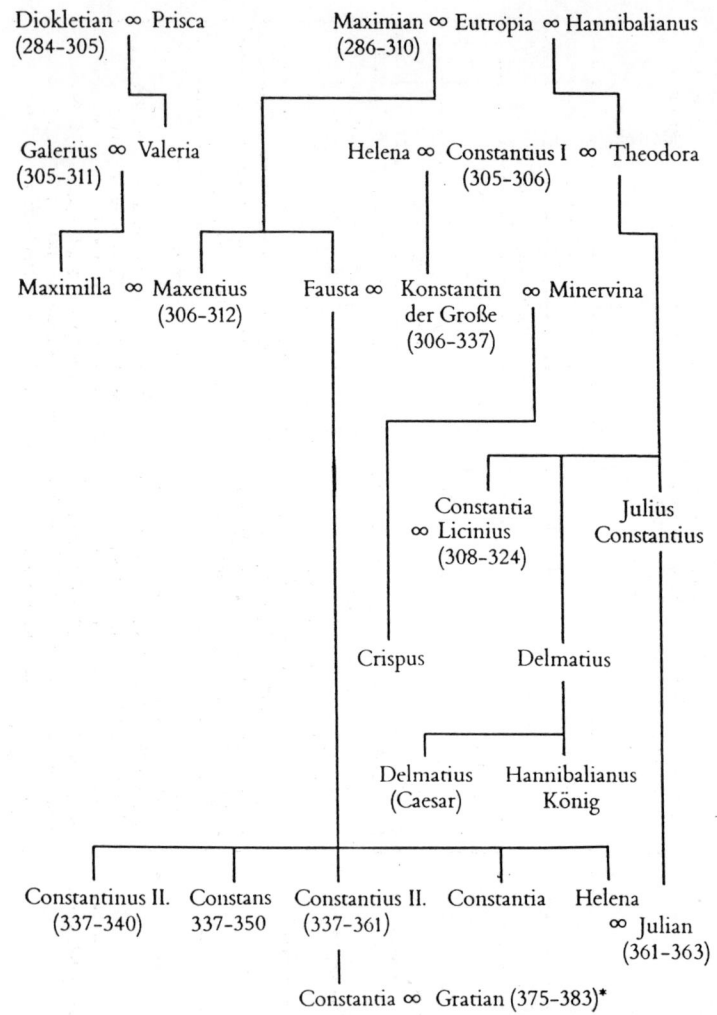

* Sohn des Valentinian I. und Stiefbruder der
Frau von Theodosius I.

Die genealogischen Stammtafeln Nr. 2 und 3 sind entnommen aus K. CHRIST, *Geschichte der römischen Kaiserzeit. Von Augustus bis zu Konstantin.* München 1988, 836f.

9.3 Genealogische Stammtafeln und Tabellen

9.3.4 Die römische Verfassung

	COMITIA CENTURIATA	COMITIA TRIBUTA bzw. CONCILIA PLEBIS
Abstimmungskörper	193 Zenturien unterschiedlicher Größe nach Vermögen in Klassen eingeteilt: 18 Reiter (= Adel), 80 1.Kl., 20 2.Kl., 20 3.Kl., 20 4.Kl., 30 5.Kl., 5 *infra classem*. Jede Zenturie hat eine Stimme.	35 verschieden große Tribus: 4 Stadttribus, 31 Landtribus. Jede Tribus hat eine Stimme.
ZUSAMMENSETZUNG	alle Bürger	alle Bürger bzw. nur Plebeier
EINBERUFUNG und VORSITZ	Konsul, Praetor, Diktator	Konsul, Praetor bzw. Volkstribun
GEWÄHLT WERDEN	Konsul, Praetor, Zensor	Kurul. Aedil, Quaestor bzw. pleb. Aedil, Volkstribun
WAHLVORSCHLAG DURCH	Konsul	Konsul bzw. Volkstribun
WAHLMODUS	Ursprünglich mündlich, ab 2. Jh. mit Stimmtäfelchen. Alle Bürger einer Klasse zugleich.	Ursprünglich mündlich, ab 2. Jh. mit Stimmtäfelchen. Alle Bürger einer Tribus zugleich.
RECHTSSPRECHUNG *	Kapitalverbrechen und Hochverrat	alle anderen „öffentlichen" Verbrechen
GESETZGEBUNG	Ursprünglich wichtigste gesetzgebende Versammlung. Ab 2. Jh. nur mehr für Kriegserklärungen und Friedensschlüsse zuständig.	Zuständig für alle anderen Gesetze. Die meisten Anträge werden von Volkstribunen gestellt = Plebiszite (= Gesetze)
ANTRÄGE DURCH	Konsul, Praetor	alle Beamten bzw. nur Volkstribun
ABSTIMMUNGSMODUS	Ursprünglich mündlich, ab 2. Jh. mit Stimmtäfelchen. Alle Bürger hintereinander.	Ursprünglich mündlich, ab 2. Jh. mit Stimmtäfelchen. Alle Bürger hintereinander.
* (seit dem Ende des 2. Jh. zunehmende Bedeutung der *quaestiones*)	Bis zu den Gracchen wurden alle Anträge und Wahlvorschläge von den Beamten zuerst dem Senat vorgelegt, dann erst vor die Komitien gebracht. Die Komitien hatten nur das Recht zur Wahl und ja/nein Abstimmung. Anträge und Zusatzvorschläge durch die Versammlung waren nicht möglich.	

Abstimmungskörperschaften im republikanischen Rom

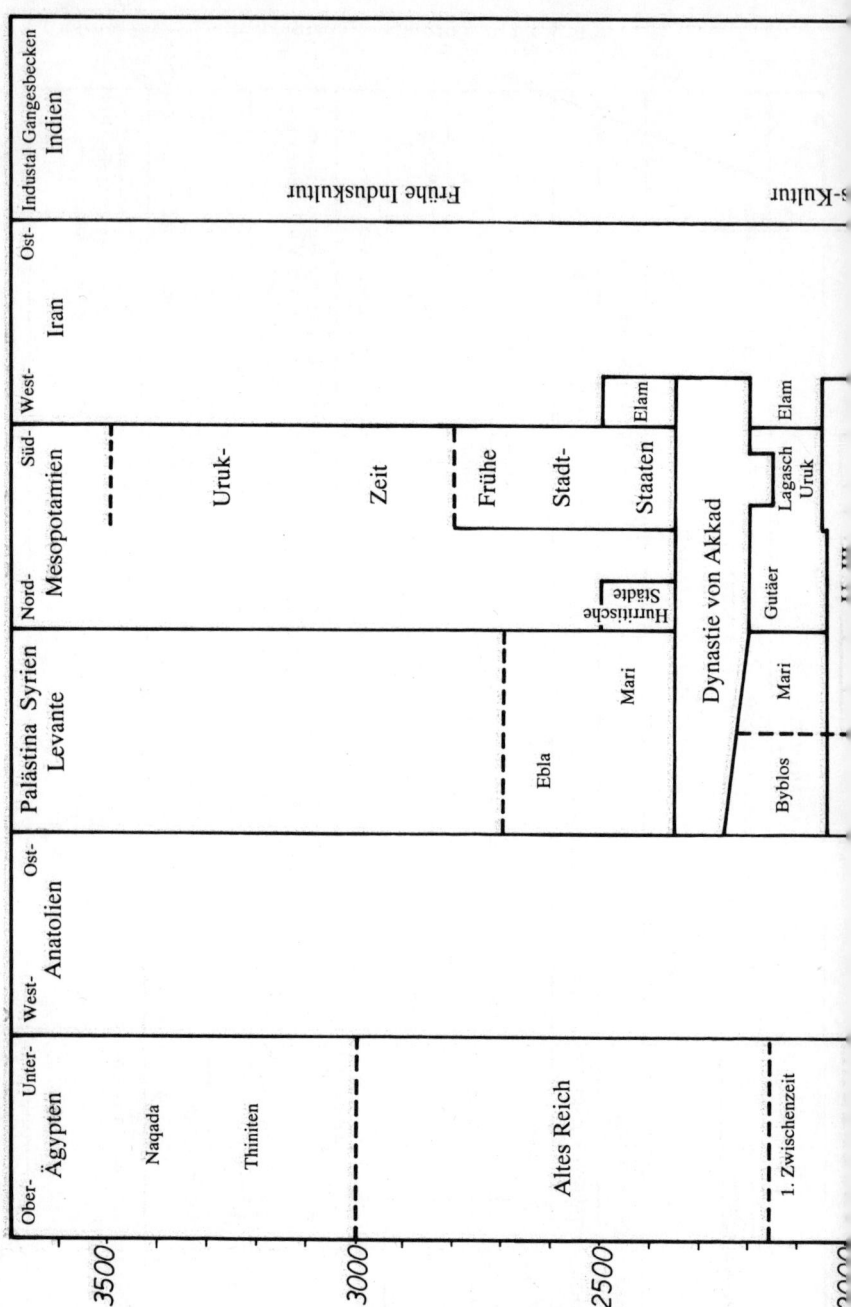

9.3 Genealogische Stammtafeln und Tabellen

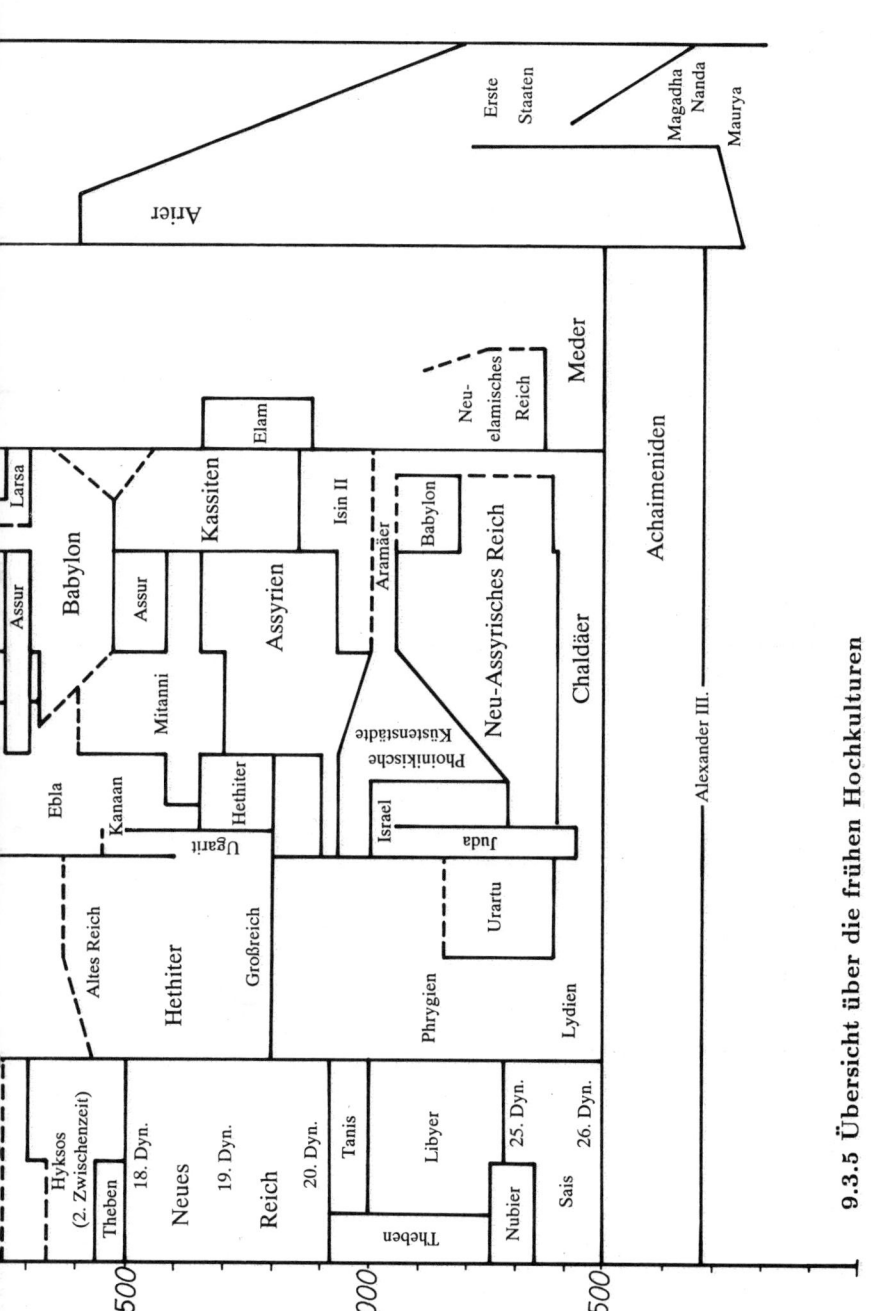

9.3.5 Übersicht über die frühen Hochkulturen

10.1 Personenregister

Achaimenes 18
Adadnarari I. 12
Adadnarari III. 15
Aelius Aristides 145
Aelius Seianus, L. 136
Aemilius Lepidus, M. 127, 130f.
Afranius Burrus 137
Agathokles 89
Agesilaos 67
Agis IV. 85
Agricola 139
Agrippa s. Vipsanius
Agum II. 11
Ahmose 24
Aischines 64, 68
Aischylos 53
Alarich 161, 184
Alatheus 184
Alexander I. 58
Alexander III. (d. Große), 18, 65, 77, 79f., 82, 88
Alexander IV. 79f.
Alexander (Neffe d. Antigonos Gonatas) 84
Alkaios 31
Alkibiades 62f.
Alkman 31
Alyattes 49
Ambrosius 155
Amenemhat II. 23
Amenophis III. 24
Amenophis IV. 24
Ammianus Marcellinus 155, 184
Amyntas 68
Andokides 64
Andriskos 92, 114
Anitta 10
Annaeus Seneca, L. 137
Annius Vinicianus, L. 136f.
Ant(i)alkidas 67
Antigonos II. Gonatas 78, 81, 84
Antigonos III. Doson 85
Antigonos Monophthalmos 79f., 81f., 84, 88
Antiochos Hierax 87, 89
Antiochos I. 78, 87f., 91
Antiochos II. 82
Antiochos III. 82, 87f., 91f., 114
Antiochos IV. 88, 92, 114
Antipater 71f., 80, 83
Antiphon 58
Antoninus Pius 147f., 153
Antonius, M. 130f., 135
Antonius Primus, M. 138
Appian 77, 101, 119
Appuleius Saturninus, L. 124
Aquilius M. 124
Aratos 84f.
Arbogast 163
Arcadius 160
Archelaos (Feldherr) 125f.
Archelaos I. 58
Archidamos II. 61
Ardeschir 152
Areus 84
Ariovist 129, 184
Aristagoras 40, 58
Aristeides 59
Aristogeiton 46
Aristonikos 122
Aristophanes 53
Aristoteles 31, 53, 72
Arminius 135f.
Arrian 64, 77
Arsakes I. 90
Artabanos V. 152
Artaphernes 59
Artaxerxes I. 60
Artaxerxes II. 67, 69
Artaxerxes IV. 71
Asarhaddon 16
Aschoka 27
Assurbanipal 1, 16
Assurdan II. 14
Assurnasirpal II. 14
Assuruballit I. 12

Atilius Regulus, M. 112
Attalos I. 69, 87, 89
Attalos III. 89, 122
Attila 184
Augustinus 155
Augustus 120, 124, 128, 132ff., 135, 172f., 177
Aurelian 154, 156, 182
Aurelius Hermodorus 183
Aurelius Senecio 184
Aurelius Victor 145, 155
Ausonius 155
Avidius Cassius 148

Bakchylides 53, 63
Balbinus 147
Bar Kochba 153
Bauto 163
Belscharusur 17
Bessos 71
Bocchus 123
Boethius 155
Brasidas 62
Britannicus 137
Brutus, L. Iunius 104
Brutus, M. Iunius 130f.
Bulla Felix 150
Burebistas 172
Burnaburiasch II. 11

Caecilius Metellus, Q. 123
Caesarion 132
Caesar, C. Iulius 119, 127ff., 130ff., 172
Caligula 136f., 139
Calpurnius Bibulus, M. 129
Calpurnius Piso, C. 137
Caracalla 149f., 152, 175f., 180
Cassiodor 155
Cassius Dio 77, 119, 132, 145, 180
Cassius Longinus, C. 130f.
Catilina 128
Cato d.Ä. 103
Cato d.J. 128
Catualda 177
Charondas 39

Cheops 22
Chephren 22
Chremonides 84
Cicero s. Tullius
Cinna 126
Claudianus 155
Claudius 134, 136f., 173ff.
Claudius Candidus, Ti. 180
Claudius II. 154, 182
Clodius Albinus 147
Commodus 145, 147f., 153, 178
Constans 160, 184
Constantin I. 151, 155f., 159
Constantin II. 160
Constantius Chlorus 158
Constantius II. 160, 162
Cornelius Cinna, L. 126
Cornelius Nepos 53, 64, 77, 101
Cornelius Scipio Africanus Maior, P. 103, 113
Cornelius Scipio Aemilianus (Africanus
    Minor), P. 115, 120, 122
Cornelius Sulla, L. 91, 123ff.
Crassus 91, 129, 135
Curtius Rufus 64

Dalmatius 160
Dareios I. 18, 58
Dareios III. 70f.
Datis 59
David 14
Decebalus 139, 152
Decius 152, 154
Deiokes 18
Deiotarus 129
Demetrios II. 85
Demetrios Poliorketes 79f., 82ff., 89
Demetrios von Phaleron 83
Demetrios von Pharos 113
Demosthenes 64, 68, 70
Didius Iulianus 147
Diocletian 151, 156, 158f., 183
Diodorus Siculus 53, 64, 77, 101, 110
Diodotos 87
Dion 73

10.1 Personenregister

Dion Chrysostomos (von Prusa) 145
Dionysios I. 72
Dionysios II. 73
Dionysios von Halikarnassos 101
Djoser 22
Domitia 139
Domitian 139, 147, 152, 157, 177
Domitius Ahenobarbus, L. 137
Domitius Corbulo 137
Drakon 43
Drusus 124, 135f., 172
Dryantilla 181
Duilius, C. 101
Duketios 64

Eannatum 6
Echnaton 14, 24
Elagabal 150
Enmerkar 5
Epameinondas 68
Ephialtes 55
Eugippius 155, 169, 185
Eumenes I. 79f.
Eumenes II. 92
Eunus 120
Eupator 125
Eusebios 31, 77, 145, 155
Eutropius 145, 155

Fabius Maximus Cunctator, Q. 113
Faustina (Gattin M. Aurels) 148
Festus (Grammatiker) 101
Festus Rufius (Historiker) 145, 155
Flaminius, C. 108, 113
Flavius Fimbria, C. 126
Flavius Iosephus 77, 132
Flavius Vespasianus, C. 138, 177
Florianus 183
Florus 77, 119
Fritigern 163
Fronto 145

Gaius Caesar 136
Galba s. Servius
Galerius 152, 158, 183
Gallienus 151, 157f., 181

Geiserich 161
Gellius 101
Gelon 40, 49, 64
Germanicus 135f.
Geta 149
Gilgamesch 5
Glaucia 124
Gordian III. 154
Gorgias 64
Gracchen s. Sempronius
Gratian 160, 163, 184
Gregor von Nazianz 155
Gregor von Nyssa 155
Gregor von Tours 155
Gudea 7

Hadrian 145, 147, 150, 152f., 164, 175, 177
Hamilkar Barkas 112f.
Hammurabi 2, 10f.
Hannibal 91f., 113
Harmodios 46
Hasdrubal (Bruder Hannibals) 113
Hasdrubal (Schwiegersohn Hamilkars) 113
Hatschepsut 24
Hattuschil I. 10
Hattuschil III. 12
Hekataios 31
Hellanikos 31
Helvius Pertinax 147
Herihor 25
Herodianos 145
Herodot 31, 53, 58
Hesiod 31
Hieron I. 63
Hieron II. von Syrakus 89, 112
Hieronymus 155
Hipparchos 46
Hippias 45f., 59
Hippodamos 26
Hippokrates 49
Histiaios 40
Homer 31, 36
Honorius 160
Horaz 132

Iason 68
Ibbisin 8
Inaros 60
Iordanes 155
Iovianus 155
Irnanna 8
Isagoras 46
Ischbi-Erra 8f.
Isidor von Sevilla 155
Isokrates 64, 69
Iugurtha 123
Iulia Agrippina 137
Iulia Domna 150
Iulia Maesa 150
Iulia Mamaea 150
Iulia Soaemias 150
Iulian 155, 160, 162
Iulius Civilis 138
Iulius Vindex, C. 137
Iunius Blaesus, Q. 136
Iustin 53, 64, 77, 132
Iustinianus 155
Iuvenal 132

Johannes Chrysostomos 155
Judas Makkabi 88

Kallias 60
Kallimachos 53, 59
Kallinos 31
Kallisthenes 72
Kambyses II. 18, 26
Karl (der Große) 161
Kaschta 25
Kassander 80f., 83
Kimon 55, 60
Kinadon 65
Kleisthenes (von Athen) 45ff., 53
Kleisthenes (von Sikyon) 40
Kleitos 72
Kleomenes I. 46
Kleomenes III. 85f.
Kleon 56, 62, 120
Kleopatra 130ff.
Konon 67

Krateros 83
Kritias 58
Kroisos 18, 49
Ktesias 53
Kurigalzu II. 11
Kutirnachunte 11
Kyaxares 17f.
Kylon 43
Kypselos 40
Kyros d. J. 67
Kyros II. 17f.

Labaschimarduk 17
Lagos 86
Laktanz 155
Lamachos 62
Leo III. (Papst) 161
Leonidas 59
Leotychidas 59
Libanios 155
Licinius (Kaiser) 159
Licinius Crassus, M. 128
Licinius Lucullus, L. 128
Licinius Mucianus, C. 138
Licinius Murena, L. 127
Livius 77, 101, 119
Livius Drusus, M. 121, 124
Lollius, M. 135
Lucanus 119
Lucius Verus 148, 178
Lugalbanda 5
Lugalzagesi 6f.
Lutatius Catulus, C. 112f.
Lutatius Catulus, Q. 123
Lygdamis 45
Lykourgos 41
Lysander 58, 62, 67, 82
Lysias 64
Lysimachos 80f., 89

Macrinus 150
Macro 136
Marbod 177
Mardonios 58
Marius, C. 123ff.
Mark Aurel 145, 147ff., 152f., 178

10.1 Personenregister

Martial 132
Masinissa 114f., 123
Mausolos 68
Maxentius 159
Maximian 158, 183
Megasthenes 27
Menes 22
Mentuhotep II. 23
Merobaudes 163
Mesalim 6
Miltiades 54f., 59
Minucius Felix 145
Mithradates I. 90f.
Mithradates II. 90
Mithradates VI. Eupator 90, 125f., 128f.
Moses von Chorene 77
Mummius, L. 114
Murschili I. 11
Murschili II. 12
Muwatalli 24
Mykerinos 22
Myrsilos 40

Nabonid 17
Nabopolassar 17
Naramsin von Akkad 7f.
Naramsin von Eschnunna 10
Narcissus 137
Nearchos 71
Nebukadnezar I. 11
Nebukadnezar II. 17
Nepos (Kaiser) 161
Neriglissar 17
Nero 137, 139, 152, 177
Nerva 147
Nikanor 72
Nikias 62
Nikolaos von Damascus 77, 119, 132
Nikomedes I. 87
Nofretete 24
Nonnosus 185

Octavianus 130ff.
Octavius, M. 120
Odenathus 154

Odoaker 161, 185
Opimius, L. 121
Orestes (magister militum) 161
Origenes 145
Orosius 155
Orthagoras 40
Otho 177
Ovid 101, 132

Pallas 137
Papinian 149
Papirius Carbo, Cn. 123, 171
Parmenion 69, 72
Pasion 65
Paulus Diaconus 155
Paulus (Jurist) 149
Pausanias I. 59
Pausanias II 58
Pausanias (Perieget) 31, 53, 64, 77, 145
Peisistratos 40, 45f.
Pelopidas 68
Pepi II. 22
Perdikkas 79f.
Periander 40
Perikles 55ff., 62
Perseus 78, 92
Perseus von Makedonien 114
Pertinax 147
Pescennius Niger 147
Petillius Cerialis 138
Pharnaces 130
Pheidon 40, 48
Philipp II. 65, 68ff., 78, 82f.
Philipp III. Arrhidaios 79
Philipp V. von Makedonien 78, 84ff., 88, 91f., 113f.
Philippus Arabs 151, 154
Philokrates 69
Philopoimen 86
Philotas 72
Photios 155
Phraortes 18
Phrynon 44
Pianchi 25
Pindar 53, 63

Pittakos 39
Platon 58, 73
Plinius d.Ä. 77, 101, 132, 138
Plinius d.J. 145
Plutarch 31, 53, 64, 77, 101, 119, 132
Pollenius Sebennus 180
Polyain 77
Polybios 77, 101
Polykrates 40, 45, 49
Polyperchon 80, 83
Pompeius Magnus 125, 127ff.
Pompeius Strabo, Cn. 125
Pompeius Trogus 53, 64, 77, 132
Popilius Laenas 92
Poros 71
Poseidonios 129
Priskos 155
Probus 182
Prokopios 155
Prudentius 155
Psammetich I. 16, 25
Ptolemaios (Geograph) 172
Ptolemaios I. (Soter) 80, 86, 88
Ptolemaios II. Philadelphos 81, 84, 88
Ptolemaios III. Euergetes 85
Ptolemaios IV. Philopator 85f.
Ptolemaios VI. 88
Ptolemaios VIII. 87
Ptolemaios IX. 87
Ptolemaios XII 82, 130
Pupienus 147
Pyrrhos von Epirus 81, 89, 111

Quinctilius Varus, P. 135
Quinctius Flamininus, T. 92
Quintillus 147

Radagais 163, 184
Ramses I. 24
Ramses II. 12, 24
Ramses III. 24
Regalian 181
Regulus s. Atilius
Rhoxane 71, 79f.
Ricimer 163

Rimsin 9
Romulus Augustu(lu)s 161, 163
Rusa II. 16
Rutilius Namatianus 155

Safrax 184
Sallust 119
Salmanassar I. 12
Salmanassar III. 14f.
Salomon 14
Salvianus 155
Salvius Iulianus 147
Salvius Otho, M. 138
Sanherib 16
Sappho 31
Sardur II. 15
Sargon II. 16
Sargon von Akkad 4, 6f.
Saturninus 124
Sauschtatar 11
Schamaschschumukin 16f.
Schamschi-Adad I. 10
Schamschi-Adad V. 15
Schapur I. 145, 154
Scharkalischarri 7
Scheschonk 25
Schulgi 8
Schuppiluliuma I. 12
Scipio s. Cornelius
Seleukos I. 27, 78, 80f., 87
Seleukos II. 87
Sempronius Gracchus, C. 121
Sempronius Gracchus, Ti. 120f.
Seneca 132
Septimius Severus, L. 147, 149, 180f.
Sergius Catilina, L. 128
Sertorius, M. 127
Servilius Glaucia, C. 124
Servius Sulpicius Galba 137f.
Servius Tullius 106
Sesostris I. 23
Severin 184f.
Severus Alexander 150
Sextilius Felix 177
Sextus Pompeius 131
Simonides 53, 63

10.1 Personenregister

Snofru 22
Sokrates 63
Solon 31, 39, 43f., 47f.
Spartacus 128
Stephanos von Byzanz 77
Stesichoros 103
Stilicho 160, 163
Strabon 31, 77, 132
Sueton 119, 132
Sulla s. Cornelius
Sulpicius Galba, P. 92
Sulpicius Rufus, P. 125
Symmachus 155
Synesios von Kyrene 155

Tacfarinas 136
Tacitus 132, 139, 179
Tacitus (Kaiser) 147
Tarquinius Superbus 104
Tefnacht 25
Telipinu 11
Temptihumbaninschuschinak 16
Terillos 63
Terpander 31
Tertullian 145
Teumman 16
Teuta 113
Theagenes 40, 43
Themistios 155
Themistokles 54f., 59
Theoderich 185
Theodosius I. 152, 160
Theodosius II. 160
Theognis 31
Theramenes 57
Theron 40, 63
Thrasyboulos (von Athen) 57, 62, 64
Thrasyboulos (von Milet) 40
Thukydides 31, 53, 61
Tiberius (Kaiser) 133, 135f., 172f.
Tiglatpilesar I. 13
Tiglatpilesar III. 15
Tigranes 129
Timaios von Tauromenion 101
Timoleon 73
Titus (Kaiser) 138f.

Traian 145, 147, 152, 164, 177, 180
Tschandragupta 27, 87
Tudhalija IV. 12
Tukultininurta I. 12
Tullius Cicero, M. 101, 119, 128, 131
Tutanchamun 24
Tutmosis III. 11, 24
Tyrtaios 31

Untaschnapirischa 11
Urnammu 7f.
Ursus 185
Uruinimgina 6f.
Userkaf 22
Utuhengal 7

Valens 160, 163, 184
Valentinian I. 160, 162, 184
Valentinian II. 160f.
Valentinian III. 160
Valeria Messalina 137
Valerian 151, 154
Valerius Flaccus 126
Vannius 177
Varro 101, 103
Varus 172
Vegetius 155
Velleius Paterculus 119, 132
Vercingetorix 129
Vergil 132, 154
Verrius Flaccus 101
Vespasian s. Flavius
Vibilius 177
Vipsanius Agrippa, M. 131, 133f.
Vitellius, A. 138, 177
Voccio 171

Xenophon 53, 64, 67
Xerxes 18, 59

Zaleukos 39
Zenobia 154
Zimrilim 10
Zonaras 77, 155
Zosimos 145, 155

10.2 Sach- und Ortsregister

ab epistulis 137
Abrittus 154
abrogatio 120f.
Abu Dhabi 5
Abydos 21f.
Achaia, Achaier, Achaiisches Koinon (Bund) 24f., 37, 49, 83ff., 108, 114
Achaimeniden 13, 18f.,26, 58, 81, 91, 189
Achet-Aton 24
Ackerbaukolonien 37
Ackergesetz 129 (Pompeius), siehe auch lex Cornelia agraria
acta 133
Actium 131
Adelsparteien 46
Adiuvense 183
Adoption, Adoptivkaiser 147, 164, 194
Adria 100
Adrianopel 163, 184
Aedil 107, 109
Ägäis 11, 84
ägäisches Substrat 35
Ägatische Inseln 112
Ägypten 2ff., 6, 10ff., 14ff., 17ff., 20, 22ff., 25f., 33, 37, 44, 78ff., 81, 84ff., 88, 92, 148, 151
Aelia Capitolina s. Jerusalem
Aelium Cetium 175
Ämterkumulierung 139
Aeneas 103
Aequer 109
Aequinoctium 179
aerarium 107
aerarium militare 134f.
Aesernia 111
Afrika 108, 112ff.
agens vices praesidis 181
ager Gallicus 108, 111
ager occupatorius 109
ager publicus 120

Agiaden 89
agoge 42, 85
Agonistiker 157
agoranomoi 57
Aguntum 175, 184
Aigai 70
Aigina 37, 54, 60
Aigospotamoi 58, 63
Aioler 35f.
aisymnetes 39
Aitolien, Aitoler, Aitolisches Koinon (Bund) 35f., 72, 83f., 85f., 92
Akarnanien 85
Akkad 4, 6f., 19, 26
akkadische Statthalter 7
Akragas 40, 63, 99
Akropolis 36
Alalach 11
Alalia 37, 100
Alamannen 154f., 162, 181, 183
Alanen 154, 163, 184
Ala Nova 179
Alba Longa 103
Albing 179
Aleppo 10f.
Alesia 129
Alexanderkult 81
Alexandreia (Ägypten) 70, 79, 87
Alexandreia (Eschate) 71
alimentatio 147f.
Alkmeoniden 43, 46, 54
Al Mina 37
Alouni 171
Alphabet (Römer) 104
Altes Testament 9
Amarna-Zeit 9, 11
Ambidravi 172
Ambilini 172
Ambisontes 172
Ambronen 123
Amnissos 33
Amorgos 83

10.2 Sach- und Ortsregister 213

Amoriter 8ff., 19
Amphiktyonie 36, 48, s. auch Delphische A.
Amphipolis 62
Amun 23, 25, 70
Amyklai 34
Anabasis 67
Anatolien 2, 6, 8, 10, 12f.,16ff.
Angrivarierwall 136
Annuitätsprinzip 105f.
Anschan 6
Anthela 36, 48
Ant(i)alkidasfriede 67
Antigoniden 81, 191
Antium 102, 110
Antonine 147f., 194
Apameia 87, 92
apella 41f.
Apennin-Kultur 98
apoikia 37
Aquae Sextiae 123
Aquileia 158, 170f. 174, 178
Aquincum 177
Aquitanien 163
Arabien, Araber 14, 17, 72, 90, 135, 152
Arachosien 71
Aramäer 13f., 17, 19
Ara Pacis 134
a rationibus 137
Arausio 123
Archidamischer Krieg 61
archon, Archonten, Archontat 43f., 46, 54, 69
Archon von Thessalien 70
Areopag 43f.
Argeaden (Makedonen) 68, 190
Argentorate 162
Arginousen 62
Argissa 32
Argolis, Argos 34f., 40, 48f., 60, 67
Arianismus 160
Aricia 110
Arier, arisch 13, 27
Aristokratie 31, 38
Arkadien 48f.

Armee, spätantike 151, 158
Armenien 90, 129, 152
Arsakiden 90f., 152, 192f.
Arslantepe 5
Arvad 14
Asia, Asien 88, 122, 125f.
Assuan 22
Assur 7ff., 10, 17
Assyrer, Assyrien 9ff., 12ff., 15ff., 18f., 25f., 152
Asturer 135
Asturis 179
asty 46
astynomoi 57
Athen 34, 36f., 39, 41ff., 46, 48f., 59, 82ff., 134, 148
Aton 24
Atrans 179
Attaliden 82, 89, 192
Atthidographen 53
Attika 34f., 42f., 45, 53ff.,
attische Demokratie 54
attisches Reich 61
auctoritas 140
Augur 133
Augusta Treverorum 158
Augusta Vindelicum 173f.
Augusti 158
Augustianis 179
Augustusforum 134
aurum coronarium 148
auspicium 106
autarkeia 36
autonomia 36, 68
Autonomieklausel 67
auxilia 133
Avaris 23
Awan 6f.
Awaren 185
axones 45

Babylon, Babylonien 9, 11f., 13ff., 16ff., 71, 79
Badachschan 4, 26
Bagauden 157
Bahrain 4

Bakchiaden 39
Baktrien 71, 87, 89
Balearen 122
Bandenkrieg 150
Bandkeramische Kultur 32
Barachschi 6
Basiliden 39
Bauprogramm (Alter Orient) 11f., 16f., (Antike) 54, 148
Beamtenkorruption, -willkür 25, 161, 163
Bedaium 179, 184
Bedriacum 138
Beduinen 23
bellum civile 130
bellum Gallicum 129
bellum Marsicum (bellum sociale) 124
beneficiarii consulares 179
Beneventum 111
Bernsteinstraße 171ff., 174
Berufsheer, -soldaten 123f., 131, 134
Berytus 14
Bewässerung 3, 5, 8, 78
Bezirke (topoi) 79
Bibracte 129
Bir Kiseiba 21
Bit Adini 14
Bithynien 87, 90, 92, 129
Boghazköy 1
Boier 171f.
Boiodurum 181, 183
Boioter, Boiotien, Boiotisches Koinon (Bund) 34f., 37, 48f., 67ff. 85
Bononia 130
boule 44, 46, 55f.
Böhmen 171, 173
Brahmanen 27
Brauron 45
Breuni 172
Brigantii 172
Brigantium 175
Brigetio 180
Britannien 137, 139, 148, 151, 153f.
Bronzezeit 97
Brundisium 111

Bruttium 99
Buddhismus 27
Bundesgenossen 101, 108, 111ff., 115
Bundesgenossenkrieg (Griechen) 68, 86
Bundesgenossenkrieg (Römer) 124
Bundesstädte 61
Bundesstratege 84
Bundesstruktur (koinon) 83
Burgunder 163
Buto 21
Bürgerrecht s. auch civitas Romana 57, 111, 121, 134
Byblos 11, 14, 22f.

Caere 100f., 110
Caesarenwahnsinn 149
Caesares 158
Caesaropapismus 160
Cambodunum 177
canabae 176, 181
Cannae 113
Cantabrer 135
capitatio, caput (Steuer) 159
capite censi 106, 123
Capua 100, 113, 128
caput mundi 154
Carnuntum 149, 153, 159 171ff., 174ff., 178, 180ff., 183
Carrhae (Harran) 91, 129
Castra Regina 178
Castra Vetera 139
Caudinische Pässe 110
Çatal Hüyük 3
Celeia 173, 175, 179, 185
censor perpetuus 139
census 134
centuriae 106
Cetium 177
Chaironeia 69, 126
Chaldäer 14ff., 26
Chalkidischer Bund 68
Chalkis, Chalkidier, 37, 47f., 49, 84
Charga 21
Charisma 82
cheirotonia 56

10.2 Sach- und Ortsregister

Chiliarch 79
Chremonideischer Krieg 84
Christen 137, 151f.
Chrysopolis 159
Circumcellionen 157
Cirta 123
civitas Romana 146, 150, 157, 176
civitas sine suffragio 110f., 176
civitates peregrinae 175
classis Flavia Pannonica 183
classis Lauriacensis 183
cliens 105
Clusium 100
Codex Eschnunna 1
Codex Hammurabi 1, 9
Codex Urnammu 1, 8f.
collegium centonariorum 169, 176
collegium fab(ro)rum 176
collegium iuventutis 176
colonatus 146, 156
coloniae civium Romanorum 111
coloniae Latinae 111
Colonia Iunonia 121
Colosseum 139
comitatenses 158, 182
comitia centuriata 106f., 122, 132
comitia curiata 105f.
comitia tributa 106, 108
Comitien 119, 129
Commagena 179
commercium 92
concilia plebis 106ff.
concilium s. Provinziallandtag
conductores 170, siehe colonatus, Pacht
congiaria 120, 148
consilium principis 147, 150, 158f.
Constantinopolis 159f.
Constitutio Antoniniana 145f., 150, 176
consulares 158
consul sine collega 130
conubium 92, 106, 176
Corfinium 125
Cornelii 126
cornicularii 179
correctores 158
Cremera 110
Cremona 138
cura morum 133
curatio annonae 133
curiae 105
cursus honorum 109, 140
cursus publicus 179

Dacia, Daker 139, 152, 154, 172, 177
Dalmatien, Dalmater 122, 158
Damaskus 14
damnatio memoriae 137, 147
Dark Ages s. Dunkle Jahrhunderte
decumates agri 139
dediticii 150
Deinomeniden 63
Deir el-Medina 20
Dekarchien 63
Dekeleischer Krieg 62
Dekurionen 146
Delisch-Attischer Seebund 53, 59ff.
Delos 60, 89, 114
Delphi 36f., 40, 46, 48, 83
Delphische Amphiktyonie 69f.
demagogos 54
Demen, demoi 46, 54
Demetrias 84
Demiourgen 43
Demokratie 45, 55, 57
demotisch 20
Deportation 13, 17
de repetundis 122
Dezentralisation (Spätantike) 164
Diadochen 79ff., 83, 90
Diakrier 45
diallaktes 39, 43f.
Diäten 54, 56
dictator rei publicae constituendae 126
Dienstpflicht 123
Dienstzeitregelung 134
dikasteria 55f.
Diktator 107
Dilmun 4
Diminikultur 32

diobelia 57
dioecesis Pannoniarum 158, 182
dioikismos 66
diploma militare 176, 179
Divinisierung 81
dokimasia 56f.
Dominat 157, 164
dominus et deus 139, 157
Doppelkönigtum 41, 66
Dorer 34ff., 42
Dorfschaften (komai) 79
Dschebel Nabta 21
duces, dux 158, 183
Dunkle Jahrhunderte (Dark Ages) 35f.
Dura-Europos 91

Ebla 6f., 10, 22f.
Ebro 113
Eburacum 158
Edelmetallabbau 78, 92
edictum Diocletiani de pretiis 155, 159, 170
edictum perpetuum 147
Eingeweideschau 100
Ekbatana 17, 71
ekklesia 43f., 54f.
Elam 6ff., 9ff., 15ff., 18f.
Elba 1, 100
Elephantenschlacht 87
eleutheria 36
Elis 35, 37
el-Lischt 23
Elveti 172
Emesa 150
Emona 174, 177f.
Emporien 37
Ep(e)iros 36, 81, 85, 89, 93, 114
Ephesos 36, 39, 125
Ephialtesreform 55
Ephorat, Ephoren 41, 59, 85
Epidemie, Pest 62, 148
Epigonen 81
Epirus 81, 85, 93, 114
epistates 55
equites 102, 109, 119, 179, 183

Eretria 37, 47f., 58
Eryx 112
Eschnunna 10
Esquilin 103, 105
Etrurien, Etrusker 37, 89, 99ff., 109ff.
Euboia 35, 40
eunomia 42, 47
Eupatriden 43, 47
Euphrat 90
Eurymedon 60

Fabier 110
Fajum 23
fasces 104
fasti Capitolini 102
fasti consulares 102, 104
Fauler Friede (Nikiasfriede) 62
Favianis 179, 183
Fellachen 86
ferrum Noricum 171
Fetiale 133
Feudalordnung 157
Finanzbeamte (oikonomoi) 79
Finanzminister (dioiketes) 79
fiscus 134, 139
Flavia Solva 164, 169, 175, 178, 184
Flavier 163, 194
Flotte 54f., s. auch classis
foedus aequum 112
foedus Cassianum 109f.
foedus iniquum 112
follis 159
Forum Romanum 124
Forumsnekropole 103
fossatum Africae 153
Föderatenverträge 161
Franken 154, 162
Frauen 24, 31, 54, 71, 79ff., 113, 130f., 137, 139, 148, 150, 154, 182
Freigelassene, Freilassungen 23, 54, 125, 134, 146, 148
Freiheit der Griechen 83, 90, 92
Freunde (philoi) 78
frumentarii 179
Frühdynastische Zeit 5

Fußfesseln Griechenlands 84

Galater (Galatien) 89f., 129
Gallia Cisalpina 129
Gallia Lugdunensis 137
Gallia Narbonensis 122
Gallia Transalpina 129
Gallien, Gallier 84, 123, 137, 151, 154, 159, 163
Galliereinfall 102, 110
Gaue (nomoi) 79
Gaugamela 70
Gaza 13, 70
Gedrosische Wüste 71
Gefolgschaft (hetairia) 81
Gela 49, 63, 99
Geldentwertung 156, s. auch Münzverschlechterung
Geldmangel 159
Gene 38, 43
gentes 104
Geomoren 43
Germanen, Germanien 91, 135f., 139, 153f., 161ff., 177
gerousia 41f.
Gerrha 13
ges anadasmos 43
Gesetzessammlung 8, s. auch Codex, Zwölftafelgesetz
Gewichtssystem 61
Gibraltar 72
Girsu 5
Giza 22
Gla 34
Gleichgewicht der Kräfte 81, 86
Glockenbecher-Kultur 97
Glockentöpfe 5
Godin Tepe 5
Gordion 70
Goten 154, 157, 181
Gottessohnschaft 70
Gottesstaat 25
Gottmenschen 81
Gournia 33
Granikos 70
Gräkobaktrier 87

Große Rhetra 41
Großkönig 87, 91
Grundbesitz 7f., 13
Gründungsmythen 103
Gutäer 7

Habuba Kabira 5
Hagia Triada 33
Halap 10
Haldi 9
Haliartos 67
Halikarnassos 36
Handel 3ff., 7f., 10ff., 13ff., 17, 21ff., 24, 26, 146, 154, 157
Hannibalischer Krieg siehe Punische Kriege
Harappa 26
Harmosten 63
Harran 17
Haryanka-Dynastie 27
Hasmonäer 88
Hattuscha 1, 11
hebräische Stämme 14
Heeresreform 58, 123
Heeresversammlung 106
Heerfolge 111
Heerwesen s. auch Armee
Heilige Kriege 48, 69
Heilige Schar 69
Heirat, dynastische 7, 12
Heirkte 112
hektemoroi 39, 43f.
heliaia 44, 56
Hellenischer Bund 69, 83
hellenotamiai 60
Heloten 31, 38, 42, 49
Helvetier 123, 129
Henotheismus 14
Heraklea am Siris 111
Herculaneum 100, 138
Hermunduren 154
Heroenkult, heros 38, 82
Herrschaftsideologie, -symbolik 148, 154
Heruler 154
hetairoi 66

Hethiter 10ff., 14, 19, 24
Hierakonpolis 21
hieratisch 20
Hieroglyphen 20
Himera 63, 72
Hinduismus 27
Hippeis 44
Hispania 108, 113f., 163
Hissarlik 32
Hochgötter 82
homines novi 138
homoioi 42
homo novus 106, 123
homo oeconomicus 65
homo politicus 65
honestiores 146
Hopliten, -phalanx, -politeia 31, 39, 42, 44, 48, 86
Hormuz 71
horoi 43
Horus 20
hospitium publicum 171
hostis publicus 137
humiliores 146
Hungerrevolten 25, 156
Hunnen 155, 160, 162f., 184
Hurriter 6, 11
Hydaspes 71
Hyksos 23f.
Hyphasis 71
hypomeiones 65
Hysiai 48

iacta alea est 130
Ianus, -tempel 102, 132
Idistaviso 136
Illyricum, Illyrien, Illyrer 68, 78, 113, 129, 158f.
Illyrische Kriege 91
Imbros 67
imperialistisches Konzept 91
imperium, -proconsulare maius 107, 128, 133, 135, 148
Indien 2f., 26f., 71, 87
Indogermanen 10, 13
indoiranische Volksgruppe 18

Indusgebiet, -kultur, -schrift 3f., 26f.
ingenui 146
intercessio 106
interrex 104
Invalidenversorgung 54
Iolkos 34
Ionien, Ionier 34f., 36, 40, 42, 45, 49
Ionischer Aufstand 49, 58
Ioviacum 179
Iovii et Herculii 158
Ipsos 80
Iran, Iranier 2, 8, 13, 15, 18, 80f., 90f.
Ischia 99
isegoria 46
Isin 8f., 11
isonomia 46, 53
Israel 9, 14, 16
Issos 70
Isthmia, Spiele 40, 92
Isthmos 84
Italer 99
Italia 159
Italiker 98, 125f.
Italiotischer Bund 73
iugatio, iugum (Steuer) 159
Iugurthinischer Krieg 122f.
Iupiter 103, 158
Iupiter Dolichenus 181
I(upiter) I.O.M. K(arnuntinus) 178
ius gladii 174
ius honorum 136
ius intercedendi 106
Iuthungen 154, 182
Iuvavum 175, 178, 181

Jahwe 9, 14
Japuden 122
Jazygen 139, 153
Jenseitsglaube 100
Jericho 3
Jerusalem (s. auch Aelia Capitolina) 17, 129, 153
Juda, Judäa, Juden 14, 129, 153

Kaiserkongreß (Carnuntum) 183
Kaisertitulatur 154

10.2 Sach- und Ortsregister

Kaisertum, byzantinisch 160, 164, 196
Kaisertum, humanitäres 147, 164
Kalach 14
Kalaureia 36
Kampanien 101, 110f., 161
Kanesch 8, 10
Kap Artemision 59
Kapitol 103
Kappadokien 8, 80, 90, 129
Karkemisch 17, 24
Karner 122
Karthago, Karthager 14, 37, 63, 72, 89, 91, 99f., 110ff., 121, 163
Kaschkäer 12
Kassiten 11
Kastensystem 27
Katalaunische Felder 163
Katane 39
Kato Zakros 33
Kaukasus 2, 15
Keilschrift 1, 4f.
Kelten 83, 87, 89, 111, 113, 122
Keltiberer 114, 127
Kilikien 128
Kimbern 123, 171
Kimmerier 16, 49
Kinder 54
Kinderkaiser 161
Kirchenschriftsteller 155
Kisch 5f.
Kition 60
klaros s. Landlos
Kleinarmenien 129
Kleinasien 23, 36, 78, 81, 87, 89f., 92, 134
Kleruchien 37, 61, 67
Klientelfürstentümer 105, 108f., 129, 136
Kloakensteuer 138
Knidos 67
Knossos 33
König, Königtum 31, 38, 43, 66, 79, 83, 85, 93
Königsfriede 67
Königstitel 80

Körperbestattung 98
Kohortentaktik 123
koine eirene 66ff.
Koinon 66
Kollegialitätsprinzip 106
Kolonat s. colonatus
Kolonie(n) 61, 99, 109ff.
Kolonisation 37f., 41
Kolophon 36
Kommagene 82, 90
Konsul(n) 107, 109
Konzil von Serdica 183
Korinthischer Bund 64f., 69, 83
Korinthischer Golf 60
Korinthischer Krieg 67
Korinth, Korinthia 35, 37, 39f., 48, 59, 61, 67, 84ff., 114
Korkyra 61
Koroneia 61, 67
Korruption s. Beamtenkorruption
Korsika 100, 108, 112
Kos 36
kosmos 41
Krannon 83
Kreta 23f., 32ff., 36, 128
Krimisosbach 73
Krise der Polis 66
Kroton 49f., 99
Kschatriya 27
Ktesiphon 90
Kunaxa 67
Kurupedion 81
Kuschan-Reich 27
Kuschara 10
Kykladen 33, 34f.
Kykladenidole 33
Kyme (Italien) 37, 64, 99, 101
Kynoskephalai 92
Kynouria 48f.
kyrbeis 45
Kyzikos 62

Lade 58
Lagasch 6f.
Lagiden 86, 88
Laianci 172

Lakonien 34f., 42, 48
Lamischer Krieg 66, 80, 83
Landbesitz 7
Landlos (klaros, kleros) 42, 78, 85
Lange Mauern 55, 61, 67
Lanuvium 110
lapis niger 101
Larix 179
Larsa 9f.
Latifundien 103
Latiner 103, 109
Latino-Falisker 98
Latium 110f.
Latobici 172
Latomien 62
Laureion 54
Lauriacum 148, 171, 175f., 180, 181ff, 184
Legaten 92
legatus Augusti pro praetore 137, 173, 179
leges Liciniae Sextiae 106, 129
legibus solutus 133
legio I Adiutrix 180
legio II Italica 148, 178, 183
legio III Italica 178
legio I Noricorum 183
legio X Gemina Pia Fidelis 180
legio XIV Martia Victrix 180
legio XV Apollinaris 173, 177
Legionen, legiones 133, 158
Legitimisten 79
Leihe 78
leitourgia 55
Lelantischer Krieg 47
Lemnos 67
Lentia 179
Leontinoi 64
Lerna 33
Lesbos 36, 39
Leuktra 68
Levante 2, 8
Lewan 26
lex Aurelia 127
lex Calpurnia de pecuniis repetundis 109, 121

lex Canuleia 106
lex Claudia de nave senatorum 108
lex Cornelia agraria 121
lex Cornelia de magistratibus 127
lex Cornelia de provinciis ordinandis 127
lex Cornelia frumentaria 121
lex Cornelia iudiciaria 121
lex Cornelia militaris 121
lex de provinciis consularibus 121
lex Gabinia 128
lex Hortensia 108
lex Iulia de maritandis ordinibus 134
lex Manilia 128
lex Ogulnia 108
lex Papia Poppaea 134
lex Plautia Papiria 125
lex Pompeia 125
lex Sempronia 122
lex Titia 130
lex Valeria de provocatione 108
lex Villia annalis 109
liberalitas 148
liberti s. Freigelassene
librarii consulares 179
Libyen 18, 24f.
Ligurien, Ligurer 97, 122
Liktoren 104
Limes 145, 147, 151, 154, 161
Limes, Donau- 139, 153, 162
Limes, obergermanisch-rätischer 153
limitanei 158, 182
Linear A 33
Linear B 33ff.
Liparische Inseln 113
Lokris 35
Lokroi 39
Losverfahren 54
Lothal 26
Luceres 105
ludi circenses 148
Lukaner 49, 111
Lusitanier 114
Lydien, Lyder 18, 37, 49
Lykomiden 54

10.2 Sach- und Ortsregister

ma'at 22
Magadha 27
Magdalensberg 170, 177
magister equitum 130
magistri militum 161
Magna Graecia 89
Magnesia 92
Magoulen 32
Majestätsprozeß 136
Makan 4
Makedonien, Makedonier 18, 36, 66, 80ff., 84, 89, 91f., 108
Makedonische Kriege 86, 88f., 91f., 113f.
Malatya 5, 91
Maleventum 111
Mallia 33
Mamertiner 112
Mantik 100
Mantineia 62, 66, 68
Mantua 100
Marathon 54, 59
Marcomannia 153, 178
Marduk 9, 18
Mari 1, 6f., 10
Mark Aurel-Säule 178
Markomannen 149, 153, 173, 178, 184
Markomannenkriege 153, 176
Marmor Parium 65
Marsch auf Rom 125
Marser 125
Mars Ultor 134
Massenhochzeit (Susa) 72
Massilia 37
Maßsystem 44f., 61
Matrilinearität 100
Mauretanien 123, 153
Maurya-Dynastie 27, 87
Mähren 173
Medien, Meder 13, 16ff., 90
Mediolanum 113, 158, 160
medismos 59
Megalopolis 66, 71
Megara, Megaris 35, 37, 40, 43, 60f.
Megarisches Psephisma 61

Megaron 32
Melos 62
Meluhha 4
Memphis 16, 22, 25, 70
Merkantilismus 79
mesogeia 46
Mesolithikum 97
Mesopotamien 2ff., 5ff., 8ff., 17, 20, 22, 26, 71, 80f., 90, 152
Messana 99, 112
Messenien, Messenier 34, 42, 48f.
Messenische Kriege 48, 60
Metaurus 113
metoikoi 54
metropolis 37
metropolis Norici (Teurnia) 185
Midea 34
Milet 36f., 39, 47, 58
Militärkolonisten (katoikoi) 78
Militärmonarchie 149
Milizsystem 119
Milvische Brücke (Schlacht) 159
minyische Ware 34
Misenum 131, 138
Mitanni 11f., 19
Mithradatische Kriege 90, 125, 127f.
Mithraskult 181, 183
Mitregentschaft (Alter Orient) 23
Mittelschicht 146, 157
Mogontiacum 139
Mohendscho Daro 26
Molfetta-Kultur 97
Monopole (Wirtschaft) 79
Monumentum Ancyranum 119
mos maiorum 121, 134
Münzen, Münzfuß 61, 77f., 146, 151, 155, 160
Münzprägung, Münzwirtschaft 31, 39, 78, 102
Münzverschlechterung s. Geldentwertung
Munda 130
municipia 111, 125
Munizipalaristokratie 146
Mureybit 3

Mutinensischer Krieg 130
Mykale 59
Mykene 34
mykenische Koine 34
Mylae 102, 112, 131
Mytilene 38

Nabatäer 90, 152
Naissus 154
Namenssystem (römisches) 104
Nanda-Dynastie 27
Napata 25
Naqada 21
Nationalkönigtum 81
nauarchos 63
Naukratis 37
Naulochos 131
Naupaktos 86
Naxos 45
Nemea 40
neodamodeis 65
Nescha 10
Nesiotenbund 84
Neuordnung des Ostens (unter Pompeius) 129
nexum 102
Niedergang Roms 161
Nikomedien 158
Ninive 1, 5, 16f.
Nippur 1, 8f.
Nisibis 128
Nobilität 106
Nola 100, 125, 135
Nomadenvölker (Nomaden) 8, 19, 21, 23, 89f.
Nordwestgriechen 35
Noreia 123, 171
Norici 171f., 184
Norikum 136f., 158, 174, 179f., 182, 185
Norisches Königreich (regnum Noricum) 172
Not, wirtschaftliche (Alter Orient) 15
Notion 62
notitia dignitatum 155, 159, 169, 182

Nubien 23, 25, 135
Nuceria 100
Numantia 122
Numidien 123

Oase Siwa 70
Oberägypten 87
Obergermanien 148, 153
Oberleiserberg 179
officium consulare 179
Oikenwirtschaft 31, 53
oikoumene 71
Oinophyta 60
Oligarchien 83
Olympia 40
Oman 2, 4f.
Onchestos 36
Oplontis 138
oppidum 171, 175
Optimaten 122, 128
optimus princeps 147
Orchomenos (Boiotien) 34, 126
ordo decurionum 175
ordo equester, s. Ritter
ordo senatorius, s. Senat
Oriens 159
Orientalisierungspolitik 72
Osiris 22
oskisch 110
Ostalpenraum 135
Ostgoten 163, 184f.
ostrakismos 47, 54, 64
Ovilava 174, 177, 180f., 183

pacator orbis 154
Pacht, Pachtbauern (laoi) 78 s. auch conductores
Paeligner 125
Paestum 111
Pagenverschwörung 72
Paktolos 4
Paläolithikum 97
Paläste 33f.
Palästina 2f., 13, 24
Palastwirtschaft 31, 34
Palatin 103

Palmyra 13, 151, 154
Panathenäen 46
Paneion 88
panem et circenses 147
Pangaion 69
Pannonien 136, 158, 161, 174, 177, 182
Paphlagonien 129
Paralier, paralia 45f.
Parther 87, 89, 91, 129, 135, 152f. 192f.
Parthermünzen 91
Partikularismus (Alter Orient) 6f., 18, 22
pater familias 105
patria potestas 105
patricius 161
patrimonium regni Norici 176
patrios politeia 58
Patrizier 105f., 108
patronus 105
Patrozinien 156
Pauperismus 65
Pavia 182
Pedieis 45
Peloponnes 36, 48f., 84ff.
Peloponnesischer Bund 49, 63, 66
Peloponnesischer Krieg 59ff., 61, 67
Penesten 31, 38
Pentekontaëtie 59
Pentekosiomedimnen 44
Penthiliden 39
peregrini 150
Pergamon 82, 87ff., 91f., 122, 126
Perioiken 42, 85
Persepolis 71, 154
Perser 13, 18, 26, 37, 40, 49
Perserkriege 58f.
Persischer Golf 71
Perusinischer Krieg 131
Pest s. Epidemie
petalismos 64
Petra 90
pezhetairoi 58
Phaistos 33
Phalanx s. Hopliten

Phaleron 55
Pharao, Pharaonen 79, 86, 88
Pharsalos 130
Pherai 68
Philaiden 54f.
philippeioi 69
Philippi 131
Philister 13f.
Phoinike 91
Phoinikien, Phoiniker 14, 17, 70
Phokaia 37
Phokis, Phoker 35, 48, 85
phoros 60, 68
Phratrien 38, 43, 46
Phrygien 16
Phylen 38, 41, 43f., 46f.
Picenter 125
Piräus 55
Piramesse 24
Pisa 111
Pistoria 128
Pithekussai 37, 99
Plataiai 59
Plebeier 105f., 108
Plebs 129, 137, 146, 150
Plutokratie 65
Poetovio 174, 182
polemarchos 43, 47
Polis 31, 36, 38, 78, 83, 93
Poliswirtschaft 53
politai 54
pomerium 104
Pompeii 100, 138
Pons Aeni 182
pontifex maximus 127, 131, 133
Pontus 90, 125, 129
Popularen 122, 124. 128
Populonia 100
Poteidaia 61
potentes 157
Präfekturen 159, 182
praefectus Aegypti 134
praefectus annonae 150
praefectus praetorio s. Prätorianerpräfekten
praefectus urbi 150

Praeneste 100, 110
praesides 158, 183f.
Praetor(en) 107, 109
Praetorianer 136, 138, 140
Prätorianergarde 150
Prätorianerpräfekten (praefectus praetorio) 149, 159
Priester 79, 127
princeps officii 183
princeps senatus 133
Prinzipat 93, 157, 164
probouleuma 56
procurator 137
procurator Augusti 173, 179
procuratores ferrariarum 170
procurator vicesimae hereditatium 179
Proletarier 106, 119, 121, 123
Proskriptionen 126
Proskynese 72, 157
prostates 67
Protogeometrischer Stil 35
Protovillanovakultur 98
provinciae inermes 140
provincia Noricum/-ca 173
Provinzen 113, 158, 197
Provinziallandtag 174
Provinzialverwaltung 151, 158
Prytanen, Prytanie 46, 55
psephophoria 56
Ptolemaier 79, 81, 88, 156, 190
publicum portorium Illyrici 179
Punische Kriege 86, 91, 108, 112ff., 115
Punt 24
Puteoli 127
Pydna 86, 92, 114
Pylos 34, 62
Pyramide 22
Pythische Spiele 69

Qadesch 24
Quaden 149, 153, 163, 173, 177, 181, 184
quaestio(nes) 121, 124, 127
Quaestor(en) 107, 109

quasi servus 157
quindecimviri sacris faciundis 127
Quinquegentanier 157
Quirinal 103

Raetien, Raeter 158, 172, 174, 182
Räuberbanden 156
Ramnes 105
Raphia 86, 88
Rat s. boule
Re 22
Rechtssammlungen s. Codex, Zwölftafelgesetz
Reform, religiöse (Alter Orient) 10, 24, 27
Regenwunder 178
regnum Noricum 170f.
regnum Vannianum 177
Reich, bosporanisches 90
Reich, gräkobaktrisches 87
Reich, großkappadokisches 87
Reich, neupersisches 154, 162
Reichseinheit (nach Alexander III.) 80
Reitervölker 153, 162
religio licita 152
Religionspolitik 160
Remedello-Kultur 97
Remus 103
res gestae divi Augusti 132
res gestae divi Saporis 145, 154
res privata 134, 139
Revolution, Neolithische 3
Revolution, Urbane 3
rex et amicus populi Romani 104, 129
rex sacrorum 104
Rhegion 99, 112
Rheingrenze 135
Rhodos 36f., 87, 89, 91, 114, 129
Rimini 111
Ritter 109, 119, 124, 128, 132, 140, 146f., 150, 164
Rittergerichte 124
Rollsiegel 5
Rom 88ff., 91ff., 100, 102, 134

Romanen 184
Romanisierung 146, 164
Roma nova 159
Romulus 103
Rubico 130
Rugier 185

Sabiner 103, 111
Sachsen 162
sacrum consistorium 158f.
sacrum palatium 158
Saevates 172
Sagunt 113
Saïs 16, 25
Sakkara 22
Salamis (bei Athen) 18, 55, 59
Salamis (Zypern) 60
Salzimport 92
Samniterkriege 101, 108, 110f., 113
Samos, Samier 40, 47, 49
Santicum 174, 179
Sardes 18
Sardinien 108, 113, 122
Sarmaten, Sarmatia 153, 177f., 181
Sarmizegetusa 152
Sasaniden 27, 151, 153, 162, 193
Satrapen, Satrapie 18, 26, 71
Savaria 174, 182
Savia 182
Scar(a)bantia 174f., 182
Schamasch 17
Schatzmeister der Athena 57
Schiefe Schlachtordnung 68
Schortugay 26
Schudra 27
Schuldsklaverei 102
Scipionen 101 s. auch Cornelius
Sebastos 133
Sebatum 173
secessio plebis 108
seditio 121
Seeräuber 128
Seevölker 13, 24f., 35, 42
Seeweg 72
Segesta 62, 64
seisachtheia 44

Seleukiden, -reich 13, 78, 80ff., 87, 89ff., 92, 152, 191
Selinus (Sizilien) 72, 99
sella curulis 104
Sellasia 85
Senat 92, 104, 107ff., 127, 132, 146ff., 151, 157, 159, 164
Senatskaiser 147
senatus consultum de Bacchanalibus 101
senatus consultum ultimum 121, 124
Sentinum 110
Separatisten (nach Alexander III.) 80
Sepeia 49
Serdica 183
Sesklokultur 32
seviri Augustales 176
Shahr i-Sokhta 4
Sidon 14, 70
Sikaner 40, 49
Sikuler 40, 49, 64
Sikyon 40, 48
Sin 17
Sinai 22f.
Sirmium 158
sitophylakes 57
Sizilien 40, 49, 63, 89, 97, 99, 103, 108, 111ff., 124
Sizilische Expedition 57, 62
Sklaven 9, 21, 23, 54, 65, 103, 119, 146, 150, 156
Sklavenkriege 120, 124, 128
Skyros 67
Skythen 16ff., 58
Slawen 185
Soan 3
societas 111
societates publicanorum 102
socii 125
Söldner 90
Sogdiana 71
Soldaten 149
Soldatenkaiser 147, 149, 151, 164
solidus 160
Sol invictus 181

Sonderreiche 151, 154
Spätantike 157
Spanien s. Hispania
Sparta 36, 38, 41, 48f., 66, 85f.
Spartiaten 42, 65, 85
speergewonnenes Land (doryktetos chora) 81
Sphakteria 62
Spina 100
Staatsreligion 152
Stabiae 138
Stadtstaat (Alter Orient) 4ff., 10, 14f, 19
Stadtstaat s. auch Polis
Städte, syro-palästinische 23
Ständekampf 102, 105, 107
Stammesgemeinden 175
Stamm, Stammstaat 36, 38
stasis 39
stationes 179
Statthalter 8, 150, 158
Statthalter (epistates) 84
Stentinello-Kultur 97
Steuer 102, 122, 148f., 158f.
Stillfried 179
Strategen 47, 54
Stratege von Europa 70, 83
strategos autokrator 69, 72
stratores 179
Stufenmastaba 22
Stupa 27
subiectus 157
Suburana 105
Sudan 25
Sueben 171, 177
Sufeten 112
sulcus primigenius 104
Sumer, Sumerer 4, 6f.
Susa 6, 11, 17, 71
Sybaris 49f., 99
symmachia, symmachoi 49, 60f., 83
synoikismos 36, 42, 66, 103
syntaxeis 68
Syrakus 40, 49, 63f., 72, 89, 99, 113
Syrien 2, 5f., 8, 10, 12, 14, 22, 24, 33, 80f., 87f., 129, 153

Syrische Kriege 88
Syssitien 42, 65

Tabula Peutingeriana 155, 169
tagos 48
Taifalen 163
Talionsprinzip 8f.
Tall i-Ibis 4
Tall i-Malyan 5
Tanagra 60
Tanis 25
Tarent 99, 111
Tarquinii 100f.
Taurisker 122, 171f.
Taurus 81, 92
Tausendjahrjubiläum (Rom) 151
Tegea 49
Telesinosreform 54
Telipinu-Erlaß 11
Tell ed-Dhaba 23
Tell el-Amarna 1, 9, 20, 24,
Tell es-Sawan 3
Tema 17
Tempelbesitz 78
Tempelstadt 7
Tencterer 135
tenuiores 157
Tepe Sialk 5
Tepe Yahya 5
Terramare-Kultur 97f.
tesserae 170
testamenti factio 134
Tetrarchen 158, 160, 162, 195
Tetrarchie 92
Teurnia (Spätantike) 175, 181, 185
Teutoburger Wald 135
Teutonen 123
Thalassokratie 33
Thapsus 130
Thebaïs 87
Theben (Ägypten) 16, 23ff.
Theben (Boiotien) 34, 60, 67, 70
Theokratie 6
theorika 56
Thera 33
Thermopylen 59

10.2 Sach- und Ortsregister

Thesmotheten 43
Thessalien, Thessaler, Thessalischer Bund 32, 34f., 36ff., 48, 68f., 85
Thessaloniki 158
Theten 38, 44f.
Thrakien, Thraker 78, 80, 88, 163
Tibur 110
Ticinus 113
Tigranocerta 128
Timokratie 39, 44, 83
Tiryns 34
Tities 105
Tivoli 148
Toleranzedikte 152
Trasimenischer See 113
Trebia 113
tresviri agris dandis adsignandis iudicandis 120
tribunicia potestas 133, 135
tribunus plebis s. Volkstribun
tribus 105f., 108
tributa 173
Tributlisten 60
Trierarchie 55, 65
Triparadeisos 80
trittys 46
Triumphzug 104
Triumvirate, 129ff.
Troja, Troas 32f., 36, 103
Tullianum 128
Turiner Königspapyrus 20
Tusculum 100
Tylissos 33
Tyrannis, Tyrannen 40, 43f., 45ff., 49, 63, 66, 73, 84
Tyros 14, 17, 70

Ubeidija 3
Ugarit 1, 11ff., 23
Umbro-Osker 98
Umma 5f., 8
Unteritalien 49f., 89
Uperaci 172
Ur 8f., 19, 26
Urartu 9, 15f., 18f.

Urbanisierung 78
Uruk 4ff., 7ff.
Uruk-Zeit 5
Usipeter 135
Usurpationen 150f., 160

Vadimonischer See 111
Vaischya 27
vallis Norica 182
vallum Antonini 153
vallum Hadriani 153
Vandalen 154, 160f., 163, 184
Vathypetro 33
Veii 100f., 110
Veldidena 173
Venetien 100
Venusia 110
Vercellae 123
Verwaltungsreform (Alter Orient) 7f., 12, 20, 22f.
Vesontio 129, 137
Vesper von Ephesos 125
Veteranen 124, 129f., 133, 146, 149
Vetulonia 100
Via Claudia Augusta 174
vicarius 158
Victoria 102, 184
vicus Tuscus 104
Villanova-Kultur 99
Vindeliker 172
Vindobona 172, 175. 177f., 180
Virunum 170, 173ff. 179ff., 183, 185
vita S. Severini siehe Eugippius
Volkstribun (tribunus plebis) 106ff.
Volsinii 100f.
Volsker 109
Voltumnia 100
Vorzeichenlehre 100, 104
Völkerwanderung 160, 163

Wahlmodus 120
Waisenversorgung 54
Waschukanni 12
Währungspolitik, - reform 79, 159
Weihrauchstraße 90
Weltherrschaft 154

Westgoten 161, 163, 184
Westgriechen 89
Wiedergutmachung siehe Talionsprinzip
Wirtschaft, redistributive 4, 20
Wohltäter (euergetes) 82

xenoi 54

Zama 113
Zankle 99
Zela 130
Zensoren 107, 139
Zenturiatkomitien s. comitia
Zeugiten 44, 55
Zeus 70, 82
Zikkurat 8, 17
Zöllner 122
Zwangsstaat, spätantiker 159
Zweiter Attischer Seebund 64f., 68
Zwölfstädtebund 100
Zwölftafelgesetz 101, 106
Zypern 8, 11, 14, 35

10.3 Kartenverzeichnis

Seite	
29	Vorderasien
30	Ägypten, Indusgebiet
51	Griechenland in mykenischer Zeit
52	Archaisches Griechenland
75	Griechenland im 5. Jh. v.Chr.
76	Alexanders Zug nach Asien
95	Die hellenistischen Reiche im 3. Jh. v.Chr.
96	Griechenland (Mitte 3. Jh. v.Chr.)
117	Italien in republikanischer Zeit
118	Die römische Expansion im Mittelmeerraum bis 146 v.Chr.
142/3	Das Imperium Romanum zur Zeit des Augustus
144	Die Stadt Rom nach der Regionengliederung des Augustus
166	Das Imperium Romanum zur Zeit Kaiser Traians
167	Das Imperium Romanum in der Spätantike
187	Der römische Limes in Österreich

Beilage: 1 Faltkarte:
　　　　　Das Mittelmeergebiet in archaischer Zeit
　　　　　Österreich zur Römerzeit